Gemma Styles
Why am I like this?

Zu diesem Buch

Warum bin ich bloß so? Stimmt etwas nicht mit mir? Was denken andere Leute über mich? Und warum kommen alle anderen so viel besser mit dem Leben klar als ich?

Angesichts eines noch nie dagewesenen Ausmaßes an Einsamkeit, Burnout und Stress in der Gesellschaft geht Gemma Styles der Frage nach, wie wir ticken, um die Herausforderungen des modernen Lebens besser verstehen und bewältigen zu können. Ausgehend von ihren eigenen Erfahrungen mit psychischen Problemen und Neurodivergenz zeigt sie Wege auf, wie wir uns hoffnungsvoller, verbundener und in Frieden mit uns selbst und anderen fühlen können. Dieses Buch regt zum Nachdenken an und macht Mut. Es richtet sich an alle, die sich überwältigt und weniger wert fühlen oder das Gefühl haben, nicht dazuzugehören.

Gemma Styles, geboren 1990, ist Autorin und Host des preisgekrönten Podcasts *Good Influence*, in dem es um Themen wie psychische Gesundheit, Nachhaltigkeit und Feminismus geht. Sie hat online eine beeindruckende Fangemeinde und lebt und arbeitet in London.

GEMMA STYLES

Why am I like this?

Dein Weg zu mentaler Gesundheit

Aus dem Englischen von
Britta Fietzke und Katharina Herzberger

PIPER

ISBN 978-3-492-07345-5
Die Originalausgabe erschien 2024 unter dem Titel *Why Am I Like This?* bei Bantam, einem Imprint von Transworld. Transworld gehört zur Verlagsgruppe Penguin Random House.
© Rechteinhaberin Gemma Styles, 2024
Für die deutsche Ausgabe:
© Piper Verlag GmbH, München 2024
Umschlaggestaltung: Büro Jorge Schmidt, München
nach einem Entwurf von Beci Kelly/TW
Satz: Uhl + Massopust, Aalen
Gesetzt aus der Minion Pro
Litho: Lorenz & Zeller, Inning am Ammersee
Druck und Bindung: GGP Media GmbH, Pößneck
Printed in Germany

Für alle Grübler:innen,
die zu viel und zu wenig fühlen.

Inhalt

Einleitung   11

1 Was ist mit unserer mentalen Gesundheit passiert?   17
2 Warum sind wir so?   57
3 Was habe ich mir dabei nur gedacht?   79
4 »Knowing Me, Knowing You«?   109
5 Warum verlieren wir uns in Vergleichen?   137
6 Verändern Social Media unser Gehirn?   163
7 Warum kommen wir nicht miteinander klar?   191
8 Wie kann ich etwas bewirken?   223
9 Kann ich mein Gehirn verändern?   249

Schlusswort   269
Glossar   273
Danksagung   277
Anmerkungen   279

» *Wir verstehen nicht einmal, wie das Gehirn eines Wurms funktioniert.* «

Dr. Christof Koch, Chief Science Officer und Präsident des Allen Institute for Brain Science

Einleitung

Was stimmt nicht mit mir? Wie oft hast du dich das allein in der letzten Woche gefragt? Hast du deinen Kaffee auf dem Auto stehen lassen? Oder vergessen, jemandem zurückzuschreiben? Oder dir endlos den Kopf darüber zerbrochen, dass du dich und deine Gedanken nicht leiden kannst, dass du nicht magst, wie dein Hirn funktioniert?

Vielleicht denken manche von euch: »Wow, Gemma, das ist jetzt aber ein bisschen dramatisch« …, und manche von euch werden sich ertappt fühlen und sich wundern, woher ich das weiß. Wir sind alle anders! Das ist einfach so und sollte Grund zum Feiern sein, aber ob dich dein Hirn nun zum Verzweifeln bringt oder deine Neugierde weckt, ändert nichts daran, dass wir alle bei manchen Dingen ziemlich ähnlich ticken. Das besser zu verstehen, kann uns meiner Erfahrung nach sowohl ermächtigen als auch begeistern.

Sehr, sehr lange fühlte ich mich gefangen und eingeschränkt durch das, was in meinem Kopf vor sich ging. Ich verstand nicht, warum ich solche Schwierigkeiten hatte und alle anderen scheinbar problemlos weiterlebten, während ich schon bei der ersten Hürde innerlich scheiterte. Was für meine Gefühlslage schon immer den größten Unterschied gemacht hat, sind Informationen. Antworten. Für mich waren es vor allem Antworten auf Fragen zu schlechter mentaler Gesundheit oder, wie ich später herausfinden sollte, ADHS. Das hier ist kein Memoir, aber ich werde trotzdem über die Erfahrungen mit psychischen Problemen berichten, die ich seit meiner Jugend gemacht habe (insbesondere mit Depressionen und Angststörungen). So will ich dir meinen Hintergrund klarmachen, aber auch offen und ehrlich von etwas berichten, das viele Menschen in bestimmten Zeiten ihres Lebens durchmachen, und außerdem sollte man dort anfangen, wo man sich am besten auskennt. Vielleicht habe ich nicht genau dieselben Fragen wie du, aber unser aller Selbstgefühl hängt zutiefst davon ab, wie wir uns durch diese Welt bewegen, in der wir leben.

Natürlich werden wir immer auf Neues stoßen und nach weiteren Erklärungen für unsere Eigenarten suchen. Es bräuchte tausend Bücher, um jede kleinste Erfahrung jeder einzelnen Person zusammenzufassen. Vielleicht machen wir nicht genau dieselben Erfahrungen, aber ein paar haben wir alle gemeinsam. Wenn wir unser Weltverständnis so universell betrachten, kann es zu dem schönen Ergebnis führen, dass du Erkenntnisse über dich selbst auch auf andere anwenden kannst. Vielleicht frustrierst du dich selbst am meisten, vielleicht sind es aber auch andere Leute. *Warum reagieren die denn so? Warum hören die mir nicht zu?*

Aber anstatt vor den besonders ärgerlichen Angewohnheiten unserer Gehirne (und den entsprechenden Gefühlen) zu resignieren, will ich erklären, wie viel Methode doch im Wahnsinn steckt, und aufzeigen, dass wir manches ändern können. Dein Hirn arbeitet nicht gegen dich – auch wenn es sich so anfühlt –, sondern will dich oft beschützen. Unsere Welt hat sich rasant und umfassend verändert. Was uns heute bedrohlich oder einschüchternd erscheint, entspricht nicht mehr den Gefahren der Zeiten, in denen unser Evolutionstrieb darauf aus war, den lauernden Tiger vor der Höhle zu entdecken, aber das kann unsere Hirnchemie nur schwer unterscheiden.

Manche Leute verbringen ihr ganzes Leben damit, Neurowissenschaften, Psychologie und Anthropologie zu studieren, um Menschen besser zu verstehen. Ich bin keine Expertin auf diesen Feldern. Aber meiner Meinung nach muss man das auch nicht sein, um Informationen aufzunehmen und einen entscheidenden Aha-Moment zu haben, der irgendetwas bei dir klicken lässt. Ich liebe es wirklich, Informationen verständlich zu präsentieren (deshalb habe ich wahrscheinlich auch Naturwissenschaften auf Lehramt studiert). Es gibt viele Möglichkeiten, sich einen Zugang zu so großen und komplexen Themen zu verschaffen wie der Funktionsweise unseres Hirns und ihrem Einfluss auf uns. Mich verblüfft, frustriert und fasziniert es immer wieder, wenn ich mehr darüber lerne, wie wir ticken, und ich habe mittlerweile begriffen, dass es durchaus in unserer Macht liegt, uns selbst etwas besser zu verstehen. Und dabei mehr Mitgefühl für uns und unsere Mitmenschen zu entwickeln, was das Leben in dieser komplexen und herausfordernden Welt ein bisschen einfacher macht.

Ich werde in diesem Buch viel über mentale Gesundheit schreiben, über den Unterschied zu psychischen Krankheiten sowie über den Effekt des Lebens heutzutage, also Berichterstattung rund um die Uhr, Dopamin-Hits (im übertragenen Sinne) in unseren Hosentaschen und mehr Möglichkeiten denn je, uns mit anderen zu vergleichen. Ich will erkunden, was wir gemeinsam haben, anstatt tief in unsere individuelle Einzigartigkeit abzutauchen. Kennst du das, wenn du an einer Infografik vorbeiscrollst, die zufällig perfekt erklärt, was du gerade tust oder fühlst? Dieses Gefühl der Genugtuung, weil du dich selbst ein kleines bisschen besser verstehst? Dieses Buch soll dir genau das geben. Wenn du beim Lesen bisher nickst und diesen Frust über dein eigenes Hirn erkennst, dann wird hier hoffentlich noch einiges Hilfreiches folgen. Irgendwann verrennen wir uns alle mal und müssen uns gezwungenermaßen fragen: »Was stimmt nicht mit mir?«

Und was passiert, wenn wir die Antwort herausbekommen? Nur weil du weißt, warum du etwas tust, hält dich das nicht automatisch davon ab. Aber uns bewusst zu machen, was in unseren Köpfen vor sich geht, wozu wir neigen und wie wir evolutionsbedingt verdrahtet sind, kann dabei helfen, uns weniger über uns selbst zu ärgern, weniger Zeit zu verschwenden und einfach mit unserem Leben weiterzumachen.

Wie wir später noch besprechen werden: Wie soll man sich gegen jemanden behaupten, dessen Argumente man nicht kennt? Was sollen wir denn tun, wenn wir überhaupt nicht wissen, was da gerade vor sich geht, während unsere Hirne uns Eifersucht einflüstern, wieder auf eine schlechte Gewohnheit zurückgreifen oder eine peinliche Erinnerung in Endlosschleife abspielen? Dieses Gefühl, wenn du verzweifelt die Zähne zusammenbeißt und die Person, mit der du streitest, in deinem eigenen Kopf ist... oooooje.

Aus eigener hart erkämpfter Erfahrung habe ich gelernt, was schlecht für deine mentale Gesundheit ist: nicht auf deiner Seite zu sein. Ich war so lange genervt von mir und habe mich gefragt, warum ich in alte Gewohnheiten oder Gedankenmuster verfalle, warum ich nicht so zurechtkomme, wie alle anderen es scheinbar tun, warum es mir so wichtig ist, was andere denken. Das ist anstrengend. Und mir ist klar geworden, dass all diese Tendenzen nicht ansatzweise so schlimm sind, wie sich deshalb selbst komisch zu finden und sich auch noch die Schuld daran zu geben. Ich will daher nicht, dass du deine Zeit weiterhin damit verschwendest!

Ich habe realisiert (durch jahrelanges Abmühen mit meinen eigenen Problemen), wie viel einfacher man seinen Alltag bewältigen kann, wenn man versteht, warum etwas passiert. Ganz einfach. Außerdem ist das – zumindest meiner Meinung nach, aber dich werde ich hoffentlich auch überzeugen können – *wirklich* spannend. Du musst kein Bio- oder Psychologie-Nerd sein, um Ehrfurcht und Begeisterung für diese großartigen Gehirne in unseren Köpfen empfinden zu können, die zu so vielen coolen Sachen fähig sind.

Genau das möchte ich hier mit dir teilen: eine Möglichkeit, einen Schritt zurückzutreten und anzuerkennen, wie kompliziert unsere Spezies ist, warum dem so ist und wie es zu unserem Überleben beigetragen hat. Ich will uns von dem Ärger und Frust befreien, den wir oft auf uns selbst richten, wenn wir wieder einmal wütend geworden sind, uns mit anderen vergleichen, uns betäubt fühlen von dieser wahnsinnig schnell fortschreitenden Welt – wenn wir diese Gefühle hinter uns lassen, benötigen wir weniger Energie für unsere inneren Kämpfe und haben mehr übrig für das, was wir dieser Welt geben möchten. Das könnte vielleicht heißen, dich für Veränderungen in unseren Communitys einzusetzen. Oder vielleicht, dich bei der Arbeit nicht mehr wie ein Impostor zu fühlen. Oder vielleicht einfach ein Safe Space für deine Freund:innen zu sein. Ich will dich in dem bestätigen, was dir schwerfällt. Dir Trost spenden, weil du nicht die einzige Person bist, der es so geht. Und dir, in all deiner wundervollen Unperfektheit, die Kraft zum Weitermachen geben.

1

Was ist mit unserer mentalen Gesundheit passiert?

Fangen wir mal mit dem Positiven an. In letzter Zeit hat sich der öffentliche Diskurs über mentale Gesundheit ganz offensichtlich verändert, wie die meisten sicher bestätigen würden. Früher war es eine ziemlich große Sache, wenn man darüber gesprochen hat, neuerdings Antidepressiva zu nehmen oder eine Panikattacke gehabt zu haben, und dem ist jetzt nicht mehr so. Offen über unsere mentale Gesundheit zu sprechen, ist sehr viel üblicher geworden, und das finde ich persönlich wunderbar.

Aber ist es dasselbe, über mentale Gesundheit und psychische Erkrankungen zu sprechen? Sind Probleme mit der mentalen Gesundheit und psychische Erkrankungen heutzutage häufiger, oder entsteht dieser Eindruck nur, weil wir mehr darüber hören, sich die Diskussion weiter öffnet und das Stigma verblasst? Und auch wenn es super ist, offen über mögliche Probleme in unseren Hirnen zu sprechen, was passiert danach? In einer idealen Welt könnten wir alle entsprechenden Expert:innen konsultieren, wenn wir sie brauchen, aber das ist nicht immer allen möglich – wegen der Unterfinanzierung des öffentlichen Gesundheitswesens und unerschwinglicher Privatbehandlungen sowie einer Nachfrage, die das Angebot an ausgebildeten Ohren weit übersteigt. Und sind die Labels, die diese Profis unseren Symptomen verpassen, wirklich immer hilfreich, oder gibt es auch so etwas wie zu viele Diagnosen und zu viel Aufklärung über mentale Gesundheit? Wie können wir aus unseren Hirnen schlau werden, wenn wir in Schwierigkeiten geraten, und verstehen, was da oben eigentlich los ist?

Ich warne euch vor: In diesem Kapitel werde ich am meisten über Depressionen und Angststörungen reden, einfach weil ich beides persönlich erlebt habe. Natürlich gibt es auch andere psychische Erkrankungen, das ist mir bewusst, aber weil diese beiden am häufigsten auftreten, hoffe ich, zumindest einige von euch werden sich mit meinen Erfahrungen identifizieren können. Die Einzelheiten meiner schlimmsten Zeiten sind mittlerweile verschwommen, aber schwere Depressionen und Selbstmordgedanken haben bei mir definitiv nachhaltige Spuren hinterlassen. Das soll nicht heißen, dass ich vermute, bald wieder an diese mentalen Orte zurückzukehren. Stattdessen weiß ich es jetzt dauerhaft zu schätzen, wenn ich mich gut und glücklich fühle – und habe tiefstes, schwerwiegendes Mitgefühl für diejenigen, die gerade mittendrin stecken.

Glücklicherweise geht es mir (während ich dieses Buch schreibe) besser als zu anderen Zeiten meines Lebens, was wiederum bedeutet, dass es mir leichter fällt, über mentale Gesundheit im Allgemeinen zu reden und mich an schwerere Zeiten zu erinnern. Wie erwähnt hatte ich als Jugendliche immer wieder Probleme mit meiner mentalen Gesundheit. In diesen frühen Jahren war meine Angststörung das Hauptproblem, oft wegen erwartbarer Stressfaktoren wie Prüfungen, aber seitdem habe ich viele Erfahrungen gesammelt und kann rückblickend sagen, dass ich mich schon damals in ein ungesundes Territorium begab.

An der Uni litt ich vor allem an Depressionen. Ich ging deshalb relativ zeitnah zu meiner Hausarztpraxis, aber dort riet man mir vor allem zu Selbsthilfebüchern und Gruppentherapie, in der ich mich über den Druck des Unilebens austauschen sollte – beides half nicht viel und passte leider nicht zu der Person, die ich damals war. Auch wenn es anders scheinen mag, da ich schließlich gerade in einem Buch über meine mentale Gesundheit schreibe, bin ich eine sehr private Person. Ich weiß zwar, wie unglaublich hilfreich Gruppentherapie oder Gesprächsrunden für andere sein können, aber meins waren sie einfach nicht, weil ich solche Themen nicht mit Fremden besprechen wollte, die ich später vielleicht bei einer Uni-Veranstaltung wiedertreffen würde. Sehr lange war mir auch sehr genau bewusst, dass manche Menschen in der Außenwelt ein, sagen wir mal, wirklich großes Interesse an Geschichten über mein Leben, meine Kindheit oder meine Familie haben könnten, und weil ich diese Menschen und ihre Privatsphäre aufs Äußerste beschützen wollte, war ich entsprechend abgeneigt, so persönliche Informationen mit Außenstehenden zu teilen. Diese Sorge hielt mich auch jahrelang davon ab, mir einen Therapeuten oder eine Therapeutin zu suchen, obwohl dies später die beste Entscheidung war, die ich hätte treffen können. Wenn es dir also genauso geht und du nicht mit Fremden über deine Probleme sprechen möchtest, könnte es viel angenehmer sein, als du denkst, dich mit einem passenden Therapeuten oder einer passenden Therapeutin zu treffen. Lerne aus meinen Fehlern.

Aber bevor es bei mir besser wurde, wurde es leider schlechter. Zunächst hatte ich nur leichte Depressionssymptome, die am Ende der Schulzeit und mit Anfang zwanzig zu ziemlich heftigen depressiven Phasen wurden. Manchmal fühlte ich mich so leer, auch wenn ich keinen Grund dafür wusste. Geschahen traurige Dinge, nutzte ich sie als Entschuldigung, weil es dann zumindest Sinn ergab, dass ich mich so schrecklich fühlte. In den schlimmsten Untiefen wollte ich zwar nicht sterben... aber ich wollte so sehr raus aus dem, was aus meinem Leben geworden war, dass es auf dasselbe hinauslief. Zum Glück bemerkte ich diese Gedanken, die mich so schockierten und verängstigten, dass ich mir Hilfe suchte. Ohne die richtigen Freund:innen zur richtigen Zeit hätte mir dazu allerdings die Kraft gefehlt. Dass andere Menschen solche Tiefpunkte ohne die Rettungsanker erleben, die mir zur Verfügung standen, macht mich wirklich traurig und verstärkt nur meine Leidenschaft für das Thema mentale Gesundheit und die entsprechende Vorsorge.

In dieser Zeit war nicht alles immer schlimm. Manchmal ging es mir eine Weile besser, nur damit mir ein neues Tief ohne Vorwarnung entgegenschlug oder sich langsam anschlich, während ich es gelegentlich aus dem Augenwinkel erspähte. Manchmal dachte ich, mir ginge es gut und ich könne mein Leben genießen, obwohl ich mich eigentlich nur selbst ablenkte und davonrannte. Und, wie es so oft der Fall ist, haben einige Menschen sicher überhaupt nichts bemerkt. Und trotzdem fühlte es sich sehr lange an, als sei mein Erwachsenenleben übersät von Narben und Rissen, weil es so leer, traurig und wertlos war. Depressionen sind so grausam, weil man sich wegen ihnen substanzlos und verzweifelt fühlt, gleichzeitig aber auch, als sei man selbst daran schuld, als habe man sein Leben einfach nicht gut genug gelebt und finde jetzt nicht mehr zurück auf den Pfad, der an diesen elenden Ort geführt hat.

Die meiste Zeit meines Lebens war ich davon überzeugt, dass ich immer zumindest etwas depressiv sein würde. Selbst mit Medikamenten oder Therapie, selbst wenn es eigentlich ganz gut lief und viele schöne Momente gab, hielt ich mich nicht für eine glückliche Person oder eine, die ihr Leben im Alltag genießen können würde. Seit bei mir mit Anfang dreißig ADHS diagnostiziert wurde, erkenne ich, wie einige dieser anhaltenden Symptome – dass ich mich nur schwer motivieren oder Freundschaften nur schwer aufrechterhalten kann – auch von ADHS stammen könnten und nicht von der Depression, wie ich (vernünftigerweise, eigentlich) angenommen hatte.

Neurodivergenz und psychische Erkrankungen trifft man oft gemeinsam an; dabei spricht man auch von Komorbidität, wenn also unterschiedliche Krankheiten gemeinsam auftreten. Ist man neurodivergent, heißt das nicht automatisch, dass man auch Probleme mit der mentalen Gesundheit hat, aber realistisch gesehen kann eine Existenz in einer neurotypischen Gesellschaft, in der man sich von den meisten Menschen unterscheidet, auch emotionale Konsequenzen mit sich ziehen, die zu Symptomen psychischer Erkrankungen führen. Für die »Alle haben plötzlich ADHS«-Brigade sollten wir festhalten, dass das National Institute for Health and Care Excellence (NICE) und dementsprechend auch der britische National Health Service (NHS) bis 2008 ADHS bei Erwachsenen nicht einmal anerkannte und 2018 sogar die eigenen Richtlinien aktualisierte, um die chronische Unterdiagnose von Frauen und Mädchen aufzuzeigen.[1] Es stimmt also nicht, dass alle plötzlich beschlossen haben, ADHS zu bekommen, sondern es stattdessen schon immer hatten und wir mit einem riesigen Rückstau an Menschen umgehen müssen, die nicht an Unterstützung oder eine Behandlung herankommen. Ich mag wie eine Straßenrednerin klingen, aber gerade weil es mich persönlich betrifft, ärgern mich Kommentare und Nachrichten von Menschen, für die zwar überhaupt nichts auf dem Spiel steht, die uns aber erklären wollen, wie »trendy« Neurodivergenz jetzt ist. Frauen wie ich, die laut Statistik eher später diagnostiziert werden als andere Gruppen, haben oft über Jahre erfolglos versucht, mit den Symptomen einer Krankheit umzugehen, die sie vor der Diagnose überhaupt nicht kannten. Und ganz offensichtlich hat dieser »Sich wie eine Versagerin fühlen«-Kreislauf einen großen Einfluss auf das eigene Selbstbewusstsein und den mentalen Zustand. Ich konzentriere mich hier auf ADHS, weil ich deren Verbindung zu psychischen Erkrankungen persönlich erlebt habe, aber andere neurodivergente Diagnosen wie Autismus, Tourette oder Dyslexie sind genauso herausfordernd und können die mentale Gesundheit der Betroffenen durchaus beeinflussen – auch wenn es sich dabei nicht um psychische Erkrankungen handelt.

Mit all dem will ich sagen, dass ich zwar schon einen langen Weg der Erkenntnis zu meinen eigenen mentalen Gesundheitsproblemen hinter mir habe, die wahrscheinlich am weniger heiklen Ende der Skala liegen, aber trotzdem noch viele Fragen habe und viele Verbindungen bislang nicht klären konnte. Zum Beispiel, warum ich überhaupt an einer Angststörung und Depressionen gelitten habe. Gibt es da einen Zusammenhang? Hat meine ADHS sie verursacht oder nur angestachelt? Warum haben manche Medikamente geholfen und andere nicht? Vielleicht wünschen wir uns zwar, dass man psychische Erkrankungen einfach mit einem Messwert und einer verschriebenen Pille behandeln könnte, die diesen Messwert dann in Richtung Sonne und Regenbogen verschiebt, aber leider (und eigentlich ist das auch ziemlich schön) funktionieren unsere Gehirne nicht so, sondern sind sehr viel komplexer.

Wie hat sich unsere Einstellung zu psychischen Erkrankungen verändert?

Ich wurde schon oft gefragt, wann und wieso ich mich dazu entschieden habe, online über mentale Gesundheit zu sprechen, aber darauf habe ich keine klare Antwort. Ich erinnere mich an keine wegweisende Entscheidung, die mein Leben in ein Vorher und ein Nachher teilt. Ich glaube nicht, dass es je einen Post gab, in dem ich »ausgepackt« oder eine Einführung zum Thema meiner mentalen Gesundheit geschrieben habe. Soweit ich mich erinnere, tröpfelte es eher vor sich hin – hier mal die Angststörung erwähnen, da mal ein Depressions-Meme teilen. Wie bei den meisten Dingen auf Social Media formen diese kleinen Schnipsel, die wir ganz bewusst teilen, egal wie spontan oder durchdacht, ein öffentliches Bild von uns. Und so wurde ich nach und nach bekannt als Person, die offen über mentale Gesundheit spricht. Das macht mich stolz.

Davon abgesehen ist mir bewusst, dass meine Erkrankungen,

jetzige oder vergangene, am geläufigeren und eher »akzeptablen« Ende des Spektrums liegen. Akzeptabel steht extra in Anführungszeichen, weil ich damit ausdrücken will, inwiefern sie von dem Großteil der Gesellschaft toleriert werden. Anders gesagt: Wie Menschen reagieren, wenn ich über meine Erfahrungen mit Angststörungen und Depressionen rede, ist ein Kinderspiel im Vergleich zu dem, was Menschen mit stärkeren oder missverstandenen Erkrankungen erleben. Ganz eigene Herausforderungen bergen zum Beispiel die bipolare Störung, posttraumatische Belastungsstörung (PTBS) oder Zwangsstörung (also obsessive-compulsive disorder bzw. OCD). Das reicht von einem generellen Nichtwissen über ihre Existenz, Klischees über Betroffene bis zu vereinfachten, verfremdeten Vorstellungen über ihre Auswirkungen. (Bitte sage nicht, dass jemand »bestimmt ein bisschen OCD hat«, weil er gerne Ordnung in seiner Wohnung hält.)

Jede Woche erleben in England achthundert Personen eine Mischung aus Angststörungen und Depressionen, während eine bipolare Störung nur zwei von hundert Personen in ihrem gesamten Leben betrifft. Psychotische Störungen wie Schizophrenie betreffen jedes Jahr weniger als eine von hundert Personen.[2] Es ist also verständlich und, einfach gesagt, statistisch wahrscheinlicher, dass wir eher eine geläufigere Krankheit erlebt oder mitbekommen haben, aber trotzdem sollten wir auch diese selteneren Störungen ganz bewusst auf dem Schirm haben.

Versteh mich nicht falsch, natürlich gibt es immer noch genug Personen, die Depressionen und Angststörungen nicht ernst nehmen. Aus meiner Sicht ist es unmöglich, das Konzept individueller mentaler Gesundheit anzuzweifeln. Wenn du die Realität von mentaler Gesundheit oder mentalen Gesundheitsproblemen anzweifelst, verstehst du sie nicht. Wie den Klimawandel. Du kannst das Problem der globalen Erderwärmung so skeptisch sehen, wie du willst, aber Wissenschaft bleibt Wissenschaft, und die Polarkappen schmelzen. Und trotzdem gibt es leider immer noch viele Menschen, die sich ganz bewusst nicht informieren und keinerlei Mitgefühl haben. In ihren langweiligsten, müdesten Tiraden erzählen uns diese kritischen und/oder respektlosen Leute, dass gerade die jüngeren Generationen einfach zu sensibel sind, vollkommen selbstbesessen, und dass sie zu schnell Diagnosen hinterherrennen. Jegliche Snowflake-Hater, die dieses Buch aus Versehen in die Hand genommen haben, haben es sicher schon lange beiseitegelegt. (Hoffentlich sind sie ohne mich glücklicher.) Wenn wir positive Mental-Health-Spaces verlassen, können wir nur zu schnell daran erinnert werden, dass jahrelange Aufklärungskampagnen und Gesprächsaufforderungen nicht alle erreicht haben. Und selbst dort, wo man schon mehr über psychische Erkrankungen weiß, herrscht nicht automatisch Mitgefühl und Verständnis für alle Communitys oder für alle Betroffenen.

Was genau entspricht jetzt also der Wahrheit? Kann man die öffentliche Meinung zu psychischen Erkrankungen irgendwie messen? Na ja, 2019 führte The Harris Poll im Auftrag der American Psychological Association eine Studie in den USA durch, bei der 87 Prozent aller Teilnehmer:innen teilweise oder stark zustimmten, dass man »sich für eine psychische Erkrankung nicht schämen muss«. Wie ermutigend! Allerdings stimmten in derselben Studie 86 Prozent, also beinahe genauso viele Teilnehmer:innen zu, dass »der Begriff ›psychische Erkrankung‹ stigmatisiert ist«[3].

Hmmm… okay. Natürlich könnte es sein, dass die Teilnehmer:innen die Existenz der Stigmata anerkennen, selbst aber nicht daran glauben (auch wenn die erste Antwort dafür spricht, dass dieses Stigma sehr viel weniger geläufig sein sollte, als sie annehmen). Aber mich verblüffen diese Zahlen immer noch, wo sich doch so viele dafür aussprechen, die Scham von psychischen Erkrankungen hinter sich zu lassen. Ist es dann etwa nur ein kleiner Anteil hartnäckiger Verweigerer:innen, die für alle Probleme verantwortlich sind? Vielleiiiicht. Aber wahrscheinlicher erscheint es mir, dass uns hier die große Lücke aufgezeigt wird, die zwischen oberflächlichem Wissen beziehungsweise Akzeptanz von psychischen Erkrankungen und tatsächlicher Unterstützung oder Toleranz von Betroffenen herrscht.

Auch wenn wir rational anerkennen können, wie unfair die Stigmatisierung psychischer Erkrankungen ist, leben wir nicht in einer perfekten Welt, weshalb die Stigmata trotzdem oft vorherrschen. Im Abstrakten haben Menschen mehr Verständnis für Depressionen, aber das kann sich schnell ändern, wenn sie die realen Auswirkungen der Symptome eines oder einer Betroffenen spüren. Wir mögen Angststörungen langsam verstehen, haben aber trotzdem Vorurteile gegenüber Menschen mit Schizophrenie oder Zwangsstörungen. Ich werde gleich noch mal darauf zurückkommen, aber wenn wir eine einheitliche Lösung für alle psychischen Erkrankungen suchen, führt das genau zu diesen Momenten, in denen man nur den Kopf schütteln kann, weil dieses Thema viel zu komplex ist, um es mit nur einer Frage zu behandeln.

»Ach, die und ihre mentale Gesundheit schon wieder«

Dass wir noch einen langen Weg vor uns haben, wenn es um bedeutende Aufklärung und Akzeptanz psychischer Erkrankungen geht, zeigt sich daran, wie wir über mentale Gesundheit und psychische Erkrankungen reden. Mittlerweile werden diese beiden Begriffe im Mainstream beinahe synonym verwendet. Auch wenn Mainstream-Diskussionen über mentale Gesundheit durchaus ein Grund zum Feiern sind, stoßen wir hier auf ein Problem, da die Vermischung dieser Begriffe uns unserem eigentlichen Ziel nicht näherbringt: dass alle besser auf sich selbst achten. Du hast bestimmt auch schon mitbekommen, wie jemand leichtfertig sagt: »Ach, die und ihre mentale Gesundheit schon wieder«, wenn jemand aktuell keine gute Zeit hat. (Wenn du jetzt schon denkst: »Na ja, man sollte lieber über ›*Probleme* mit der mentalen Gesundheit‹ sprechen«, kriegst du ein Sternchen.) Es gibt jede Menge Gründe, warum dieser Ton oft, sagen wir mal, nicht ganz passt… aber schauen wir uns nur die beiden bedeutendsten an.

Zuerst einmal haben alle eine mentale Gesundheit. Ganz egal, ob dein mentaler Zustand gerade gut, schlecht oder irgendwo dazwischen ist, gehen wir alle mit Gefühlen und Gedanken durchs Leben und können mal besser, mal schlechter mit den Höhen und Tiefen umgehen, denen wir begegnen. Den Begriff »mentale Gesundheit« als Diagnose zu verwenden, also als etwas, das manche Menschen negativ erfahren und andere gar nicht beeinflusst, das wird keinem gerecht. So verleiten und ermutigen wir niemanden dazu, sich dieses Zustands bewusst zu werden – und erst recht nicht dazu, das Leid anderer zu bemerken oder ihr eigenes Leben schrittweise zu verbessern.

Zweitens sollten wir unsere Mitmenschen nicht vage mit »Ach, die und ihre mentale Gesundheit« beschreiben, denn so blicken wir auf »uns vs. die anderen« und erkennen nicht an, dass alle im Laufe ihres Lebens Hoch- und Tiefphasen durchlaufen. Außerdem ist eine Phase schlechter mentaler Gesundheit für die meisten Personen genau das: eine bestimmte Zeit ihres Lebens, die nicht für immer andauert. Wenn jemand »schon wieder was mit der mentalen Gesundheit hat« (auch wenn wir das alle haben, siehe oben!), scheint das viel schwerwiegender zu sein, als wenn jemand »eine Erkältung hat« – dabei kann eine Phase schlechter mentaler Gesundheit für viele auch nur ein kurzfristiger und heilbarer Zustand sein. Zugegebenermaßen geht die Erkältung wahrscheinlich schneller vorüber, aber solange wir noch in einer Welt leben, in der psychische Erkrankungen so stark stigmatisiert werden, sollten wir nicht so tun, als leide man für immer, wenn man einmal über seine Struggles gesprochen hat. Das entspricht höchstwahrscheinlich nicht der Wahrheit und trägt nur zu den

Vorurteilen bei, die Menschen davon abhalten, sich überhaupt Hilfe zu suchen.

Einen weiteren wichtigen Punkt sollten wir im Kopf behalten, denn laut American Psychiatric Association »[sind] psychische Erkrankungen Gesundheitszustände, die mit Veränderungen der Gefühle, Gedanken und Verhaltensweisen (auch in Kombination) einhergehen. Psychische Erkrankungen können mit Nöten und/oder Problemen beim Agieren im sozialen, familiären und beruflichen Kontext zusammenhängen«[4]. Anders gesagt: Sie umfassen einen ziemlich großen Bereich. Eine Person, die vorübergehend eine moderate Angststörung verspürt, erlebt das anders als jemand mit einer schweren, lebenslangen Krankheit und muss entsprechend anders unterstützt werden. Und ich hoffe doch sehr, dass es uns immer um Hilfe und Unterstützung geht, wenn wir über Betroffene von psychischen Erkrankungen reden! Einige der breit gefassten Definitionen psychischer Erkrankungen umfassen affektive Störungen (wie Depressionen), Angststörungen, psychotische Störungen (wie Schizophrenie), traumabedingte Störungen, Suchterkrankungen und Essstörungen. Damit ist noch nicht alles aufgezählt, zeigt aber hoffentlich, wie unnütz es ist, mit sehr vereinfachten Begriffen über mentale Gesundheit zu reden.

Tatsächlich kann es selbst für die Offensten und Willigsten schwer zu verstehen sein, wie hochgradig individuell sich mentale Gesundheit bei jedem einzelnen Menschen gestaltet. Eine Personengruppe mit derselben psychischen Erkrankung ist keine Einheit, und selbst wenn wir nur eine Person betrachten, kann sich der Grad der Erkrankung von Tag zu Tag ändern.

Das National Institute for Health and Care Excellence in Großbritannien beschreibt es wie folgt:

*Bei einem **milden** psychischen Gesundheitsproblem erlebt eine Person nur eine geringe Anzahl an Symptomen, die den Alltag kaum einschränken.*

*Bei einem **moderaten** psychischen Gesundheitsproblem erlebt eine Person mehr Symptome, die ihren Alltag sehr viel schwerer machen als üblich.*

*Bei einem **schweren** psychischen Gesundheitsproblem erlebt eine Person viele Symptome, die ihren Alltag extrem schwer machen.*

Eine Person kann zu unterschiedlichen Zeiten unterschiedliche Erkrankungsgrade erleben.[5]

Depressionen sind vielleicht das bekannteste Beispiel einer psychischen Erkrankung, die bei einem Individuum zwischen den oben definierten Kategorien wechseln kann. Wer langfristig Depressionen hat, erlebt die Symptome meist zyklisch und kann sich je nach Woche, Monat oder Jahr besser oder schlechter fühlen. Wenn wir anerkennen, dass die Auswirkungen dieser Krankheiten variieren, können wir den Betroffenen besser entgegenkommen und sie unterstützen. Wenn wir diese Menschen sehen, wie sie sind, anstatt sie auf ein starres Bild aus ihrer schlimmsten oder besten Zeit zu reduzieren, können wir ihnen besser zuhören und sie besser unterstützen. Selbst diese kleine Nuance kann unsere Diskussion psychischer Erkrankungen voranbringen und sicherstellen, dass wir tatsächlich den Unterschied zwischen psychischen Erkrankungen und der allgemeinen Pflege unserer mentalen Gesundheit erkennen, ganz egal, ob wir akut in Not sind oder nicht.

Und was ist, wenn du ohne jeden Grund traurig bist?

Wir wissen definitiv schon einiges über die Ursachen schlechter mentaler Gesundheit, denn eine Vielzahl an Faktoren trägt dazu bei, ob jemand von einer psychischen Erkrankung betroffen ist oder nicht. Diese Liste der Wohltätigkeitsorganisation Mind, die sich für mentale Gesundheit einsetzt, führt viele beteiligte Faktoren auf:

- Missbrauch, Trauma oder Vernachlässigung in der Kindheit
- Soziale Isolation und Einsamkeit
- Diskriminierungserfahrungen und Stigmatisierung, u. a. durch Rassismus
- Soziale Benachteiligung, Armut oder Verschuldung
- Trauerfälle (der Tod einer nahestehenden Person)
- Schwerer oder langfristiger Stress
- Chronische physische Erkrankungen
- Arbeitslosigkeit oder Jobverlust
- Obdachlosigkeit oder mangelhafte Wohnbedingungen
- Langfristige Pflegearbeit
- Drogen- und Alkoholmissbrauch
- Häusliche Gewalt, Mobbing oder anderer Missbrauch im Erwachsenenalter
- Signifikante Traumata als Erwachsene, wie militärische Kämpfe, Unfälle mit Lebensgefahr oder wenn man Opfer einer gewaltsamen Straftat wird
- Physische Ursachen, zum Beispiel eine Kopfverletzung oder ein neurologisches Leiden wie Epilepsie, können das Verhalten und die Stimmung beeinflussen[6]

Die verwirrende und herausfordernde Realität für die meisten Betroffenen von psychischen Erkrankungen ist leider, dass sie sich auf dieser Liste nicht wiederfinden würden. Wie wir mittlerweile hoffentlich alle wissen, differenzieren mentale Gesundheitsprobleme nicht, weshalb jede Menge Menschen sowohl von außen als auch von sich selbst betrachtet so wirken, als wären sie in einer guten Lage und hätten »keinen Grund zum Traurigsein«. So funktioniert das allerdings nicht, was uns zur Gegenüberstellung von situativer Depression versus klinischer Depression bringt.

Keine von beiden ist realer oder ernster als die andere, aber wenn du verstehen kannst, mit welcher du es zu tun hast, vereinfacht es die Wahl der bestmöglichen Behandlung. Die situative Depression ist auch als »depressive Anpassungsstörung«[7] bekannt und entsteht eher durch eine Veränderung oder eine traumatische Erfahrung im Leben der betroffenen Person. Die klinische Depression ist auch als »schwere depressive Episode« bekannt und gilt offiziell als affektive Störung.[8] Eine situative Depression ist höchstwahrscheinlich nur vorübergehend und kann auch ohne Behandlung verschwinden, ist das allerdings nicht der Fall und sie wird nicht adäquat behandelt, kann daraus eine klinische Depression werden, die üblicherweise schwerer ist.

Weltweit kommt Depression bei Frauen 1,7-mal häufiger vor als bei Männern. Auch wenn viele Faktoren zu dieser Statistik beitragen mögen, beispielweise wegen der genderspezifischen Unterschiede bei Missbrauch, Bildung und Einkommen (a. k. a. der Gender Pay Gap), hat man ähnliche Verhältnisse sowohl weltweit als auch in stärker entwickelten Ländern beobachtet, wo diese sozioökonomischen Faktoren eine eher geringere Rolle spielen. Anders gesagt, scheint es keinen großen Unterschied zu machen, ob wir auf Länder schauen, wo Frauen insgesamt spürbar niedriger gestellt sind als Männer, oder auf Länder mit einem höheren Grad an Gleichberechtigung. Das scheint auf eine biologische Erklärung für die höheren Fallzahlen von Depressionen bei Frauen und Mädchen hinzuweisen.

Es ist besonders wichtig, hier die Mädchen hervorzuheben. Laut der Global Burden of Disease Study (»Weltweite Studie zur Krankheitslast«) aus dem Jahr 2010 haben junge Frauen ab der Pubertät ein höheres Risiko, an schweren Depressionen und psychischen Störungen zu erkranken als alle anderen Gesellschaftsgruppen weltweit. Im Alter von 14 bis 25 kommen Depressionen bei jungen Frauen doppelt so häufig vor wie bei jungen Männern – auch wenn sich diese Unterschiede im Alter verringern[9].

Ab 65 sinken die Depressionszahlen für alle, und die genderspezifischen Unterschiede gleichen sich aus.[10]

In Anbetracht dieser Zahlen könnte man meinen, dass die
Behandlung von Depressionen insbesondere bei Frauen stärker
im Vordergrund stehen würde. Vor der Pubertät sind die Fallzahlen bei Jungen und Mädchen ähnlich, aber die pubertären Hor-
monschwankungen scheinen einen riesigen Einfluss auf die mentale Gesundheit zu haben. Das zeigt sich auch an anderen Stellen,
denn höhere Depressionszahlen bei Frauen sieht man konstant,
wenn sie Zeiten hormoneller Veränderungen durchlaufen, also
vor dem Zyklus, nach der Schwangerschaft und während der Peri-
menopause. Allerdings (und das ist leider richtig nervig) fokus-
sieren sich viele Studien eher auf männliche Testpersonen, um
Verhaltensänderungen auszuschließen, die mit dem Menstrua-
tionszyklus zusammenhängen könnten.

Das heißt nicht, wir sollten einfach akzeptieren, dass man als
Frau ein größeres Risiko hat, an depressiven Erkrankungen zu leiden, und weitermachen. Stattdessen ist es eher frustrierend, auf
mögliche hormonelle Faktoren hinzuweisen, weil die Gesellschaft
sehr lange scheinbar nichts anderes getan hat. »Ach, Hormone –
was willste machen? Schon mal die Pille probiert?« Aber wenn
wir über Traurigkeit ohne konkrete Gründe sprechen, könnten
Hormone für viele junge Frauen ein fehlendes Teil des Puzzles
sein, das oft nicht als legitim anerkannt wird. Statt uns ernst zu
nehmen und uns mit Mitgefühl zu begegnen, müssen wir uns oft
reduktiven und abweisenden Reaktionen stellen. Hoffentlich können belastbare Daten über die Verbreitung psychischer Gesundheitsprobleme in dieser demografischen Gruppe für junge Frauen
einstehen, die sonst so oft für ihre Gefühle belächelt werden.

Verschlechtert sich unsere mentale Gesundheit?

Sind psychische Erkrankungen dieser Tage also wirklich weiter verbreitet, einerseits unter jungen Menschen, aber auch allgemein? Die Daten bieten eine einfache Antwort: Ja. Laut der Health Foundation sind die Zahlen psychischer Erkrankungen bei Kindern angestiegen, 2021 betreffen sie eines von sechs Kindern, 2017 war noch eins von neun Kindern betroffen.[11] (Natürlich tragen eine Vielzahl möglicher Faktoren zur Verschlechterung der mentalen Gesundheit bei jungen Menschen bei, und uns bleiben nicht genug Seiten, um sie alle zu beleuchten, aber wir werden uns später noch mit Social Media beschäftigen, weil das besonders relevant ist.) Dieser Anstieg ist alarmierend, insbesondere bei der jungen Bevölkerung, er spiegelt sich aber auch in der Datenlage für weitere demografische Gruppen. Laut Weltgesundheitsorganisation steigen psychische Gesundheitsleiden sogar weltweit, nämlich gemeinsam mit Substanzgebrauchsstörungen um ganze 13 Prozent zwischen 2007 und 2017 – auch wenn man festgestellt hat, dass dies vor allem am demografischen Wandel liegt.[12]

Wenn wir auf den demografischen Wandel verweisen, bedeutet das also, dass die heutige Lebensweise, im Vergleich zu früheren Zeiten, mit den höheren Fallzahlen psychischer Erkrankungen zusammenhängt. Bei einer Studie zur Selbsteinschätzung der mentalen Gesundheitsprobleme konnten Wissenschaftler:innen in Estland 2021 aufzeigen, dass Stress, Depressionen, Übermüdung und Selbstmordgedanken eindeutig mit dem Gefälle sozioökonomischer Rahmenbedingungen zusammenhängen.[13] Ein geringeres Einkommen hing mit höheren Fallzahlen all der psychischen Gesundheitsbeschwerden zusammen, die in der Studie abgefragt wurden. Ein niedrigeres Bildungsniveau ließ sich mit gesteigertem Vorkommen von Depressivität in Verbindung bringen, und geringere berufliche Fähigkeiten prognostizierten eine höhere Wahrscheinlichkeit, Selbstmordgedanken zu entwickeln.

Interessanterweise berichteten eher jüngere als ältere (50- bis 64-jährige) Menschen von allen genannten psychischen Gesundheitsbeschwerden, genauso Singles (also Personen, die weder verheiratet sind noch einen Partner oder eine Partnerin haben).

Ein einfacher Blick auf diese Ergebnisse reicht aus, um zu erkennen, wie solche Muster zustande kommen. Es ist gut dokumentiert, dass sich jüngere Generationen heutzutage in einer völlig anderen Position befinden als vorherige Generationen, was die Lebenshaltungskosten und -standards angeht. Selbst vor der heftigen Lebenshaltungskostenkrise ab dem Jahr 2021 hatten sich beispielsweise die Verhältnisse von Durchschnittsgehältern und Mietkosten beziehungsweise Immobilienpreisen schon jahrzehntelang verschoben. Und das kann man definitiv nicht auf eine gestiegene Vorliebe für Avocadotoasts in überteuerten Cafés schieben. Weil reduzierte Einkommen mit psychischen Erkrankungen zusammenhängen, ist die Annahme durchaus vertretbar, dass es für Singles eine zusätzliche Stressquelle ist, alleine für die Haushaltskosten und anderes aufzukommen – manche von ihnen mögen sogar Alleinerziehende sein, was die finanzielle Last nur verstärkt.

Also ja, es stimmt, die Datenlage beweist, dass psychische Gesundheitsprobleme häufiger auftreten als früher, und die Gründe dafür sind zahlreich, komplex und lassen sich nicht einfach lösen. Aber auch die öffentliche Wahrnehmung und Akzeptanz haben sich verändert, zumindest insofern, dass mehr von uns offen über ihre psychischen Erkrankungen sprechen. Gemeinsam verstärken diese Tatsachen unsere Einschätzung der Zahlen: Wenn tatsächlich mehr Leute diese Probleme haben und sich ein größerer Anteil von ihnen freiwillig dazu äußert, wirkt es für Außenstehende verständlicherweise so, als seien die Fallzahlen von psychischen Erkrankungen in kurzer Zeit dramatisch angestiegen.

Dies alles hilft uns zu verstehen, warum wir scheinbar einfache

Daten und Clickbait-Headlines über mentale Gesundheit hinterfragen sollten (und übrigens auch vieles andere). Schön und gut, über die gestiegene Wahrscheinlichkeit zu berichten, mit der junge Menschen psychische Gesundheitsprobleme erleben, aber dabei müssen wir auch in Betracht ziehen, wie völlig anders die Welt ist, in der diese Menschen aufwachsen, und wie schwer das heutige Leben ist, auch wenn sich vieles zum Positiven gewandelt hat. In einem Kapitel über mentale Gesundheit in einem Buch mit dem Titel *Why am I like this?* finde ich es besonders wichtig, hier einen Augenblick innezuhalten. Wenn du eine von diesen Personen bist, die schon mit ihrer mentalen Gesundheit zu kämpfen hatte oder es gerade tut, bist du definitiv nicht allein. Es ist nicht deine Schuld, denn es gibt sehr viel größere Probleme weltweit, die zu deiner jetzigen Gefühlslage beitragen, auch wenn sie schwer greifbar sind. Schon indem du weitermachst und durchhältst, machst du das richtig gut.

Das ist mehr als Ursache und Wirkung

Die Wahrheit ist leider, dass man eindeutige Zusammenhänge zwischen Ursache und Wirkung nur schwer findet, wenn man psychische Gesundheitsprobleme mit gesellschaftlichen und demografischen Faktoren erforscht, vor allem nicht, weil all diese Themen unendlich miteinander verzweigt sind. Wir können nicht einfach mit dem Finger auf etwas deuten und behaupten: »Na ja, das da ist jetzt schlechter geworden, deshalb fühlen sich die Leute so und so.« So viel wie wir beispielweise über intersektionalen Feminismus sprechen und die Überschneidung der Faktoren zu betrachten versuchen, die bei der Erfahrung von Geschlechterungerechtigkeit im Spiel sind, müssen wir doch tiefer blicken und alle möglichen Erklärungen in Betracht ziehen – was besonders schwer ist, wenn es so viele Variablen gibt! Wenn du mir einen kurzen Themenwechsel nachsiehst, nutze ich eine interessante Schlagzeile als Beispiel. Dabei ging es um eine ernährungswissenschaftliche Studie, die 2022 in Brasilien durchgeführt wurde und mit der man herausfand, dass Nicht-Fleischesser:innen doppelt so oft depressive Episoden erleben wie Fleischesser:innen.[14] Man kann sich die Clickbait-Headline leicht vorstellen: »Laut Studie führt vegetarische Ernährung zu Depressionen«. Also schauen wir uns das mal genauer an.

Wir haben schon gesehen, dass Frauen und Mädchen aus statistischer Sicht eher an Depressionen leiden – und Frauen ernähren sich eher vegetarisch als Männer. Aha! Erklärt das also diese Ergebnisse? Die brasilianische Studie hat das allerdings berücksichtigt, genau wie jede Menge anderer Faktoren, die ihre Ergebnisse eventuell verzerren könnten, wie Alkoholkonsum, Raucherstatus und Aktivitätsniveau. Trotzdem fand man heraus, dass Vegetarier:innen und Veganer:innen doppelt so häufig depressive Episoden erlitten wie die Fleisch essenden Studienteilnehmer:innen. Bestelle ich mir jetzt also erst mal ein Steak, um meine mentale Gesundheit zu schützen? Definitiv nicht.

Weil diese Studie auf den Konsum bestimmter Nahrungsmittel fokussiert war und, mit entsprechenden Korrekturen, nur diesen einen Faktor betrachten wollte, könnte man meinen, hier ließen sich Ursache und Wirkung einfach bestimmen, richtig? Fehlen den Personen, die kein Fleisch essen, bestimmte Nährstoffe, was dann zu Niedergeschlagenheit führt? Die Serotoninproduktion des Körpers ist auf eine Aminosäure namens Tryptophan angewiesen, die wir nur durch Nahrungsmittel aufnehmen können – kriegen Vegetarier:innen und Veganer:innen davon nicht genug? Das klingt plausibel; allerdings haben die Wissenschaftler:innen bei dieser Studie in ihrer Datenanalyse auch diverse ernährungsbezogene Faktoren einbezogen, beispielsweise die Menge an Kalorien, Mikronährstoffen und Eiweiß, die die Teilnehmer:innen zu sich nahmen, und wie stark die Lebensmittel verarbeitet waren –

was vermuten lässt, dass der eigentliche Nährstoffgehalt einer vegetarischen Ernährung nichts mit den höheren Depressionsfallzahlen zu tun hat. Es wird immer interessanter... aber es gibt noch jede Menge anderer Erklärungen.

Könnte es gesellschaftliche statt ernährungsbasierter Gründe geben? Ist es wahrscheinlicher, dass sich Menschen vegetarisch oder vegan ernähren, weil sie damit auf den Klimawandel und die ökologischen Auswirkungen der Fleischindustrie reagieren wollen? Sind diese Menschen wiederum eher depressiv, weil sie sich Sorgen um das Klima machen? Und befassen sich diese Menschen wiederum auch eher mit anderen Themen wie Tierwohl und sind deshalb gestresst?

Als *The Conversation* von dieser Studie berichtete, bezog man auch das kulturelle Klima in Brasilien mit ein: Die Nation ist berühmt für ihren hohen Fleischkonsum, und auch wenn Vegetarismus laut anderen Studien in den letzten Jahren sehr viel beliebter geworden ist, machten die Nicht-Fleischesser:innen in unserer Studie nur 0,5 Prozent der 14 000 Teilnehmer:innen aus.[15] Der Artikel legt nahe, dass die Seltenheit dieses Lebensstils einen emotionalen Tribut von Vegetarier:innen verlangen könnte, weil man sich über sie lustig macht oder aus sozialen Aktivitäten ausschließt; zum Beispiel, wenn alle Freund:innen essen gehen und das Restaurant nichts Vegetarisches auf der Karte hat. Könnten solche Faktoren zu den höheren Fallzahlen von Depressionen beitragen?

Mit diesem Beispiel will ich einerseits zeigen, dass Kausalität und Korrelation nicht dasselbe sind, andererseits unsere mentale Gesundheit und wir nicht in einem luftleeren Raum existieren. Eine Vielzahl von Faktoren beeinflusst, ob jemand von einer psychischen Erkrankung betroffen ist. Wenn Schlagzeilen und Infografiken Verbindungen oder Muster zwischen bestimmten Lebensweisen und dem Vorkommen psychischer Erkrankungen herstellen, sind das interessante Infos, um uns die Lebensrealitäten unterschiedlicher Menschen auf dieser Welt besser vorstellen zu können. Aber wenn du eine Schlagzeile über deine Ernährung, Hobbys oder Beziehungen liest, beweist das in der Regel nicht, dass du nur eine einzige Sache ändern musst, um deine mentale Gesundheit dramatisch zu verändern. An und für sich sind nicht alle diese Schlagzeilen falsch, natürlich wirken sich Veränderungen unseres Lebensstils auf unsere mentale Gesundheit aus, aber wenn wir bei einer Krankheit wie Depression noch im Dunkeln tappen und plötzlich lesen, dass wir doch nur mehr Burger essen müssten… Hier steht viel mehr auf dem Spiel, und es ist nicht deine Schuld, wenn du diesen Ratschlägen folgst, aber nichts passiert. Gesundheit ist zu kompliziert, um sie mit dem Prinzip von Ursache und Wirkung zu erklären.

Social Media: Hilfe oder Hindernis?

Wenn wir darüber reden, wie sich das Leben in den letzten Jahren verändert hat, müssen wir natürlich auch auf die Auswirkungen von Social Media schauen. Ich bin mir sicher, dass sich Jugendliche heutzutage ein Leben ohne Social Media nicht mehr vorstellen können. So oft hört man in Gesprächen, wie schlecht Social Media für uns seien oder wie großartig dafür Online-Detoxes oder zumindest Offline-Wochenenden. Und diesen Ratschlägen will ich auch gar nicht widersprechen – eine Pause einzulegen, könnte sicher eine gute Idee sein. Ich selbst habe das definitiv schon gebraucht, mehr als einmal. Dass wir jetzt mehr Möglichkeiten haben, uns mit den scheinbar so perfekten Online-Leben anderer zu vergleichen, kann unser Selbstwertgefühl sinken lassen und uns unzufrieden mit unseren Lebensumständen machen. Permanent die Highlights anderer Menschen vorgeführt zu bekommen, kann es durchaus erschweren, die Fülle unserer eigenen Leben mitzubekommen. Allerdings wissen wir ja auch, wie viele potenziell positive Seiten Social Media haben – sie bringen uns Beziehungen, Wissen und die Möglichkeit, als Weltbürger:in zu leben. Wenn wir über die Online-Welt und das Online-Sein reden, fehlen oft die Nuancen.

Neben legitimen Fragen über den Zusammenhang unserer Verwendung von Social Media und unserem mentalen Wohlsein werden oft auch vereinfachte, faule Schlüsse gezogen. Zum Beispiel hört man oft, dass wir online ganz einfach Menschen finden können, die sich mit unseren Problemen identifizieren, weil psychische Erkrankungen jetzt »trendy« sind. Manche behaupten sogar, dass es Jugendliche und junge Erwachsene ermutigt, psychische Erkrankungen zu faken, wenn sie zu vielen Online-Inhalten über mentale Gesundheit ausgesetzt sind – um so richtig cool zu wirken. Wie wir gesehen haben, kommen psychische Erkrankungen heutzutage wirklich öfter vor, und zwar am häufigsten bei jungen Frauen, außerdem reden wir sehr viel mehr über sie, aber trotzdem taucht diese Behauptung immer wieder auf. Kann das tatsächlich irgendwie stimmen?

Ein Beispiel, auf das sich die Medien vor Kurzem gestürzt haben, ist das Phänomen junger Menschen, die sich Tics aneignen und entwickeln, was oft TikTok zugeschrieben wird. Dass junge Menschen Gewohnheiten und Symptome von Social Media übernehmen, ist nicht sonderlich neu und betrifft nicht nur TikTok; insbesondere Tumblr und Instagram hatten auch ihre Momente – manche halten noch immer an – und haben einiges an Fingerzeigen abbekommen. Viele glauben, die Interaktion und Aufmerksamkeit für User:innen, die offen über ihre Tics sprechen und sie zeigen, ermutige junge Menschen dazu, diese Verhaltensweisen zu kopieren, um hoffentlich ähnlich viel Aufmerksamkeit zu bekommen.

Laut einer medizinisch aussagekräftigeren Theorie über die »TikTok-Tics« kann man nicht davon sprechen, dass junge Menschen, insbesondere junge Frauen und Mädchen, diese Tics

»faken«, auch wenn sie keine Krankheit wie Tourette oder Epilepsie haben. Stattdessen hat die hohe Frequenz, mit der User:innen die Videos der Influencer:innen mit entsprechenden Tics anschauen, einen Einfluss auf ihr Gehirn, sodass sie diese Verhaltensweisen unterbewusst nachmachen. Der Neurologe Dr. Omar Danoun erklärt es wie folgt: »Diese Jugendlichen haben sogenannte funktionale Tics – eine funktionelle neurologische Störung. Das wurde bereits bei Kindern beobachtet, deren Eltern oder Geschwister Krampfanfälle haben. Diese Kinder entwickeln dann funktionale Krampfanfälle. Das Gehirn imitiert, was es sieht. Das dient als Fluchtmechanismus.«[16]

Nach dieser Logik könnte die steigende Zahl an Personen, die seit 2021 wegen Tics oder ähnlichen Störungen Hilfe sucht, mit dem Anstieg beziehungsweise Trend von Online-Content zu Tics/Tourette zusammenhängen. Dr. Andrea Giedinghagen, eine Psychiatrieprofessorin an der Washington University School of Medicine in St. Louis, vertritt eine weitere Theorie, laut der die steigenden Zahlen von Tics in diesem Zeitraum mit pandemiebedingtem Stress zusammenhängen könnten. Natürlich könnte auch eine Mischung aus beidem stimmen. Funktionale neurologische Störungen entstehen oft anstatt gesunder Bewältigungsmechanismen und werden mit Traumata, Depressionen oder Angststörungen in Verbindung gebracht, weshalb Menschen mit entsprechender Vorgeschichte anfällig für funktionale Tics sind. Da Mädchen im Teenageralter mit höherer Wahrscheinlichkeit Depressionen und Angststörungen erleben als Jungs, passt es nur zu gut, dass das Tic-Phänomen in dieser demografischen Gruppe prominenter ist. Auch wenn das alles Sinn ergibt, wenn man etwas recherchiert … recherchieren die meisten nicht. Wie sollen sie auch jemanden mit Tourette von jemandem unterscheiden, der Tourette fakt, oder von jemandem, der nichts fakt, aber plötzlich Tourette-Symptome entwickelt?

Sobald man von Social Media und mentaler Gesundheit spricht, begegnet man immer dem Problem, dass manche Menschen seltene Beispiele von gefakten Krankheiten heranziehen, um ganze Communitys in Verruf zu bringen. Wer das tut, ist aus meiner Sicht von vornherein engstirnig und geht schnell zu Spott und Hohn über, um so den Wert jeglicher Kritik zu untergraben. Wie bei den meisten Dingen gilt auch hier: Dafür gibt es einen Subreddit. In Foren wie r/FakeDisorderCringe sammeln User:innen Beispiele, die rein ausgedachtes Verhalten zeigen sollen. Das können Personen sein, die angeblich Krankheiten faken oder Symptome posten, die angeblich nichts mit ihrer psychischen Störung zu tun haben. Diese Personen werden mit extra neu erschaffenen Begriffen verurteilt, z. B. »munchie by internet«, was wohl von dem mittlerweile veralteten »Munchausen by proxy« stammt, also dem sogenannten Münchhausen-Stellvertreter-Syndrom. (Falls du noch nicht davon gehört hast und das gerne ändern möchtest: Was man früher als Münchhausen-Syndrom bezeichnet hat, ist »ein psychologisches Leiden, bei dem jemand eine Krankheit vortäuscht oder bewusst Krankheitssymptome herbeiführt«[17]. »Stellvertreter« bzw. »by proxy« meint hier, dass der oder die Betroffene sich nicht eigene Symptome einbildet oder diese übertreibt, sondern Symptome von anderen Menschen, welche ihrer Pflege unterstehen. Klinisch wird dies mittlerweile als »artifizielle Störung« bezeichnet oder als »auf andere übertragene artifizielle Störung«, wenn man sich die Krankheit einer anderen Person ausdenkt oder diese übertreibt. The more you know…!) Anders gesagt, ist »munchie by internet« also ein Label, das nur existiert, um fremde Menschen im Internet runterzumachen. Nun mag dieser Subreddit ein seltsamer Teil des Internets sein, und du hinterfragst vielleicht, warum ich ihn überhaupt erwähne, aber – und darüber werde ich später ausführlicher sprechen – es kann wirklich negative Folgen haben, uns ausschließlich in unsere eigenen Echokammern einzusperren. Oft ist es notwendig, die Dinge von einem unangenehmen oder unbequemen Standpunkt zu betrachten, um bessere Gegenargumente zu finden oder zumindest ein gewisses Verständnis dafür zu entwickeln. Siehe diesen Streifzug in das Gebiet der mentalen Gesundheitsschwarzmalerei also als meinen Versuch, in alle Richtungen zu recherchieren. Auch wenn ich diese Dynamiken komisch bis traurig finde – dass sich eine Gemeinschaft bildet, bei der alle Beteiligten die medizinischen Geständnisse anderer Personen belächeln und verspotten –, kann ich mir gut vorstellen, wie sie entstehen, vor allem wenn man dazu erzogen wurde, liberaler Politik oder der Offenheit zum Thema mentale Gesundheit zu misstrauen. Trotzdem merke selbst ich, wenn ich im Namen von gutem Journalismus durch diesen Subreddit scrolle, wie ich bei manchen Posts denke: »Also das kann nicht echt sein…« Auch wenn ich natürlich sofort ein schlechtes Gewissen bekomme und meine eigenen Vorurteile hinterfrage. Damit will ich sagen, dass mir klar ist, wie man in diesen Szenarien auf beiden Seiten landen kann. Aber mir ist auch klar, wie viel Gefahrenpotenzial das birgt. Erfährt ein Elternteil in den Nachrichten, dass TikTok Jugendliche dazu bringt, psychische Erkrankungen zu faken, und erzählt das eigene Kind im Teenageralter dann von seinen Angstattacken, ist die Ungläubigkeit vielleicht schon vorprogrammiert, und der Elternteil meint sogar, gute Beweise dafür zu haben. Trotzdem bleibt es Fakt, dass es viel mehr echte Betroffene von psychischen Erkrankungen gibt als Menschen, die sich fälschlicherweise selbst solche diagnostizieren, weil sie von Social Media beeinflusst wurden. Es ist mehr als frustrierend, um es vorsichtig zu sagen.

Über dieses Thema rede ich nicht gerne und habe es nur zögerlich in diesem Buch aufgenommen, weil es sich wie ein riesiger Verrat anfühlt, wenn ich überhaupt zugebe, dass manche Menschen psychische Erkrankungen oder Teile ihrer Identität faken. Ich fühle mich, als würde ich nicht nur einzelne Individuen, sondern ganze Personengruppen betrügen: Aktivist:innen und Aufklärungsbewegungen, die so viel Zeit und Energie aufgewendet haben, um diese Themen an die Öffentlichkeit zu bringen. Indem ich jeglichen Betrug auch nur im Geringsten anerkenne, scheine ich die Macht nur wieder an diejenigen zu übergeben, die Erfahrungen anderer leugnen, in Verruf bringen und sehr reale Probleme kleinreden.

Aber hier stoßen wir auf einen fundamentalen Bestandteil meiner Meinung zu Social Media und mentaler Gesundheit. Anstatt die Schuld immer weiterzuschieben, können wir den Einfluss von Social Media auf unsere mentale Gesundheit auch aus einem anderen Blickwinkel betrachten und uns fragen, wie es überhaupt so weit gekommen ist. Wer ohnehin mit der mentalen Gesundheit kämpft und dann auf Social Media nach Rat sucht, weil es keine anderen Möglichkeiten gibt, ist anfälliger für den Einfluss von Influencer:innen, die ihre eigenen Diagnosen und Vorgeschichten teilen (selbst wenn sie es wirklich nur gut meinen). Meiner Meinung nach spricht es für eine gesunde Kultur, wenn offen über mentale Gesundheit gesprochen wird, aber sind bestimmte Gesellschaftsmitglieder auf Online-Communitys angewiesen, weil ihnen sonst jegliche Unterstützung fehlt, bietet das den perfekten Nährboden für Falschinformationen und schlussendlich Ausnutzung.

Der »Munchausen by Internet«-Vergleich mag nur zum Spott dienen, aber laut Beschreibung artifizieller Störungen wollen Patient:innen vor allem die Rolle der Kranken einnehmen, um ins Zentrum der Aufmerksamkeit zu rücken und von anderen umsorgt zu werden. Was will uns dieses Verhalten wirklich sagen? Eine geringe Zahl junger Menschen nutzt ihre Social-Media-Accounts, um psychische Störungen nachzuahmen wie bei einem Rollenspiel – sollte uns das nicht ziemlich laut und deutlich aufzeigen, wie wir uns um deren mentale Gesundheit kümmern? Oder zumindest, zu welchem Grad wir zulassen, dass Social Media und andere Medien sie beeinflussen? Wenn das verzweifelte Bedürfnis nach Fürsorge und Bezugspersonen Menschen dazu bringt, Verhaltensmuster psychischer Störungen zu übernehmen (ob bewusst oder unbewusst), sollte das ein Anlass zur Besorgnis sein, anstatt Vernachlässigung oder Spott nach sich zu ziehen. Auch in diesem Fall glaube ich, dass wir unsere ersten Instinkte hinter uns lassen müssen, um einen Schritt zurückzutreten und zu lernen, aktiv Mitgefühl zu zeigen.

Warum verlassen wir uns bei Problemen auf Hilfe aus dem Internet?

Die Realität psychischer Erkrankungen ist einsam und isolierend. Man sagt uns zwar, dass es okay ist, nicht okay zu sein, und dass wir uns nicht dafür schämen müssen. Aber das ist einfacher gesagt als getan, insbesondere wenn allen immer nur wieder geraten wird, sie mögen doch »mit jemandem darüber sprechen«, oder wenn an spezifischen Awareness-Days nichts als banale Grafiken geteilt werden. Wie findet man denn überhaupt die richtige Ansprechperson? Ist das ein Familienmitglied? Ein Experte oder eine Expertin? Diese Standardoptionen empfehlen wir meist gut gemeint, und oft ist das auch ein toller Ratschlag … aber manchmal sind es auch Probleme zu Hause, durch die sich eine Person überhaupt erst isoliert fühlt, weshalb sie nicht die Art von familiärer Unterstützung erfahren wird, auf die wir optimistisch hoffen.

Also dann zur Therapie? Das scheint die einzige Lösung zu sein. In Großbritannien ist der Zugang zu psychiatrischer Versorgung über den NHS bestenfalls eine Lotterie nach Postleitzahl. An einem meiner absoluten Tiefpunkte, als ich mich bei meiner Hausarztpraxis gemeldet hatte und Antidepressiva nahm, erhielt ich auch eine Überweisung zur Gesprächstherapie. In meinem damaligen Londoner Viertel musste ich mich zur Ersteinschätzung vier bis sechs Wochen lang wöchentlich bei einer Verteilungsstelle melden, die herausfinden sollten, ob ich Unterstützung brauchte und falls ja, welche genau. Nach diesem Zeitraum erhielt ich die Antwort, dass ich, ja, zu 100 Prozent, medizinische Hilfe für meine mentale Gesundheit bräuchte... aber dass es keine freien Termine gab und die Warteliste sogar so lang war, dass sie niemandem mehr aufnahmen. Da frage ich mich schon, welchen Sinn diese wöchentlichen Telefonate überhaupt hatten, aber das nur am Rande...

Und selbst diese frustrierende Erfahrung ist sicherlich nichts im Vergleich zu dem, was andere durchmachen müssen, bis ihr Gegenüber endlich anerkennt, dass sie Hilfe benötigen. In diesen Praxen gibt es viel zu viel Ansturm und nicht genug Angebote, ob es nun um Gesprächstherapie geht oder Spezialbehandlungen für andere Krankheiten wie PTBS. Dabei sollten wir außerdem im Kopf behalten, dass ich diese Erfahrung vor beinahe zehn Jahren gemacht habe und sich die Lage seitdem nur verschlimmert hat, da immer mehr Menschen Unterstützung benötigen und der NHS in immer größere Not gerät. Ich arbeite als Botschafterin für eine forschungsbasierte Wohltätigkeitsorganisation namens MQ Mental Health, die im Juli 2023 einen offenen Brief an die britische Regierung geschickt hat, um auf den dringenden Bedarf an einer Verpflichtung für mehr psychologische Versorgung hinzuweisen und die Politik zu bitten, die gestrichene, ursprünglich auf zehn Jahre ausgelegte Mental Health Strategy wieder aufzunehmen. Dass diese Planung überhaupt gestrichen wurde und mentale Gesundheit einfach mit anderen Themen zusammengeworfen wurde, spricht leider dafür, wie schnell Machthaber:innen leere Versprechen machen und die praktische Umsetzung von medizinischer Versorgung in diesem Bereich einfach unter den Teppich kehren. Denn mentale Gesundheit braucht gesonderte Aufmerksamkeit. Auch wenn sie natürlich mit körperlicher Gesundheit zusammenhängt, ist es in Bezug auf die Gesundheit der breiten Bevölkerung völlig kurzsichtig, bei der Planung für psychologische Versorgung einen Rückzieher zu machen. So frustrierend! Manchmal könnte ich einfach schreien.

Fühlen wir uns mit einer Diagnose besser?

Wonach suchen wir, wenn wir diese medizinischen Dienste in Anspruch nehmen können? Für die meisten ist es eine Behandlung, aber wer zum ersten Mal mit der mentalen Gesundheit kämpft oder Unterstützung bei einem langjährigen Problem braucht, sucht vielleicht nach einer Diagnose. Kämpfst du gegen Depressionen an, ohne dir dessen explizit bewusst zu sein, könntest du es mit Anzeichen dieser Krankheit zu tun bekommen wie schlechter Laune, geringem Selbstbewusstsein und Hoffnungslosigkeit, allerdings ohne eine Erklärung außer derjenigen, die dir dein Gehirn schon aufgezwungen hat: Etwas stimmt nicht mit dir, und du bist nicht gut genug. Diese Gedanken sind schrecklich und machen uns einsam. Und selbst wenn das Wissen um Depressionen deinen Heilprozess wahrscheinlich nicht beschleunigt, kann eine Erklärung dich trösten und dir etwas Last von den Schultern nehmen, weil es nicht an irgendwelchen Fehlern oder Mängeln deinerseits liegt, sondern an einer erklär- und diagnostizierbaren Krankheit. Dasselbe gilt natürlich auch für ein ganzes Spektrum weiterer psychischer Erkrankungen.

Allerdings sind laut Bhismadev Chakrabarti, einem Professor für Neurowissenschaften und mentale Gesundheit, starre diagnostische Labels für psychische Erkrankungen nicht immer hilfreich, auch nicht für die Expert:innen, die sie zu behandeln versuchen.[18] Insbesondere weil frühe Interventionen das effektivste Mittel gegen psychische Erkrankungen sind, sei der oft sehr langwierige Diagnoseprozess laut Chakrabarti nicht so sinnvoll wie Verhaltensinterventionen – und tatsächlich könnte ein schneller Zugang zu Nichtspezialist:innen für viele Menschen die viel bessere Option sein, insbesondere dort, wo kaum Fachkräfte zur Verfügung stehen. Nach dieser Vorstellung würden viele von uns gleich mit einem Therapeuten oder einer Therapeutin sprechen können, wenn sie sich nicht mehr gut fühlen, ohne zuerst eine offizielle Diagnose und Überweisung erhalten zu müssen. Oder vielleicht würde es einfach bedeuten, auch ohne ein Label mit einer qualifizierten Fachkraft im Bereich mentale Gesundheit ins Gespräch zu kommen. Professor Chakrabarti sagt im Weiteren:

> In einer Zeit, in der die Zahl der Diagnosen für psychische Leiden rasant ansteigt, hat es durchaus Wert, sich eine Welt ohne diagnostische Labels vorzustellen: Es wäre eine Welt, in der die funktionellen Bedürfnisse eines Individuums beurteilt werden würden und diese Person dann nach diesen spezifischen Bedürfnissen behandelt werden könnte, ganz ohne ein recht willkürliches Label. Eine Welt ohne Stigmatisierung dieser Labels. Und eine Welt, in der sich Forscher:innen auf ihr Verständnis der Verhaltensbiologie der gesamten Bevölkerung konzentrieren könnten, anstatt Personen willkürlich anhand ihrer Labels in »Fallgruppen« und »Kontrollgruppen« einzuteilen.

Ehrlich gesagt, bin ich unsicher, wie ich dazu stehe. Eine völlig neue Idee ist es nicht. Selbst der gute alte Hippokrates hat schon gesagt: »Es ist wichtiger zu wissen, welche Person eine Krankheit hat, als zu wissen, welche Krankheit eine Person hat.«

Für mich persönlich war mein diagnostisches Label ein großer Trost, weshalb es mir schwerfällt, mich dieser Diskussion anzunähern und irgendwo anders als bei dem Fazit »Pro Diagnose« zu landen. Aber vielleicht spricht eine labelfreie Herangehensweise an mentale Gesundheit auch für eine generell weiterentwickelte Welt, in der mentale Gesundheit individuell betrachtet und stärker unterstützt wird. Vielleicht hätte ich in dieser Welt nicht so lange gelitten, weil ich versuchte zu verstehen, auf wie viele verschiedene Arten ich »verkehrt« war, und hätte deshalb auch kein Label zum Trost gebraucht. Aktuell unterstütze ich dieses sehr hochgegriffene Ziel für die Zukunft mentaler Gesundheit, will aber trotzdem auf dem Boden bleiben, denn noch ist es schwer genug, überhaupt Unterstützung und Behandlungsmöglichkeiten zu finden, und unsere Probleme zumindest benennen zu können, ist ein erster Schritt. In der Zwischenzeit haben wir genug Arbeit vor uns.

Ob wir Diagnoselabels nun hilfreich finden oder nicht, führt ihre Existenz und ein gewisses Verständnis weitverbreiteter Symptome von psychischen Erkrankungen trotzdem eventuell zu der Erwartungshaltung, dass diese Leiden immer identifiziert, klinisch getestet oder komplett ausgeschlossen werden können. Allerdings ist das oft nicht der Fall, denn im Großen und Ganzen tappen wir noch im Dunkeln, wenn es um den Einfluss mentaler Gesundheit auf unsere Körper geht.

Die Beziehung zwischen Psyche und Körper

Die Zusammenhänge von mentaler und körperlicher Gesundheit sind ein Aspekt des Diskurses über mentale Gesundheit, der dringend ausgiebiger im Mainstream besprochen werden sollte. Manches ist relativ einfach, anderes umso komplexer. Psychische Erkrankungen können sich in vielen unterschiedlichen physischen Symptomen manifestieren. Nehmen wir zum Beispiel Angststörungen: Neben Ruhelosigkeit, Ängsten und Konzentrationsschwierigkeiten führt der NHS auch Herzklopfen, übermäßiges Schwitzen, Magenschmerzen und Schlaflosigkeit auf ihrer langen Liste physischer Darstellungsformen. Ich habe viele dieser Symptome selbst erlebt, kann das also nur bestätigen. Da ich eine Vorgeschichte mit psychischen Erkrankungen habe, hat man die

Verbindung von Körper und Psyche aber auch genutzt, um mich abzuweisen.

Vor einigen Jahren hatte ich Schmerzen in der Brust und ging zu meinem Hausarzt, der sie schnell auf meine Angststörung schob. Mir schien es, als wäre er mit einem Blick auf seine Notizen direkt an dem Wort »Angststörung« hängen geblieben und bräuchte deshalb keine weitere Erklärung. Keine weiteren Fragen. Zum Glück war ich mir sehr sicher, dass ich meine üblichen Symptome gut genug kenne, um sein Urteil zu hinterfragen und auf weitere Tests zu bestehen, die – um es kurz zu machen – auf einen ziemlich akuten Vitaminmangel hinwiesen. Wäre ich in diesem Augenblick nicht fähig gewesen, seine Einschätzung zu hinterfragen und für mich selbst einzustehen, wäre ich nicht sofort behandelt worden und hätte nachhaltige Schäden davontragen können. Wie es auch bei diesem zufälligen Beispiel aus meinem Leben der Fall war, können Ärzt:innen schnell die falschen Schlüsse ziehen und psychische Erkrankungen für alles Mögliche verantwortlich machen, seien es nun körperliche Beschwerden oder anderes. (Ich will aber noch schnell ergänzen, dass Ärzt:innen natürlich nur Menschen sind und die meisten ihr Bestes geben, obwohl sie nicht viel Zeit haben; bei Wissenslücken stellen wir alle Vermutungen an, wie wir später noch besprechen werden.) Ich hatte Glück, es ging gut aus. Aber trotzdem zeigt dieses Beispiel, dass Zusammenhänge zwischen mentaler und körperlicher Gesundheit zu Unrecht vernachlässigt, aber auch ausgenutzt werden, um Aussagen von Patient:innen anzuzweifeln.

Psychische Erkrankungen bringen nicht nur körperliche Symptome mit sich, sondern können sich auch physiologisch auf Betroffene auswirken, weil medizinische Fachkräfte sie wegen Stigmata und Vorurteilen anders behandeln. Laut der britischen Wohltätigkeitsorganisation Mental Health Foundation ist die Wahrscheinlichkeit geringer, dass Menschen mit psychischen Erkrankungen Routineuntersuchungen wie Blutdruckmessungen oder

Cholesteroltests angeboten werden[19], weil (wie bei meinem Erlebnis!) Fachkräfte die physischen Symptome eher der psychischen Erkrankung zuschreiben, ohne sie weiter zu hinterfragen.

Die Vorurteile von Ärzt:innen beeinflussen ihre Beratung von Patient:innen; wird angenommen, dass du dein Verhalten aufgrund deiner psychischen Krankheit nicht effektiv verändern kannst, wird dir mit geringerer Wahrscheinlichkeit Hilfe angeboten, um beispielsweise mit dem Rauchen aufzuhören, was natürlich eine Reihe ausführlich dokumentierter negativer Konsequenzen für den Körper hat. In einem größeren Zusammenhang haben Studien gezeigt, dass Betroffene psychischer Erkrankungen mit höherer Wahrscheinlichkeit auch von vermeidbaren physischen Leiden betroffen sind, zum Beispiel von koronaren Herzkrankheiten.[20] Berücksichtigt man also diese ernst zu nehmenden physischen Konsequenzen sowie die Auswirkung auf die Lebensqualität der gesamten Bevölkerung, ist es von entscheidender Bedeutung, psychische Erkrankungen respektvoll und ernsthaft zu behandeln.

Serotoninmangel…

Viele Jahre verstand ich die beliebte »Serotonin-Theorie«, die als Erklärung für Depressionen herhalten soll, folgendermaßen: Der Grund für meine Depression war ein Serotoninmangel, weshalb ich meinen Gemütszustand verbessern oder korrigieren könnte, indem ich Antidepressiva nahm. Mehr Serotonin = glücklicher. Diese Theorie zur Depression, also ein Zusammenhang zwischen einem niedrigen Serotoninspiegel und Niedergeschlagenheit, wurde zuerst vor etwa sechzig Jahren aufgestellt und erlangte in den 1990ern größere Bekanntheit, da sogenannte SSRI (selektive Serotonin-Wiederaufnahmehemmer) als neue Wirkstoffgruppe der Antidepressiva entstanden. Serotonin gehört zu den Neurotransmittern, die wir uns noch genauer anschauen werden. Diese Stoffe übermitteln Botschaften im ganzen Körper. Sobald das Serotonin seine Rolle erfüllt hat, wird es wieder in unsere Zellen aufgenommen, aber wie ihr Name schon verrät, verhindern SSRI genau diese Wiederaufnahme, sodass mehr Serotonin frei im Körper verfügbar ist und für andere Zwecke verwendet werden kann.

Laut Umfragen glauben heutzutage über 80 Prozent der Bevölkerung, dass Depressionen von einem »chemischen Ungleichgewicht« verursacht werden[21]. Tagtäglich erklären auch viele Hausärzt:innen und Psychiater:innen mentale Gesundheitsprobleme so. Neurotransmitter wie Serotonin und Dopamin sind Teil unseres alltäglichen Sprachgebrauchs geworden; wir verstehen in etwa, warum es sie gibt und welche Gefühle sie auslösen sollen. Serotonin, unser »Glückshormon«, bestimmt unsere Laune, weshalb Serotoninmangel, also ein chemisches Ungleichgewicht, für mich im Laufe der Jahre immer wieder eine tröstliche Erklärung war – es schien einen konkreten Grund für meine Probleme zu geben. Dieses Thema taucht auch immer wieder auf, wenn dazu ermutigt werden soll, über mentale Gesundheit zu sprechen: Dann vergleicht man Menschen, die Antidepressiva oder Medikamente gegen Angstzustände nehmen, mit Diabetiker:innen, die ihren Blutzuckerspiegel mit Insulin regulieren müssen. Das ist doch alles dasselbe! Wir regulieren doch nur Chemikalien! Einer Diabetikerin würdest du keine Vorwürfe machen!

Im Juli 2022 erschien eine systematische Untersuchung bisheriger Studien zu Serotonin und Depressionen in der Fachzeitschrift *Molecular Psychiatry*, die diesen Titel trug: »Die Serotonin-Theorie der Depression: eine systematische Umbrella Review der Befunde«. (Zur Erklärung: Umbrella Reviews fassen bereits existierende Studien zusammen, weshalb sie die höchsten Evidenzgrade bieten, die es in der heutigen Medizinforschung gibt.) Sie kam zu folgendem Ergebnis: »In den Hauptgebieten der Serotoninforschung kann ein Zusammenhang zwischen Serotonin und Depression nicht durchgängig nachgewiesen werden, außerdem lassen sich keine Belege für die Hypothese finden, dass Depression von einem gesunkenen Serotoninspiegel oder einer niedrigen Serotoninkonzentration verursacht wird.«[22]

Das hat mich damals ziemlich aus der Bahn geworfen, obwohl ich nicht einmal mehr SSRI nahm.»Verärgert« ist vielleicht nicht das richtige Wort, aber diese Studie hat meine Gefühle definitiv aufgewirbelt, als wäre meine schöne Erklärung wie eine Kuscheldecke weggerissen worden. Ich würde vermuten, dass viele von euch auch aus der Presse von diesen Forschungsergebnissen gehört haben: Laut einer wissenschaftlichen Studie soll eine Gruppe von Medikamenten, die Millionen Menschen einnehmen, auf völlig falschen Informationen basieren? Das Paper wurde über eine Million Mal heruntergeladen.

Ich will diesen Vorfall genauer betrachten, weil es sich in der Welt der Berichterstattung über mentale Gesundheit wie eine große Sache anfühlte und so breit darüber berichtet wurde. Ich habe den Artikeln definitiv geglaubt! Wie so oft waren die haarsträubenden Schlagzeilen effektiv, zum Beispiel diese:»Gerechtigkeit für Millionen Amerikaner:innen, denen Antidepressiva für ein chemisches Ungleichgewicht verschrieben wurden, das gar nicht existiert?«[23] Der allgemeine Tenor war, dass Patient:innen in die Irre geführt worden wären und Ärzt:innen zu viele Medikamente verschrieben hätten – es ging vor allem darum, die Vorstellung zu verbreiten, einzelne Personen wären belogen worden, und die Angst der Leserschaft anzufachen. Es wurde von »betrügerischer Bewerbung einer unbestätigten Theorie« gesprochen, die sogar Grundlage für eine Sammelklage sein könnte. Das klingt alles ziemlich übel, oder? In einem Artikel mit dem Titel »Die Serotonin-Theorie der Depression: Was die Medien völlig falsch verstanden haben« berichtete die Senior-Data-Journalistin Julia Robinson im *Pharmaceutical Journal* über die besorgniserregende Tatsache, dass eine bedeutende Anzahl von Patient:innen wegen dieser intensiven Berichterstattung nun ihre Medikamente absetzen könnten, mit oder ohne ärztlichen Rat. Nur so nebenbei, falls es für irgendjemanden von euch relevant sein sollte: SSRI gehören nicht zu den Medikamenten, die man einfach selbst absetzen sollte, und das auch nicht von heute auf morgen. Ich habe das selbst schon mehrfach gemacht, auch versehentlich, und kann bestätigen, wie unangenehm die Entzugserscheinungen sind. Welche Argumente du auch haben magst – bitte sprich zuerst mit deinem Arzt oder deiner Ärztin, wenn du darüber nachdenkst!

Im Sommer des darauffolgenden Jahres hatte die wissenschaftliche Community Antworten parat. Im Juni 2023 wurde ein neuer Artikel in derselben Fachzeitschrift veröffentlicht wie das Original, dieses Mal unter dem Titel: »Ein undichter Regenschirm ist nicht viel wert: Forschungsergebnisse beweisen eindeutig, dass das Serotoninsystem mit Depression zusammenhängt«[24]. (Weil das Original eine »Umbrella Review« war, also eine »Regenschirmstudie«, verstanden? Das ist wie eine Real-Housewives-Reunion, nur mit Wissenschaftler:innen. Gossip ohne Ende.) Diese Stellungnahme erklärte, angeführt von Forscher:innen des King's College London, dass »die Serotonin-Theorie der Depression nicht vorgeschlagen wurde, um zu behaupten, dass dieses Leiden bei Betroffenen durch einen einzigen ins Ungleichgewicht geratenen Stoff im Gehirn (Serotonin) hervorgerufen wird, sondern um ein Beispiel von Veränderungen im Gehirn aufzuzeigen, die bei einer Depression präsent sind, und die Funktionsweise von Antidepressiva zu erklären«[25].

Das scheint wohl schiefgelaufen zu sein, weil der Name »Serotonin-Theorie« schlicht zu einfach ist. In der *New York Times* erklärte die Gesundheits- und Wissenschaftsjournalistin Dana G. Smith, dass die Öffentlichkeit und die Forschung nun wegen dieser Berichterstattung stark gespalten sei, was ihr Verständnis von Depression angehe.[26] Was genau denken Expert:innen also, und was verstehen wir daran nicht?

Um es so kurz wie möglich zu fassen, ist Serotonin an vielen Mechanismen beteiligt, weshalb nicht nur die Quantität relevant ist, sondern auch, wie Serotonin in unseren Zellen produziert wird, aus welchen Stoffen es entsteht, welche Prozesse es ermöglicht, wie es selbst durch den Körper transportiert wird und wie es hilft, Botschaften im gesamten Gehirn zu kommunizieren.[27] Natürlich befasst sich die Forschung weiterhin mit jedem dieser Aspekte und vielen mehr sowie deren Einfluss auf Depression – wir wissen nur noch nicht ganz genau, wie es funktioniert. Auch wenn die einfachste Erklärung, »wir haben eben nicht genug davon«, für alle ohne einen Abschluss in Neuropharmakologie einfach verständlich ist, stimmt sie nicht ganz... aber das heißt nicht, dass uns eine Lüge aufgeschwatzt wurde.

Ganz abgesehen vom Hin und Her der wissenschaftlichen Community zu den Einzelheiten niedriger Serotoninspiegel, wissen wir, dass Serotonin und andere Neurotransmitter die Funktionsweise des Gehirns und die Stimmung beeinflussen. Ein Großteil der Forscher:innen und Ärzt:innen in diesem Feld hat die Wirkung von SSRI nie angezweifelt, wie Dr. Michael Bloomfield, Professor für psychiatrische Neurowissenschaft und Leiter eines Forschungsteams am University College London, kurz und bündig erklärt: »Viele von uns wissen, wie hilfreich Paracetamol bei Kopfschmerzen sein kann, und trotzdem glauben wir doch nicht, dass Kopfschmerzen von einem Paracetamolmangel im Gehirn verursacht werden. Dieselbe Logik trifft auch im Fall von Depression und den entsprechenden Medikamenten zu. Es wurde konsequent bewiesen, dass Antidepressiva bei der Behandlung von Depression hilfreich sind und Leben retten können.«[28] Na dann ist ja alles klar. Auch wenn es trotzdem einen Prozentsatz an Betroffenen gibt, die an sogenannter »therapieresistenter Depression« leiden und kaum wirksame Medikamente finden, weshalb die neueste Forschung nach weiteren Behandlungsmethoden sucht, beispielsweise psychedelischen Drogen wie Psilocybin (aus sogenannten »magic mushrooms«), LSD oder sogar Ketamin.[29] Aus meiner Sicht ist das Hauptproblem mit Antidepressiva, dass sie anstatt anderer, möglicherweise effektiverer Behandlungen verschrieben oder zu Unrecht als einzige Option dargestellt werden.

Eigentlich wollte ich aber über dieses Beispiel sprechen, weil der zweite Artikel von 2022 nicht so exzessiv in den Medien besprochen wurde wie das Original. Als ich mit diesem Buch anfing, schienen die Erkenntnisse der Umbrella Review noch zu stimmen, doch bis ich fertig war, hatte man sie wohl schon eindeutig widerlegt. Aber davon las ich nichts in der Presse, obwohl ich sogar danach gesucht habe. Ich frage mich, wie viele der Personen, die ihre Medikamente wegen der hetzerischen Medienberichte absetzten, auch die kritische Resonanz gelesen haben? Wie viele von ihnen nehmen ihre Medikamente jetzt wieder? Für wie viele hatte das negative Konsequenzen?

Wo fangen wir an, um unsere mentale Gesundheit zu verbessern?

Diese ganze Geschichte erklärt uns zwar, wie wichtig es war, uns kollektiv um mehr Aufklärung über mentale Gesundheit und psychische Erkrankungen zu bemühen, und wie entscheidend es weiterhin ist, in Wissenschaft und Forschung zu investieren … aber auch, wie diese Informationen an die Öffentlichkeit kommuniziert werden. Diese hat es verdient, auf eine einfach zugängliche Art über neue Forschungsergebnisse informiert zu werden, aber stark vereinfachte Schlüsse und Schlagzeilen können wirklich gefährlich sein. Wir brauchen ein Gleichgewicht. Auch wenn es sich manchmal anfühlt, als seien die Ressourcen sowieso zu knapp und zu viele Menschen auf der dringenden Suche nach Behandlungen und Unterstützung, weshalb wir unsere Energie dort investieren, wo Betroffene den Effekt am schnellsten spüren. Wir brauchen mehr Sorgentelefon-Hotlines für Notfälle. Wir brauchen mehr Therapeut:innen in Ausbildung. Der Nachteil dieses reaktiven Ansatzes ist, dass er nur auf eine kurzfristige Zeitspanne ausgerichtet ist und keinen Raum lässt, um eine bessere Zukunft zu ermöglichen. Wenn wir nicht in das große Ganze investieren, um psychische Erkrankungen besser zu verstehen – warum Betroffene erkranken, warum manche Behandlungen bei bestimmten Personen besser anschlagen und auch in grundlegende Wissenssäulen wie die Funktionsweise unseres Gehirns –, stehen wir bei langfristigen Lösungen für eine bessere mentale Gesundheit auf viel wackligeren Füßen.

Wenn du gerade strugglest oder jemand in deinem Bekanntenkreis, dann lass dir gesagt sein: Es kann und wird besser werden. In den Untiefen meiner Depression war ich überzeugt, dass ich einfach scheiße im Menschsein war, dass ich grundsätzlich nicht gut genug war. Das stimmte nicht. Ich musste mit jemandem reden. Ich musste einfach Antidepressiva ausprobieren und musste versuchen zu erkennen, dass dieser Aufruhr in meinem Hirn wichtig genug war, um etwas dagegen zu unternehmen. Dass ich selbst wichtig genug war. Die Depression war Teil meines Lebens, aber sie war nicht ich. Online gibt es zwar hilfreiche Ressourcen und Communitys, aber meiner Erfahrung nach gibt es im Internet auch dunkle Ecken, die wir vermeiden sollten. Insta-Art und relatable Memes zu teilen (das mache ich schließlich auch gern) ist nicht das Gleiche, wie sich Hilfe zu suchen. Manchmal kommt es mir aber so vor, als würde sich der richtige Anstoß genau dann präsentieren, wenn du ihn brauchst. Ich bin endlos dankbar, wenn ich irgendetwas teile, mit dem ich mich an diesem Tag identifizieren konnte, in meiner Inbox dann Nachrichten von Leuten überquellen, die genau dieses Gefühl beschreiben, dieses Im-richtigen-Moment-gefunden-Werden. Psychische Erkrankungen machen einsam. Diese kleinen Momente der Verbindung mit einer anderen Person – auch wenn sie keine Heilung sein mögen – können dich daran erinnern, dass du nicht kaputt bist, nicht »falsch« und, am allerwichtigsten, nicht allein.

2

Warum sind wir so?

Es wäre großartig, wenn es ein Handbuch für unser Gehirn gäbe. Eine einfache Liste der Einzelteile, wie sie zusammenpassen, welche Knöpfe gedrückt werden müssen, und am Ende eine Liste möglicher Fehler mit Behebungsmaßnahmen. *Du bist traurig? Dann schiebe bitte zweimal Pudding ein. Wiederhole diesen Vorgang, bis das Problem nicht mehr auftritt.* Du kennst sicherlich das Meme, in dem eine Person darüber spricht, wie sehr wir Menschen uns für kompliziert und mysteriös halten … und dann löst Sonnenlicht Glücksgefühle in uns aus, und wir stellen fest, dass wir doch nur große Blätter sind? Es ist tröstlich, wenn man sieht, dass so einfache Sachen uns tatsächlich dabei helfen, uns besser zu fühlen, sei es, dass man einen Ausflug in die Natur macht, mehr Wasser trinkt oder schlicht eine gute Mütze voll Schlaf bekommt – aber all das kann es auch nur umso frustrierender machen, wenn diese schnellen Lösungen nicht helfen oder wenn wir uns mit negativen Gefühlen konfrontiert sehen, die sich nur deutlich schwerer lösen lassen.

Zum Glück ist unsere Spezies (was wiederum manchmal auf individueller Ebene schade ist) deutlich komplizierter als ein Wasserkocher oder eine Waschmaschine oder sogar ein Blatt. Und auch wenn das bedeutet, dass unser Gehirn zu vertrackt für ein einfaches Handbuch ist, ist doch jedes weitere erlernte Wissen über seine Funktionalität ein zusätzliches hilfreiches Puzzleteil. Dank meiner Erfahrungen mit Angst, Depressionen und einer späten Diagnose der Neurodivergenz war ich schon mehrfach traurig über und sauer auf mein Gehirn, weil es mir so vorkam, als sei es irgendwie »falsch« oder nicht so gut in manchem, was für Gehirne anderer Menschen ein Leichtes zu sein schien. Mir hat es geholfen, ein wenig mehr über Neurowissenschaften, Psychologie und mich selbst zu erfahren, sodass ich eine neue Sicht auf dieses wundersame, verblüffende Organ bekommen konnte.

Es kommen so viele Faktoren zusammen, die *dich* letztlich ausmachen. Du bist ein Produkt deiner Gene, deiner Erziehung, deines Umfelds, deiner Kultur – selbst deiner Hirnchemie und deiner Ernährung, zumindest teilweise. Und dabei werden nicht einmal die Millionen Zufälle der menschlichen Evolution mit einbezogen, die uns zu dem gemacht haben, was *wir* sind. Das ist echt völlig unfassbar. Und irgendwie paradox. Aber manche Aspekte sind für uns als *Homo sapiens* alle gleich. Trotz unserer individuellen Unterschiede laufen die meisten von uns mit so ziemlich der gleichen grundlegenden Maschinerie im Kopf durch die Gegend.

Ich weiß, dass ich es niemals auch nur ansatzweise verstehen werde, und dennoch bin ich wissbegierig auf jeden noch so kleinen Fakt. Wie kommt es, dass dieses kompakte, glitschige Organ, das ungesehen in unseren Schädeln vor sich hin tickt, so komplizierte Prozesse durchführen kann, und wie in aller Welt ist es dazu gekommen? Denn letztlich ist unser Gehirn doch auch nur ein weiteres Organ wie unsere Nieren oder die Bauchspeicheldrüse, aber die haben keinen so großen Einfluss darauf, wer wir letztlich als Menschen sind.

Auch wenn es weiterhin viel gibt, was die Wissenschaft noch nicht über das Gehirn weiß, so hat sie doch schon ganz viel entdeckt, was uns sowohl Informationen liefert, wie wir auf uns selbst achten können, als auch uns einen Einblick geben kann, wer wir sind. Also egal, ob du dich für verrückt hältst oder denkst, alle anderen seien es, lass uns doch mit einer kleinen Tour durchs

Gehirn starten. Sieh es ruhig wie eine Einführung am ersten Tag oder eine Werksbesichtigung.

Eins dieser Tiere ist nicht wie die anderen

Das menschliche Gehirn ist ziemlich besonders im Vergleich zu denen der restlichen Tierwelt. Wir haben beeindruckende Sprachfähigkeiten, nutzen Vernunft und Logik für unsere Entscheidungsfindung, können Emotionen verarbeiten und noch eine ganze Menge weiterer Sachen machen, die andere gar nicht oder nicht so gut können. Neben unseren handlichen (ha!) opponierbaren Daumen hat uns unser hoch entwickeltes Säugetiergehirn zu evolutionären Ausreißern gemacht und uns ermöglicht, die Welt, in der wir leben, so dermaßen stark zu verändern. Daraus könnte man jetzt vielleicht einfach schließen, dass unser Gehirn physisch gesehen ganz anders gebaut ist als die der restlichen Tiere – sogar als die der Schimpansen, unseren nächsten Verwandten, richtig? Na ja, nicht wirklich.

Unsere Gehirne sind proportional gesehen größer, als man sie von Tieren unserer Statur erwarten würde, im Vergleich mit anderen Primaten ungefähr dreimal so groß in Relation zu unserer tierischen Körpergröße. Es kann aber nicht nur daran liegen, wie viel Gehirn sich da in unserem Schädel befindet, denn dann wären Tiere wie Wale und Elefanten deutlich klüger als wir. Und wenn es doch mit dem Größenverhältnis zwischen unserem Körper und unserem Gehirn zusammenhinge, dann wäre der Kapuzineraffe klüger als der Gorilla.[1] Auch das ist aber nicht der Fall.

Abgesehen von der reinen Größe besagt eine andere Theorie, dass unsere Intelligenz mit der Menge der Neuronen in unserem Gehirn zusammenhängen könnte. Ein Neuron ist eine Nervenzellenart, die chemische und elektrische Signale im gesamten Körper versendet und es uns so ermöglicht, alles, vom Laufen bis zum Denken bis zum Reden, zu meistern. Selbst die Aspekte, über die wir nicht nachdenken, wie der Herzschlag, schwitzen, niesen – all das wird von unserem Nervensystem, einem Netzwerk aus Neuronen, kontrolliert. Neuronen erhalten und übertragen Informationen, sie erstellen Nervenbahnen, die einen Teil des Nervensystems mit einem anderen verknüpfen, also sollte es ja eigentlich so sein, dass man intelligenztechnisch möglichst viele Neuronen zur Verfügung haben sollte. Als aber die Neurowissenschaftlerin Suzana Herculano-Houzel einen neuen Weg erfand (indem sie Gehirngewebe in einer Art Gehirnsuppe auflöste, was in gleichen Teilen eklig wie effizient klingt), sie zu zählen, schlussfolgerte sie, dass die Anzahl der Neuronen, die Menschen im Verhältnis zu ihrer Gehirngröße haben, nicht so viel anders ist als die der Affen, was nahelegt, dass Menschen nicht so intellektuell sind, weil sie so dermaßen großzügig mit Neuronen ausgestattet worden sind.[2] Im Grunde – und ich formuliere die wissenschaftlichen Erkenntnisse hier ein wenig um – sind Menschen also genauso eigenartig wie brillant. (Wir sind zumindest anscheinend die Einzigen, die mithilfe unseres Gehirns andere Gehirne erforschen, wie Professor Herculano-Houzel betont.)

Das durchschnittliche Gehirn eines Erwachsenen wiegt ungefähr 1,5 Kilogramm. Wenn du zwei Fäuste aneinanderhältst, bekommst du ein grobes Gefühl für dessen Größe. Zugegebenermaßen ist das alles andere als wissenschaftlich, aber ich mag, dass es dann auch ein wenig so aussieht wie die zwei Gehirnhälften nebeneinander, wobei die Rillen der Finger so wunderbar die gehirnfaltigen Eigenschaften des Gesamtbilds nachstellen. Anders als deine Finger besteht dein Gehirn zu 60 Prozent aus Fett und 40 Prozent aus Wasser, Eiweißen, Kohlenhydraten und Salzen.[3] Es ist kein Muskel, auch wenn wir manchmal mit Begriffen wie »Gehirntraining« oder »Denksport« so tun, als wäre er einer. Es besteht aus sogenannten weißen und grauen Zellen, allerdings sieht es eher pink-gräulich aus, falls du die echten Farben wissen wolltest ...

Kommentar am Rande: Ich habe tatsächlich mal bei der Sektion eines Gehirns geholfen. Mein Großvater Brian litt an Parkinson, einer Krankheit, die sicherlich vielen meiner Leser:innen schon untergekommen ist, und in den letzten Jahren hat meine Familie viele Fundraising-Events zugunsten der Wohltätigkeitseinrichtung Parkinson's UK organisiert. (Während ich das schreibe, frage ich mich, wofür meine Mutter sich schon wieder angemeldet haben wird, wenn dieser Text in den Druck geht.) Wir fühlten uns geehrt, dass wir von diesem fantastischen Team dazu eingeladen worden waren, uns ihre Forschungslabore anzuschauen und zu sehen, welche Arbeit hier von den Spenden finanziert wurde, wozu eben auch gehört, dass gespendete Gehirne sorgsam seziert und studiert werden. Interessant fand ich die Tatsache, dass viele Menschen großzügig genug sind, ihre Gehirne für die Parkinsonforschung zur Verfügung zu stellen. Das ist absolut grundlegend für die Untersuchung dieser Krankheit. Verständlicherweise spenden logischerweise vor allem Menschen mit Parkinson ihre Gehirne, dem Team fehlen also immer eher die nicht betroffenen Gehirne für die Vergleiche, die die gute wissenschaftliche Arbeit verlangt. Die meisten von uns haben aber den Luxus, dass sie nicht einmal darüber nachdenken müssen, nehme ich an. Dieser Fakt über die medizinische Forschung blieb wirklich hängen bei mir, und jetzt vielleicht auch bei dir, falls du jemals über die Spende deiner Organe nachgedacht haben solltest.

Wie auch immer, wenn ich sage, beim Sezieren »geholfen«, dann meine ich damit, dass ich kleine Gehirnteile ausgehändigt bekam, die bereits von Expert:innenhand in Scheiben geschnitten und in beschriftete Kästchen gelegt worden waren, damit die Forscher:innen genau eruieren konnten, aus welchem Bereich des Gehirns diese stammten. Ich setzte die Deckel drauf und stellte sie vorsichtig in einen großen Behälter. Um auch alle Sorgen aus dem Weg zu räumen: Dabei wurde ich wirklich mit Argusaugen beaufsichtigt, und meine ungeschulten Finger haben kein einziges Skalpell berührt.

Irgendwie macht es das menschliche Gehirn umso mysteriöser, wenn man es so leibhaftig zu sehen bekommt. In einem solchen Kontext, dermaßen präserviert und steril, sieht es ein wenig anders aus als in unserem Kopf, aber so nah wie dort werde ich wohl nie mehr an eins rankommen. Dieser Gedanke an all die unergründlich komplizierten Prozesse unseres Gehirns, das Wissen, dass jede:r anders ist und dass wir alle jeweils Erinnerungen, Persönlichkeiten und Vorlieben haben und dass all das aus diesem… elastischen, klumpigen Ding kommt. Es sieht ja wirklich nicht nach viel aus. Nur um dann festzustellen, dass trotz all des medizinischen Know-hows, all der uns zur Verfügung stehenden wissenschaftlichen Genialität und Technik der Ausgangspunkt für die Forschung und Antworten auf dieses mysteriöse Geflecht von Zellen letztlich darin besteht, es mit einem Brotmesser zu zerschneiden. (Es war kein Brotmesser, aber es war einem solchen auch nicht unähnlich. Und keine Sorge, noch anschaulicher werden meine Beschreibungen nicht.) Damit will ich auf keinen Fall die Skills herunterspielen, die es für diese Forschung braucht – sogar ganz im Gegenteil. Ich respektiere jetzt noch weitaus mehr, was es bedeutet, bis dato unbekannte Aspekte über unseren Körper herauszufinden, zu versuchen, Krankheiten, Symptome und Heilverfahren zu erforschen.

Ich glaube, dass die Welt der Wissenschaft den meisten Menschen eher fremd ist, wenn sie nicht gerade ein Teil von ihr sind – aber alle Durchbrüche werden von Menschen wie dir und mir gemacht. Ich glaube, es ist manchmal ein Problem, dass wir uns nicht als Teil dieser »Welt« verstehen. Auch wenn wir vielleicht nicht die Ausbildung erhalten haben oder uns nicht auf dem Weg hin zu medizinischen Durchbrüchen befinden, heißt das noch lange nicht, dass wir *nichts* verstehen und dass wir keine Fragen stellen dürfen. Bei Politik sehe ich das ähnlich. Die Angst, als dumm angesehen zu werden, weil man nicht genug weiß, hindert die Menschen am aktiven Engagement. Wem aber hilft *das* weiter? Zum Glück bin ich mehr als gewillt, an deiner statt Fragen zu stellen und mal dumm dabei auszusehen, also: Los geht's mit unserem Gehirnrundgang für Anfänger:innen.

Eine Landkarte deines Gehirns

Auch wenn alle Bereiche eines Gehirns von außen betrachtet sehr ähnlich aussehen, so wissen wir doch, dass sie unterschiedliche Aufgaben haben. Erst einmal ist das Gehirn in drei Hauptbereiche aufgeteilt: Großhirn, Kleinhirn und Hirnstamm. Letzterer verbindet das Gehirn mit dem Rückenmark. Das Kleinhirn liegt direkt darüber, ein kleiner Teil ist also quasi direkt hinter dem Genick versteckt. Das Großhirn ist der größte Bereich und wahrscheinlich genau das, was du vor Augen hast, wenn du an ein Gehirn denkst. Für uns hier, die wir verstehen wollen, warum wir sind, wie wir sind, reicht es, wenn wir uns das Großhirn und im Besonderen die Hirnrinde ansehen, die für die ganze Denk- und Gefühlsduselei wie Problemlösungen, Lernen, Kommunikation, Vernunft, emotionale Reaktionen usw. zuständig ist.[4] Das sind diese grauen Zellen, von denen wir so oft hören. Und um noch mal auf die Frage zurückzukommen, inwiefern sich unsere Gehirne von denen der Primaten unterscheiden, ist es an dieser Stelle ganz interessant, dass dieser Teil des Gehirns doppelt so viele Zellen hat wie der unserer affigen Cousins.[5] Ich will mich hier nicht allzu sehr in einem Hyperfokus der Gehirnanatomie verlieren, weil ich mir ziemlich sicher bin, dass du dafür ein anderes Buch zur Hand genommen hättest. Solltest du das aber tatsächlich spannend finden, dann gönn dir doch wie ich ein paar Stunden im Internet zu dem Thema.

Das Großhirn befindet sich oben und vorn im Schädel und ist in zwei Hemisphären aufgeteilt – die linke und die rechte Gehirnhälfte. Hast du schon mal davon gehört, dass man zwischen Menschen unterscheidet, die eher mit der einen oder der anderen Gehirnhälfte denken? Wonach die mit einer dominanteren rechten Gehirnhälfte eher kreative Freigeister und die mit der dominanteren linken Gehirnhälfte eher analytisch und rational denkend sein sollen? Das basiert auf Forschung, die in den späten 1960er-Jahren begann und von einigen Büchern in den 1970er-Jahren berühmt gemacht wurde, wie Betty Edwards' *Garantiert zeichnen lernen*, in dem Leser:innen lernen, wie sie auf ihre rechte Gehirnhälfte zugreifen können, um bessere Künstler:innen zu werden. Ich kann mich noch gut an ein Plakat in meinem Klassenzimmer erinnern, auf dem die linke Gehirnhälfte sehr eintönig mit Taschenrechnern und Diagrammen geschmückt worden war, während die rechte Seite aus einer Farb- und Pinselexplosion sowie Hüten bestand, die wohl nur Dichter:innen tragen würden. Als jemand, die selbst schon immer eher als »mit der linken Gehirnhälfte denkend« eingestuft wurde, war mir dabei ganz schön flau zumute, wenn ich ehrlich bin. Die Beliebtheit dieser These ist wieder ein gutes Beispiel dafür, wie sehr wir einfach verständliche Konzepte lieben, die uns etwas darüber erklären, wer wir sind und wie wir ticken. Wir werden uns noch genauer anschauen, warum wir so praktische Schlagwörter und Phrasen oder einfache Erklärungen mögen, und warum das gut und schlecht sein kann. Aus wissenschaftlicher Sicht ist das hier zumindest eine krasse Vereinfachung und hält einem genaueren Blick leider auch nicht stand.[6]

Es ist wahr, dass ein paar Aufgaben eher auf einer Seite des Gehirns verortet zu sein scheinen – zum Beispiel ist Sprache anscheinend eine der linken Seite. (Auch wenn eine:r von vier Linkshänder:innen unter euch das Sprachzentrum in der rechten Gehirnhälfte haben wird.[7] Warum? Das weiß niemand!) Wir wissen, dass unterschiedliche Teile unseres Gehirns die Regie für unterschiedliche Bereiche des Lebens übernehmen, zum Teil dadurch, dass Verletzungen bestimmter Gehirnareale wiederum bestimmte Fähigkeiten beeinträchtigen – beispielsweise Amnesie oder eine Reduzierung der Angstreaktion. Die zwei Gehirnhälften arbeiten jedoch zusammen und sind durch ein dickes Band aus Nervenfasern namens Corpus callosum, den Gehirnbalken, miteinander verbunden. Wie bereits gesagt, gibt es keine wirklichen Beweise für die Idee, dass eine Hälfte des Gehirns vorgibt, worin du gut bist oder ob du eher der kreative oder der analytische Typ bist.

Es gibt ein paar andere Bereiche des Gehirns, die jeweils ihre eigene Spezialisierung haben, aber zusammenarbeiten, damit du durch den Tag kommst, entscheiden kannst, wie du dich bei manchen Dingen fühlst, damit du festlegen kannst, was es zum Abendessen gibt usw. Eine Erklärung, von der ich gelesen habe, verglich es mit einem Expert:innen-Panel.[8] Ich kann mir nicht helfen, aber ich muss jedes Mal an das Arrangement bei *Alles steht Kopf* denken. Für unsere Diskussion hier, und weil ich viel Fernsehen schaue, werde ich diese Gehirnareale als Sitcom-Figuren charakterisieren. Die Protagonist:innen in dieser Analogie sind also die folgenden:

Der präfrontale Kortex

Dieser Teil des Gehirns – der, wenig überraschend, vorn verortet ist – ist so eine Art Anführer. Er muss sich mit viel Input und den Vorschlägen der anderen Areale beschäftigen. Er ist für die komplexen Entscheidungen und die Motivation verantwortlich – und dabei geht es nicht nur darum, ob du morgens aus den Federn kommst und gleich eine Runde laufen gehst, sondern um alles, was auch nur im Ansatz deine Handlungen irgendwie beeinflusst. Von einem erlittenen Schaden an diesem Teil des Gehirns kann man apathisch werden, völlig unmotiviert, überhaupt etwas zu tun. Das heißt also, dass ein großer Teil deiner Persönlichkeit und deiner Art der Interaktion mit anderen Menschen deinem präfrontalen Kortex geschuldet ist.[9] Eventuell hat die Tatsache, dass Menschen mit ADHS sich so schlecht konzentrieren können, auch mit diesem Teil des Gehirns zu tun. Danke, präfrontaler Kortex.

Die Amygdala

Die Kleine hier hat wichtige Aufgaben, von denen viele im Zusammenhang mit Angst und Gefühlen stehen. Zahlreiche Studien haben gezeigt, dass die Amygdala Aktionen auf Basis von Informationen hervorrufen kann, die nicht vorher vom präfrontalen Kortex geprüft wurden. Anders formuliert heißt das, dass du auf etwas Angsteinflößendes reagieren kannst, bevor du bewusst darüber nachdenken kannst, wenn dir die Amygdala bereits schnell zu verstehen gegeben hat, dass du reagieren musst. Für jemanden wie mich, die arg Angst vor Spinnen hat, ergibt das völlig Sinn. Wenn ich aus dem Augenwinkel etwas Schwarzes krabbeln sehe, dann ist mein Körper schon weg, bevor mir überhaupt bewusst der Gedanke »O nein, ist das etwa eine Spinne?« durch den Kopf schießen konnte.

Wie du wahrscheinlich schon weißt, spielt die Amygdala eine große Rolle in der »Kampf-oder-Flucht«-Reaktion, die uns vor Gefahren schützen soll. Sie tendiert, wie auch meine Angst vor Spinnen, gern zu einer Überreaktion. Wenig überraschend könnten Angststörungen mit einem Problem hier verbunden sein, da Körper und Geist uns gern Gefahren vortäuschen, obwohl uns eigentlich nichts bedroht.

Der Hippocampus

Teils aufgrund seines tollen Namens hier gelistet, ist der Hippocampus zusammen mit der Amygdala ein Teil des limbischen Systems.[10] Er ist dafür verantwortlich, dass wir ein Bewusstsein für den Raum haben, in dem wir uns befinden, und dafür, wie wir uns in ihm bewegen. Und das, obwohl eine seiner größten Aufgaben die Erinnerung an vergangene Geschehnisse und das »Wiedererleben« dieser in unserem Kopf ist – sowie die Art und Weise, wie wir emotional auf sie reagieren. Er fungiert als Teilzeitspeicherort und entscheidet, welche wichtigen Beiträge in unserem Langzeitgedächtnis gespeichert werden. Er ist auch ziemlich assoziativ unterwegs – wenn du Nelken und Zimt riechst, denkst du dank ihm sofort an Weihnachten. Ganz schön süß wird seine Form gern mit der eines Seepferdchens verglichen, nicht mit der eines Hippopotamus.

Der Thalamus

Der Thalamus ist in unserer Gehirn-Sitcom einer mit guten Beziehungen, der alle kennt und den Plot vorantreibt. So eine richtige Monica. Einer seiner wichtigsten Jobs ist seine Arbeit als Knotenpunkt oder Relaisstation – er empfängt die Signale unserer Sinne und schickt sie an andere Gehirnareale für die Weiterverarbeitung. Und er koordiniert all die eingehenden Informationen, um aus ihnen schlau zu werden. Nehmen wir mal an, du hörst jemanden schreien. Dein Thalamus wird dann das Signal deines auditiven Nervs deuten. Wenn dein Gehirn danach das Signal an deine Muskeln sendet, dich in Richtung des Schreis zu drehen, wird dein optischer Nerv wiederum diese sich nun vor dir abspielende Szene an den Thalamus weitergeben. Dieser wird all dies zur Prüfung an den präfrontalen Kortex leiten, der wiederum die Bewertung darüber abgibt, ob etwas gruselig ist oder nicht – steckt da jemand in der Patsche, oder albern da nur ein paar Freund:innen herum? Und natürlich mischt auch noch die Amygdala mit, leicht angespannt, bereit für jede schnelle Reaktion, sollte eine vonnöten sein.

Die Idee, dass verschiedene Teile des Gehirns für verschiedene Aufgaben zuständig sind, ist schon lange im Umlauf. Bevor wir auch nur irgendetwas über unsere Sitcom-Figuren und deren Aufgaben wussten, stand die These im Raum, dass eigenständige Teile unseres Gehirns für verschiedene Teile unserer Persönlichkeit zuständig sein müssten – die Phrenologie, eine Pseudowissenschaft, war sehr beliebt zu Anfang des 19. Jahrhunderts und »las« die Dellen des Kopfs, um damit die Persönlichkeit von Menschen bestimmen zu wollen. Phrenolog:innen dachten, dass das Gehirn aus Muskeln bestand und dass die am meisten genutzten Bereiche sich wie Muskelmasse aufbauten und dann gegen den Schädel drückten, was zu den Beulen führen würde.[11] Diese »Wissenschaft« der sichtbaren Eigenschaften wurde gemeinhin als Neuheit gehandelt, wobei die Praktiker:innen »Schädellesungen« an Menschen durchführten, die jedoch seltenst mehr waren als verschleierte Bauchpinselei (»Ooooh, Fräulein! Was für eine wohlgeformte Beule Sie haben!«). Zudem wurde sie irgendwann für finstere Machenschaften vereinnahmt, wie zur Rechtfertigung der Sklaverei oder anderer rassistischer Angriffe auf Schwarze und jüdische Menschen.[12] Auch wenn die wenigsten von uns sich heute noch auf eine so problematische Praxis beziehen würden, halten sich doch Teile der Phrenologie hartnäckig bis heute. Die Idee der sichtbaren Gehirngröße ist der Grund, weshalb sich in der englischen Sprache Begriffe wie »highbrow« (dt. Intellektuelle:r, Anm. d. Übers.) und »lowbrow« (dt. Banause/Banausin, Anm. d. Übers.) in den Wortschatz schlichen – mit der Theorie, dass jemand mit großem Gehirn (und somit mehr Intelligenz) auch eine große Stirn haben müsste, um dieses beeindruckende Organ beherbergen zu können.[13] Ein weiteres Beispiel dafür, wie ein solcher Irrglauben seinen Weg in unsere Sprache und Kultur findet und irgendwie … darin herumlungert.

Menschen mögen nicht unbedingt ein Gehirn haben, das sich grundlegend von denen anderer Säugetiere bezüglich der Größe und Aufteilung unterscheidet, aber wir haben eine proportional größere Hirnrinde – der verarbeitende Teil. Und unser Gehirn verbraucht im Vergleich ungefähr 20 Prozent mehr Energie, obwohl es nur 2 Prozent unseres Gesamtgewichts ausmacht. Es scheint auch, als hätten wir im Laufe der Evolution eine ganze Menge dafür geopfert.

Warum entwickelt sich unser Gehirn so langsam?

Falls du dich je gefragt hast, warum Babygiraffen so auf die Welt kommen, dass sie aus großer Höhe fallen, direkt aufstehen und laufen können, oder warum Lämmer gerade mal 24 Stunden nach ihrer Geburt schon über Felder hüpfen können, aber menschliche Babys jahrelang völlig von ihren Bezugspersonen abhängig sind… na ja, das ist zu großen Teilen unserem Gehirn geschuldet. Dass menschliche Babys eine Anpassungsphase haben – das heißt, sie bewegen sich erst einmal nirgendwohin, wenn man sie ablegt –, bevor sie selbstständig losziehen und sich in alle möglichen Schwierigkeiten bringen können, klingt irgendwie, wenn ich ehrlich bin, ziemlich gut. Dennoch ist dieser Zeitraum ungewöhnlich lang im Vergleich zu anderen Spezies. Wie kann bitte so krasse Wehrlosigkeit ein evolutionärer Vorteil gewesen sein? Wenn dem aber nicht so gewesen wäre, stünden wir jetzt nicht dort, wo wir stehen – wie wir von der natürlichen Selektion wissen (auch bekannt als Überleben des Angepasstesten; Anm. d. Übers.: Passend zu dem Thema der sprachlichen Mythen ist »Überleben des Stärkeren« eine Fehlübersetzung, die sich wacker im gesellschaftlichen Irrglauben hält – als würde Körperstärke darüber entscheiden, wer überlebt, statt aus evolutionärer Sicht der Anpassungsgrad der Spezies). Warum also verbringt unsere Spezies so dermaßen viel Zeit in der hilflosen Phase?

Evolutionsbiolog:innen hatten jahrzehntelang die Theorie, dass das Gehirn (und da vor allem dessen Größe) eine große Rolle dabei spiele. Wir ignorieren jetzt mal kurz die Wunder der modernen Medizin und Kaiserschnitte, denn: Der Weg raus in die Welt als menschliches Kleinkind ist, gelinde gesagt, ganz schön eng. Es ist ausschlaggebend für die Sicherheit sowohl der Mutter als auch des Kindes, dass es einen angemessenen Ausgang gibt – und der geht durch den Beckenboden der Mutter. Eins der Ergebnisse der Pubertät und des Anstiegs des Hormons Östrogen ist die Weitung des Beckens, also auch der Hüften. Im Verlauf der Schwangerschaft, so ungefähr in der zehnten oder zwölften Woche, steigern wiederum die Eierstöcke und die Plazenta ihre Produktion des Hormons Relaxin, das die Muskeln, Gelenke und Bänder lockert, sodass sich der Körper für den Fötus beziehungsweise auch dessen Weg in die Welt wortwörtlich ausweiten kann. (Randbemerkung: Ich liebe es wirklich, wie manche dieser Sachen genannt werden. Relaxin. Entspannt die Bänder. Manchmal ist die Wissenschaft kompliziert, aber manchmal halt doch auch eher weniger.) Aber trotz all dieser hormonellen Hilfe sind Knochen nun mal fest, und da kommt die Größe des Kindskopfes (lies: Gehirn) vs. die Größe des vorhandenen Platzes im Beckenboden ins Spiel. Es wird geschätzt, dass die Schwangerschaft, wenn ein menschliches Baby auf dem gleichen neurologischen und kognitiven Stand wie ein Schimpansenjunges auf die Welt käme, zwischen 18 und 21 Monate lang sein müsste. Nicht nur, dass ein so langer Zeitraum der absolute Horror wäre oder dass die Belastung des mütterlichen Körpers in dieser Zeit viel zu hoch wäre, um die Spezies erfolgreich am Laufen zu halten, müssten Mütter zudem Babys in der Größe von Kleinkindern auf die Welt bringen. Was, ganz offensichtlich, nicht funktionieren würde. Also stellen unsere wehrlosen Babys hier den Kompromiss dar.

Sind sie das aber wirklich? Eine Theorie besagt, dass uns die Schnelligkeit der Entwicklung unseres Gehirns tatsächlich einen Vorteil verschafft,[14] was uns wiederum dabei hilft, besonders schnell zu lernen und uns an unsere Umwelt anzupassen. Ja, das Überleben eines Kleinkindes hängt davon ab, dass sich jemand die ersten paar Jahre um es kümmert und beschützt, aber es macht uns mental tendenziell deutlich anpassungsfähiger, wenn nicht so viele Informationen in unserem Gehirn vorveranlagt sind. Menschen sind nicht die stärksten oder schnellsten – es gibt wirklich viel, was unsere Spezies nur schlecht im Vergleich zu anderen Tieren beherrscht –, aber wir sind neugierig und sehr erfinderisch. Lass uns kurz über Fledermäuse reden. (Ja, Fledermäuse.) Sie sind als Gruppe äußerst erfolgreich – es gibt viele von ihnen, und man findet sie über die gesamte Welt verteilt. Um jedoch so erfolgreich zu sein, muss man sich physisch extrem an verschiedene Orte anpassen, was zu ungefähr 1.400 Fledermausarten führte.[15] Es gibt auch überall auf der Welt Menschen, aber es gibt nur eine Gattung von uns: *Homo sapiens*. Stark vereinfacht hat uns unser Gehirn das Überleben in allen möglichen Umgebungen ermöglicht.

Wie kam es dazu?

Ein wichtiger, für mich wahnsinnig interessanter Fakt besagt, dass unser großes Gehirn, das eine ganze Menge Energie verbraucht, mit der Zeit größer wurde, während unsere Gedärme schrumpften. Unser frühester Vorfahre, der auf die Idee kam, mit den anderen Affen auf dem Boden statt auf Bäumen zu leben, war vor 3,85 bis 2,95 Millionen Jahren der *Australopithecus*.[16] Seine Zähne waren zum Zermalmen von Pflanzen groß und flach, seine Gedärme für deren Verdauung ebenso groß und – du hast es sicherlich schon erraten – sein Gehirn dafür recht klein. *Homo erectus*, der später der einzigartigen aufrechten Herangehensweise ans Leben den Weg bereitete, war ein Fleischfresser, der keinen pflanzenverdauenden Darm mehr brauchte. Diese Typen waren entscheidend dafür verantwortlich, dass wir das Kochen lernten – äußerst erfolgreich, um die für die Verdauung nötige Energie zu reduzieren, aber gleichzeitig die Menge an einfach zu bekommenden, nötigen Kalorien zu steigern. Die letzten Jahre ließ sich ein Anstieg des Interesses an der gesunden Verdauung und daran, wie sie unser Gehirn beeinflusst, verzeichnen – ich bin mir sehr sicher, dass du schon mal jemanden den Darm als »zweites Gehirn« hast bezeichnen hören. Es ist also ziemlich spannend, dass die Wissenschaft über eine Verbindung redet, die so weit in die Vergangenheit reicht. Tatsächlich, laut Peter Wheeler und Leslie Aiello der Liverpool John Moores University, stieg die Masse unseres Gehirns evolutionär zu diesem Zeitpunkt zu gleichen Teilen an, wie unsere Gedärme schrumpften: um 20 Prozent.[17] Hmmmm.

Es gibt viele Theorien darüber, wie uns die Evolution als Spezies an diesen Punkt gebracht hat, an dem wir so große, komplexe Gehirne besitzen. Es dürfte an einer Kombination aus einer Vielzahl umwelttechnischer und sozialer Faktoren gelegen haben, die nur teilweise von unserer Freude am Kochen über Lagerfeuer angefacht wurden. Ich trete lieber gleich einen Schritt zurück von diesem thematischen Rabbit Hole, damit ich mich hier nicht verzettle, möchte aber davor noch einen dieser angedeuteten Faktoren mit dir teilen, auch weil er lustige Bilder im Kopf erzeugt: die Theorie vom berauschten Affen. Und ja, glücklicherweise meint sie ziemlich genau das, wonach sie klingt. Der amerikanische Ethnobotaniker Terence McKenna stellte sie als Erster in den 1990er-Jahren auf – Ethnobotanik ist das Studium der Beziehung zwischen Menschen und Pflanzen. Laut dieser Theorie stießen die Menschen, kurz nachdem sie die aufrechte Stolzierei für sich entdeckt hatten und sie nun längere Strecken zurücklegen konnten, auf ein paar Zauberpilze. McKenna regte 1992 in seinem Buch *Die Speisen der Götter* an, dass die Wirkung und der Konsum von Psilocybin[18] letztlich dazu führte, dass wir uns vom *Homo erectus* zum *Homo sapiens* hätten entwickeln können, weil dieser psychedelische Wirkstoff der Pilze unsere Gehirne sowie die Entwicklung bestimmter Aspekte wie Sprache und Kooperationswillen – vielleicht sogar Religiosität – verändert habe.

An dieser Stelle muss betont werden, dass diese Theorie, die für ihren Mangel an Beweisen breitflächig kritisiert wurde, eher ein Außenseiterdasein fristet. Allerdings finde ich die Idee ziemlich interessant, allein schon, weil sie mich an unsere gerade erwähnte Verbindung zwischen Gehirn und Darm erinnert. Es gibt eindeutig Punkte in den dunklen und weiter zurückliegenden Tagen (sowie unserer besser verstandenen Gegenwart), mit denen sich die Wissenschaft jetzt erst wirklich beschäftigt. Weitaus mehr Aufmerksamkeit wird langsam den psychoaktiven Wirkstoffen geschenkt, die so lange den Launen und Vorurteilen der Drogenlobby unterlagen. Du hast vielleicht sogar schon ein wenig über die Auswirkungen von Psilocybin auf das Gehirn gelernt und darüber, wie es in der Behandlung verschiedener Leiden genutzt werden kann, weil die Diskussionen darüber endlich nicht mehr nur in Onlineforen stattfinden, sondern im Mainstreamdiskurs angekommen sind, wie in der Netflix-Dokumentarserie von 2022: *How to Change Your Mind.*

Gehirn für Anfänger:innen

Okay, das reicht jetzt erst einmal an evolutionärer Theorie. Kommen wir lieber noch einmal darauf zurück, wie unser *Homo-sapiens*-Gehirn strukturiert ist und wie wir es »wachsen« lassen, wenn man so will. Die ersten Anlagen für ein Gehirn entstehen bereits früh während der Schwangerschaft, ungefähr drei Wochen nach der Befruchtung. Es ist dann noch kein Gehirn, wie wir es kennen – vielmehr eine ovale Scheibe von Zellen, die sogenannte »Neuralplatte«, in dem kaulquappenartigen Fötus. Diese ovale Platte faltet ihre Ränder zusammen, um daraus das Neuralrohr zu bilden, das später zu Wirbelsäule und Gehirn wird. Am Ende der sechsten Woche hat sich das Rohr an den Enden geschlossen, und das Gehirn besteht bereits aus drei ausgeprägten Teilen: Vorderhirn, Mittelhirn und Rautenhirn.[19] Natürlich steht hiernach noch eine ganze Menge Arbeit an – die ganz einfache Arbeit, ein vollständiges Nervensystem zu entwickeln –, und diese explodiert förmlich in den letzten Schwangerschaftswochen. Das Gehirn verdreifacht seine Größe zwischen der 28. und 39. Woche, sodass es ungefähr ein Viertel (27 Prozent oder so) der finalen Größe bei Erwachsenen erreicht hat.[20] Dann ruft der Vermieter: Räumungsklage.

Die Größe eines kindlichen Gehirns verdoppelt sich im Laufe des ersten Lebensjahrs und führt dieses schnelle Wachstum erst einmal weiter fort, bis es im Alter von fünf Jahren ungefähr 90 Prozent der endgültigen Größe erreicht hat. Falls du also noch Beweise dafür gesucht hast, dass die Größe des Gehirns nicht ganz mit der Intelligenz korreliert, dann hast du sie spätestens jetzt gefunden. Die meisten von uns würden wohl davon ausgehen, dass wir jetzt mehr als 10 Prozent intelligenter sind als noch mit fünf Jahren. Nichts für ungut, liebe Fünfjährige, euer Potenzial ist unendlich, aber eure kostbaren kleinen Köpfchen sind echt noch nicht fertig.

Interessanterweise sind sich Neurowissenschaftler:innen noch nicht einig darüber, ob man alle Neuronen (Gehirnzellen), die man jemals als Person haben wird, in diesem Alter bereits besitzt. Viele gehen davon aus, dass dem so sei, aber es gibt auch Indikatoren dafür, dass im Hippocampus – erinnerst du dich an den Typen? – neue wachsen können.[21] Wenn das der Fall sein sollte, dann ergäben sich daraus interessante neue Ansätze für die Behandlung von unter anderem Epilepsie, PTBS und Alzheimer. Aber ich schweife ab. Tatsächlich tragen die Verbindungen zwischen diesen Zellen zu all diesen eben genannten Entwicklungen bei.

Darauf kommen wir später noch mal zurück, aber neuronale Verbindungen – Synapsen – sind elementar für unser Gehirn, weil sie für unser Lernen, unser Wissen und unsere Fähigkeiten zuständig sind. Sie spielen zudem auch eine wichtige Rolle dabei, wie wir uns gegenüber anderen verhalten und Empathie entwickeln. Wenn man es genau nimmt, unterstützen sie so ziemlich alles. Ganz einfach ausgedrückt, sind sie Hirnzellen, die mithilfe von Neurotransmittern und Elektrizität miteinander reden, allerdings im großen (wenn auch zeitgleich im winzigen) Stil, sich abzweigend, dabei ein verschachteltes Netzwerk bildend, das die Übertragung von Informationen ermöglicht. Und so, liebe Gehirn-Fans, entsteht das Bewusstsein.[22] Krass.

Kinder bilden im Bauch und in den ersten paar Jahren nach der Geburt neuronale Verbindungen in einer Geschwindigkeit von einer Million pro Sekunde aus.[23] Mein vollständig ausgewachsenes Gehirn und ich können das einfach nicht fassen. Das Gehirn wächst nach ungefähr dem sechsten Geburtstag[24] kontinuierlich weiter, wenn auch deutlich langsamer, und es erreicht seine finale Größe irgendwann während der frühen Jugendzeit.

Und jetzt haben wir eins der Gehirnfakten erreicht, das wir meiner Meinung nach alle kennen sollten: Das Gehirn hört zwar in den frühen Teenagerjahren mit seinem *physischen Wachstum* auf, ist aber erst, wenn wir ungefähr 25 Jahre alt sind, *fertig entwickelt*. Genau. Das lässt dich doch gleich ein wenig versöhnlicher auf deine Entscheidungen in den späten Teenagerjahren und mit Anfang zwanzig blicken, oder?

Auch hier hängt das alles mit den neuronalen Verbindungen und den verschiedenen dir bereits vorgestellten Gehirnarealen beziehungsweise deren Fähigkeit zur effektiven Kommunikation zusammen. Sie können alle für sich allein noch so fantastische Arbeit leisten – beispielsweise kann eine durchschnittliche 15-Jährige genauso gut wie eine Erwachsene hypothetische Risiken einschätzen. Wenn jedoch dann die Leitung zwischen dem

Hippocampus, der Amygdala und dem präfrontalen Kortex so schnell ist wie eine Einwahlverbindung, nicht wie ein Glasfaserkabel, dann werden diese Nachrichten einfach nicht so gut übertragen. Der Teil des Gehirns, der für die Impulskontrolle zuständig ist, ist noch nicht auf derselben Wellenlänge wie der Teil, der die »Kampf-oder-Flucht«-Reaktion steuert.[25]

Es dürfte daher wohl einleuchten, dass diese Entwicklungen in dem Gehirn eines Teenagers parallel zu all dem anderen Spaß, den man in diesen kurzen Jahren so durchläuft (Pubertät! Klausuren! Aufkeimende Sexualität! Niederschmetternder Erwartungsdruck! Und so weiter und so fort…), eher dazu führen, dass junge Menschen Probleme mit ihrer mentalen Gesundheit haben. Egal, ob dein jetziges Ich oder dein innerer Teenager das hören muss: Dein sich entwickelndes Gehirn ist resilient, und dein präfrontaler Kortex kommt auch noch irgendwann an den richtigen Punkt.[26] Sei nachsichtig mit dir.

86 Milliarden Neuronen

Ich hoffe, dir haben diese sehr verkürzte Tour durch das Innere unseres Schädels und einige der Theorien darüber, wie unser Gehirn zu dem wurde, was es heute ist, gefallen. Mich fasziniert, dass wir letztlich alle mit der gleichen Maschinerie arbeiten, aber dennoch die Welt von Individuum zu Individuum so gänzlich anders sehen können. Das ist einfach ein weiterer Punkt, der unsere Spezies so bizarr macht. Vermutlich haben Schnecken keine unterschiedlichen Ansichten darüber, welche Farben das Blatt hat, auf dem sie gerade sitzen, so wie auch Delfine wohl nicht darüber diskutieren, welcher Fisch besser schmeckt.

Wenn du darauf gehofft hast, dass dies das Kapitel mit dem Handbuch für unser Gehirn werden würde, das ich am Anfang erwähnte, dann hoffe wiederum ich, dass du jetzt nicht enttäuscht bist. Ich bin mir sicher, dass du genauso unbedingt so ein Handbuch in die Finger bekommen möchtest wie ich. Wenn wir uns aber selbst besser verstehen wollen, dann dürfte das meiner Meinung nach hier kein schlechter Anfang sein. Auch wenn natürlich da noch viel mehr dahintersteckt, worauf ich im nächsten Kapitel eingehen werde.

Es gibt noch eine ganze Menge mehr, was wir nicht über das Gehirn wissen, aber das lässt mich nur noch gespannter auf die Entdeckungen in der Zukunft hoffen, die sicherlich in unserer Lebenszeit noch gemacht werden. Du hast vielleicht mit den Augen gerollt, als ich die viktorianischen Phrenolog:innen erwähnte, die glaubten, dass durch überentwickelte Gehirnmuskeln Dellen und Beulen am Kopf entstünden, aus denen man die Persönlichkeit des Menschen »herauslesen« könnte. Ja, okay, das klingt wirklich bescheuert, aber dennoch lässt es mich über all die Fakten, die wir jetzt als wissenschaftlich ansehen, nachdenken und verleitet mich zu der Frage, über welche davon wohl in ein paar Jahren im Rückblick die Augen gerollt werden.

Es dürfte nicht überraschen, dass wir auch Fehler machen werden. Man muss schließlich irgendwo beginnen, und eine aufgestellte These ist immer noch besser als ein kollektives Schulterzucken, bei dem einfach niemand sich etwas genauer anschaut. Letztlich besteht unser Gehirn aus rund 86 Milliarden Neuronen – vergleichbar mit der Anzahl der Sterne der Milchstraße –, und wenn wir die Synapsen zählen (die Verbindungen zwischen diesen Neuronen), dann landen wir sogar in der Gegend einer Billiarde. Das ist eine Eins und fünfzehn Nullen. Um das Ganze aber noch etwas komplexer zu gestalten, sind dann die Neuronen und Synapsen nicht alle gleich, denn es gibt sicherlich Hunderte verschiedener Arten von Neuronen, *und* sie sind nicht mal die einzige Zellenart des Gehirns.[27] Ist es also in Anbetracht dieses mammutartigen Ausmaßes ein Wunder, dass unser wundersames Organ uns so verwirrt?

Unsere Intelligenz, Neugier und unsere hoch entwickelte Sozialkompetenz haben uns als Spezies so äußerst erfolgreich werden lassen, auch wenn das uns und dem Planten, auf dem wir leben, natürlich auch immense Probleme bereitet hat. Es gibt immer noch so viel, was wir nicht erklären können, wenn wir nur einfach die Abläufe in unserem Kopf anschauen. Warum bewerten Menschen einander so wahnsinnig schnell? Warum ist es oft so einfach für uns, entgegen unserem eigenen Wohl zu handeln? Wie können wir so viel über den Schaden, den wir der Umwelt und unserem Planeten zufügen, wissen, aber uns dennoch nicht für die »grünen« Möglichkeiten entscheiden? Warum kann sich unser Gehirn manchmal von physischen Schäden erholen, aber dennoch liegen wir immer noch mit unserer mentalen Gesundheit so im Argen? All diese Fragen führen uns immer wieder in die oberste Etage, können aber auch nicht nur mithilfe einer Scheibe Gehirn unter dem Mikroskop beantwortet werden. Schauen wir uns also lieber noch in weiteren Bereichen des Gehirns um, damit wir uns selbst besser verstehen lernen …

3

Was habe ich mir dabei nur gedacht?

Wenn wir darüber reden, uns gut um unsere mentale Gesundheit zu kümmern, dann beziehen wir das meist darauf, wie wir uns *fühlen*. Wenn es aber darum geht, die Symptome schlechter mentaler Gesundheit oder eine bestimmte psychische Erkrankung zu behandeln, sei das in Form einer Therapiesitzung oder mithilfe von Achtsamkeitsübungen, dann beziehen wir all das plötzlich darauf, wie wir *denken*. Auch wenn bewusste Gedanken und Gefühle meiner Meinung nach getrennt voneinander betrachtet werden können (ich fühle mich oft ohne bestimmten Gedanken oder Grund angespannt oder genervt), so kann es dennoch überaus hilfreich sein, wenn wir die Gründe für unsere Gefühle mithilfe unserer Denkmuster identifizieren können. Anders gesagt: wenn du herausfindest, wie du denkst. Hast du zum Beispiel eine Stimme in deinem Kopf? Damit meine ich, ob du je deine Gedanken im Kopf »hörst«, wenn du sie hast, und ob es dann deine eigene Stimme oder die einer anderen Person ist.

Nehmen wir mal an, du erinnerst dich auf einmal dran, dass du noch die Wäsche aus der Waschmaschine holen musst – sagt dir da eine Stimme in deinem Kopf, dass du das noch musst? Und wenn dem so ist, wie spricht sie mit dir? Sagt sie dir: »Du musst noch die Maschine ausräumen«, »Ich muss noch« oder sogar »Wir müssen noch«? Oder hast du ein Bild der Waschmaschine vor Augen, oder stellst du dir vor, wie du die Klamotten rausnimmst und sie zum Trocknen aufhängst? Die Krux dieser Frage: Kannst du formulieren, wie du diesen Gedanken erlebst?

Das ist schwierig, oder? Wir sprechen im Alltag viel über unser Unterbewusstsein, die innere Stimme, den positiven oder negativen inneren Monolog. Uns fällt es manchmal schwer, den eigenen Gedanken zu folgen, oder wir stolpern über den Versuch, sie für jemand anderen in Worte zu fassen, weil wir verstanden werden wollen. Was aber ist ein Gedanke eigentlich? Auch wenn wir mit diesen Begrifflichkeiten nur so um uns werfen, als würden wir sie begreifen, so ist doch die Frage: Wie funktioniert das alles da oben eigentlich? Wie versorgt uns diese Gehirnmaschinerie, die wir im zweiten Kapitel kennengelernt haben, eigentlich mit den inneren Erfahrungen?

Wir haben tagtäglich Abertausende Gedanken. »Ich denke, also bin ich«, sagte einst Descartes … nachdenklich. Dieses innere Leben ist ein großer Teil unseres Menschseins, auch wenn uns diese Gedanken manchmal überfordern oder wir Zeit mit Meditations-Apps verbringen, um uns wenigstens fünf Minuten lang Ruhe zu verschaffen. Und dennoch ist es eigenartig schwierig, jemandem, oder uns selbst, die Gedanken und deren Ausprägung zu erklären.

Diese Stimme in deinem Kopf

Online stolpere ich regelmäßig immer wieder über die Idee des inneren Monologs, und sie wird irgendwie nicht überholt, was viel über unsere Faszination für all das aussagt. Es ist super spannend, mir die Kommentare anderer unter solchen Posts durchzulesen, weil sich unzählige Menschen in ihren detailreichen Beschreibungen darüber verlieren, wie sie ihre eigenen Gedanken, wie sie die Stimme in ihrem Kopf erfahren. Ich kann das alles so gar nicht, daher ist es ziemlich hilfreich, wenn ich immerhin für mich feststellen kann: »Ah, nee, so ist das bei mir echt gar nicht!« Ausschlussverfahren! Statt also eine entschiedene Meinung über meine Erfahrungen mit den Gedankenströmen in meinem Kopf zu haben, ist es für mich vielmehr eine Herausforderung, überhaupt herauszufinden, ob ich eine tatsächliche, vernehmbare Stimme im Kopf habe. Wenn ich also die Beschreibungen anderer lese, wie sie ihre Gedanken »laut hören«, stelle ich für mich fest, dass ich anscheinend doch gar keine innere Stimme besitze. Ich weiß einfach, was meine Gedanken sind, oder weiß vielmehr, was ich über manche Sachen denke, statt dass sich diese Gedanken wie ein tatsächliches Gespräch anfühlen.

Viele Menschen haben aber bereits von ihren wiederum völlig andersgearteten Erfahrungen berichtet. Ein kurioser, 2021 erschienener Artikel im *Guardian* zitiert eine Frau, schlicht »Claudia«, die anscheinend zwei verschiedene Stimmen in ihrem Kopf habe: ein feuriges, auffälliges, recht stereotypisch italienisches Pärchen, das sich miteinander streite, sobald sie vor einer Entscheidung stehen. Claudia hat weder Familie noch Freund:innen aus Italien, daher wisse sie nicht, woher dieses Pärchen komme. Vielmehr: »Italiener:innen würden daran wohl eher Anstoß finden.« Das klingt für mich nach einer Menge Ablenkung (und irgendwie auch Stress), aber sie findet es wohl entspannend, denn sie könne sich zurücklehnen und ihre Entscheidung fällen, über die das Pärchen ausführlich gekämpft habe: »Ich lasse sie all die Arbeit machen, damit ich mich davon nicht stressen lassen muss.«[1]

Vielleicht klingt deine innere Stimme auch je nach Situation anders – zum Beispiel hörst du vielleicht eine eher elterliche Stimme, die dich beim Anflug von Regenwolken an den Schirm erinnert. Gehörlose Menschen haben Wissenschaftler:innen wichtige Einblicke in die innere Stimme und deren Funktionalität gegeben. Manche, die hochgradig schwerhörig sind, haben angegeben, dass sie in Zeichensprache dachten, in geschriebenen Wörtern, mit Lippenlesen oder in Bildern (ich habe mich mal völlig in einem *Quora*-Thread verloren, in dem Menschen mit verschiedenen Graden an Hörvermögen darüber diskutierten, wie sie ihre innere »Stimme« empfanden, was ich dir wirklich sehr empfehlen kann, wenn du mehr darüber erfahren möchtest).[2]

So viele unserer Interaktionen mit der Welt basieren auf Sprache und Kommunikation, und, was vielleicht logisch ist, unsere innere Stimme spiegelt die »Art«, mit der wir am meisten kommunizieren, wahrscheinlich auch wider. In einer Studie, die mithilfe von Neuroimaging (eine Visualisierung der Hirnaktivität in Echtzeit) durchgeführt wurde, wurden bei Gebärdensprachler:innen, die sich »ihre« Sprache vorstellen sollten – oder, in anderen Worten, mit sich selbst innerlich gebärdeten –, dieselben Hirnregionen aktiviert wie bei Hörenden, wenn sie ihre innere Sprache vernahmen, obwohl das Gebärden als physischer Akt eigentlich in anderen Hirnregionen (jenen für visuell-räumliches Verständnis) stattfindet. Dies deutet darauf hin, dass das Denken in jeder Art von Sprache – also das innere Selbstgespräch – einen gemeinsamen neuronalen Pfad nutzt, unabhängig davon, *wie* man es tut.[3]

Bereits viele Menschen haben versucht, die Idee der inneren Stimme genauer zu erforschen – auch wenn das von Natur aus ein wahnsinnig schwieriges Unterfangen darstellt. Das zeigt jedoch, als wie zentral wir sie für unser Verständnis von uns als Individuen und unsere Erfahrungen mit der Welt ansehen. Denn letztlich können wir uns trotz all der Scans, des Equipments und des medizinischen Wissens da draußen immer noch nicht gegenseitig in den Kopf schauen, um zu sehen, was wir jeweils denken oder wie wir diesen oder jenen Gedanken erfahren. Das hat jedoch noch niemanden wirklich daran gehindert, es nicht wenigstens zu versuchen, und so wollten Wissenschaftler:innen den inneren Monolog einzelner Menschen vermessen. Eine systematische Untersuchung fand mithilfe der Experience-Sampling-Methode von Russell T. Hurlburt statt, einem klinischen Psychologen und Professor der Psychologie an der University of Nevada in Las Vegas. Dabei mussten die Teilnehmer:innen ihre »inneren Erfahrungen« an zufällig ausgewählten Zeitpunkten des gesamten

Tages wiedergeben. Dafür ging immer wieder ein Wecker (oder eine Benachrichtigung auf ihrem Handy) los, bei dem die Menschen alles stehen und liegen lassen sollten, um sofort aufzuzeichnen, was sie in diesem Moment fühlten oder dachten. Einer der wichtigsten Vorteile dieser Methode ist ihre Unmittelbarkeit – wenn dich zum Beispiel jemand fragt, wie du über etwas gestern Geschehenes denkst oder fühlst, dann wirst du es bereits bis zu einem gewissen Grad verarbeitet haben und dich somit bei der Antwort auch auf deine Erinnerung stützen. Da es aber bei dieser Methode um eine Abfrage in Echtzeit geht, bei der viele Daten von verschiedenen Teilnehmer:innen gesammelt wurden, konnten Psycholog:innen versuchen, Muster und Einblicke in unserer Denkweise herauszulesen.

Anhand der Daten aus seiner systematischen Untersuchung des Erlebens im Alltag schätzte Hurlburt, dass zwischen 30 und 50 Prozent der Menschen regelmäßig einen inneren Monolog erlebten, aber dass eben auch einige nie einen solchen hätten und ein paar wenige wiederum kontinuierlich einen Monolog wahrnähmen.[4] Allerdings kamen andere wissenschaftliche Methoden zu anderen Ergebnissen, wobei eine dieser Studien sogar nahelegt, dass die Menschen generell drei Viertel der Zeit einen inneren Monolog vernähmen. Ein Problem dabei scheint die Art der Fragestellung der Wissenschaftler:innen während der Studie zu sein. All das beweist nur wieder, dass es keinen Unterschied macht, wie weit wir mit den Neurowissenschaften schon gekommen sind, wie oft wir bei Menschen eine fMRI (funktionelle Magnetresonanztomografie) durchführen, um den Blutfluss zu verschiedenen Bereichen des Gehirns zu messen – das menschliche Bewusstsein ist und bleibt eine seltsame und schwer fassbare Sache. Es ist äußerst schwierig, das, was auch immer darin vorgeht, zu quantifizieren oder zu erklären. Das heißt aber, wie bei so vielem anderen, dem wir hier begegnen, nicht, dass wir keine Fragen stellen sollten. Fragen sind letztlich der einzige Weg, mehr über uns (persönlich) zu erfahren – warum? Wie fühlt sich das an? Geht es dir damit auch so? (Ich frage einfach weiter, auch wenn's super schwierig für mich ist, das Ganze selbst zu beschreiben!) Und das beziehe ich sowohl auf die Wissenschaftler:innen als auch die neugierigen Normalos unter uns, die einfach mehr darüber wissen wollen und Umfragen zum inneren Monolog auf Instagram ausfüllen.

Da du dieses Buch hier liest, gehe ich davon aus, dass du meine Faszination für das Thema zumindest ein wenig teilst. All das lässt sich irgendwie auf den Punkt der Neurowissenschaftlerin Herculano-Houzel, den ich bereits erwähnt habe, zurückführen: dass wir, zumindest, soweit wir wissen, die einzigen Tiere sind, die ihre Gehirne nutzen, um … unsere Gehirne zu untersuchen. Es mag unmöglich sein für uns, unsere Gedanken und deren vollständige Ausformung in Worte zu fassen, aber das hindert uns dennoch nicht daran, uns mit Themen wie dem inneren Monolog oder der inneren Stimme zu beschäftigen, um daraus etwas schlussfolgern zu können. Und dies dann auch mit anderen teilen zu wollen. Wir wissen, dass unseren Gedanken viel Kraft innewohnt, dass unsere Gedanken einen großen Teil dessen definieren, was uns ausmacht und welche Entscheidungen wir treffen, und Fragen wie »Hörst du deine Gedanken als Stimme in deinem Kopf?« sind nur einer von vielen Wegen, um das zu erforschen.

Stell dir einen Apfel vor

Es gibt noch ein weiteres, meiner Meinung nach spannendes Gedankenexperiment in diesem Bereich: das Konzept des »geistigen Auges«. Wenn du beim inneren Monolog auf eine Art deine Gedanken »hören« kannst, dann ist das geistige Auge sozusagen dafür da, dass du all das, was sich gerade nicht vor dir befindet, »sehen« kannst. Manche Menschen haben eine ausgeprägte visuelle Vorstellungskraft, so schilderten sie beispielsweise Träume, in denen sie ganze Szenen visualisieren konnten, die sie so aber ihrer Erinnerung nach nie im wahren Leben erlebt hatten, während andere berichteten, dass sie sich gar nichts bildlich vorstellen können, was unter dem Begriff der Aphantasie bekannt ist. Ich glaube, ich habe das. Wenn ich mich an Träume erinnere, wenn ich versuche, sie jemandem am Morgen zu beschreiben, dann kann ich zwar Begebenheiten nacherzählen, aber selbst dann sehe ich sie nicht vor meinem inneren Auge, ich weiß einfach nur, was passiert ist.

Wenn ich mir Beschreibungen von Aphantasie, wenn man also keine Bilder im Kopf heraufbeschwören kann, durchlese, dann ist das für mich ein guter Anhaltspunkt, um mir das Gegenteil vorzustellen, also wie die meisten von uns es wohl erleben. Aphantasie ist keine Erkrankung oder Behinderung, und, laut der Cleveland Clinic, schätzen Expert:innen, dass zwischen 2 und 4 Prozent der Menschen davon betroffen sind. Es kann vererbt worden, also bereits von Geburt an so sein. Menschen mit vererbter Aphantasie kann es aber gar nicht bewusst sein, dass sie davon betroffen sind, weil sie nicht wissen, dass andere tatsächliche Bilder vor dem geistigen Auge sehen. Vielleicht merkst du ja gleich, dass du einer dieser Menschen bist! Die erworbene Aphantasie wiederum, die erst später im Leben eintritt, hat meist einen identifizierbaren Grund, wie eine Verletzung am Gehirn, eine Krankheit oder ein psychisches Leiden. Es gibt zudem unterschiedliche Grade der Aphantasie, manche sehen so etwas wie Bilderblitze oder mühen sich förmlich ab, wenn sie Bilder erschaffen wollen.

Der Gedanke, wie sehr sich unsere Erfahrungen unterscheiden können, haut mich ein bisschen um. Es gibt ein klassisches Beispiel für das geistige Auge, in dem man sich einen Apfel vorstellt, falls du das auch mal probieren magst. Sagen wir mal, einen roten Apfel. Im Folgenden findest du eine Skala, nach der du bewerten kannst, was du »siehst«:

1. Du siehst den Apfel so, wie er wäre, wenn er vor dir liegen würde, super realistisch.
2. Er ist realistisch und einigermaßen plastisch.
3. Es ist ein einigermaßen klares Bild, vielleicht ein wenig verschwommen.
4. Du siehst eine verschwommene und vage Form, vielleicht eher eine Silhouette.
5. Es gibt kein Bild, du »weißt« einfach, dass du über einen Apfel nachdenkst.

Wenn du wie ich eine klare Fünf bist, dann könntest du Aphantasie haben. Wo befindest du dich auf der Skala? Kannst du dir einen Apfel vorstellen? Hat er Dellen und Flecken, oder ist er glatt und glänzend? Siehst du ihn allein, oder hängt er an einem Baum – siehst du dann auch die Äste? Sind die Farben realistisch und lebhaft oder eher blass? Wenn ich meine Augen schließe, sehe ich nur schwarz – ich fühle mich nicht, als würde ich wirklich einen Apfel sehen, ich ... weiß einfach, wie ein Apfel aussieht. Ist das für dich auch so, oder funktionieren unsere Gehirne unterschiedlich? (Schick mir gern, wenn du magst, eine Nachricht und erzähl mir davon!) Ich glaube, es kann schwierig sein, die eigene Erfahrung näher zu bestimmen, selbst wenn wir es auf ein so einfaches Beispiel herunterbrechen, und es ist noch viel schwieriger, wenn wir versuchen, zu verstehen, wie jemand *anderes* das geistige Auge oder den inneren Monolog erlebt.

Jetzt biege ich mal wieder kurz zu einem kleinen Exkurs ab: Eventuell habe ich beim Schreiben dieses Kapitels sogar etwas über mich selbst gelernt. Beim erneuten Lesen habe ich es noch mal versucht, habe meine Augen geschlossen und wieder und wieder versucht, mir einen roten Apfel vorzustellen. Und dann einen rosa Elefanten, für alle Fälle. (Weil mich all diese Wiederholungen des Worts Aphantasie an den Disneyfilm *Fantasia* denken ließen.) Ich hatte immer noch kein Bild vor Augen, aber sobald ich sie zum Weiterlesen geöffnet hatte, fühlte es sich so an, als könnte ich den Apfel sehen. Ich habe immer noch keinen Apfel vor meinem inneren *Auge*, aber es ist irgendwie anders, vielleicht eher ein leichtes geistiges Bild. Auf der obigen Skala bin ich immerhin von einer definitiven Fünf zu einer möglichen Vier gewandert. Glaubst du, das ist albern? Dann google mal »Aphantasie Augen geschlossen« und *wumms* – »Ein kleiner Teil der Menschen mit Aphantasie erleben es nur mit geschlossenen Augen. Etwas mehr als 15 % der Menschen mit Aphantasie ›sehen‹ Bilder vor dem geistigen Auge, wenn sie ihre Augen öffnen. Es ist unbekannt, warum das so ist.«[5] Interessanterweise beeinflusst die Aphantasie eventuell auch, wie Menschen ihre Erinnerungen abspeichern oder abrufen. So haben sie vielleicht Schwierigkeiten, auf ihr autobiografisches Gedächtnis zuzugreifen, also auf alles, was sie persönlich erlebt haben, weil sie es nicht vor dem geistigen Auge visualisieren können. Das klingt sehr nach meinen eigenen Erfahrungen: Ich habe ein absolut schreckliches Gedächtnis, wenn es um mein eigenes Leben geht. Außerdem könnte es auch mit der Neurodivergenz in Verbindung stehen, die … na, aber hallo. Das war jetzt eine kleine gedankliche Reise in Echtzeit – danke, dass du teilgenommen hast.

Über Gedanken nachzudenken, ist eine komische Erfahrung. Wenn man sich bewusst macht, was unser Gehirn alles Tolles zuwege bringt, so ist es doch ein wenig überwältigend, darüber zu grübeln, wie es das eigentlich tut.

Das Unterbewusstsein

Wenn wir uns die Kraft der Gedanken anschauen, wie sie unsere Entscheidungen und Gefühle beeinflussen, dann kann man einen bestimmten Mann schlicht nicht ignorieren: Sigmund Freud, der Erfinder der Psychoanalyse und ein Mann, der einen langen

Schatten auf die moderne Psychologie wirft. Ich finde den Gedanken, dass eine Person mit ihren Theorien einen so immensen Einfluss auf ein ganzes Feld haben kann, immer noch absolut verrückt. Wie mit Darwin und der Evolution. Das lässt mich gleich mal rätseln, wer jetzt wohl da draußen gerade an einer weltverändernden wissenschaftlichen Hypothese sitzen könnte.

Es gibt viel Kritik an Freuds Theorien. Seine Sicht auf Frauen, wie man bei der British Psychological Society lesen kann, war kontrovers, da er uns letztlich als »Männer ohne Penisse« angesehen hat. Er dachte, dass die Leben, Probleme und das Verhalten der Frauen zum Großteil von ihren Fortpflanzungsorganen beeinflusst würden.[6] Such dir allein schon bei den letzten paar Sätzen einfach irgendwas aus, was problematisch ist – aber das ignorieren wir jetzt erst einmal. Wir haben uns inzwischen in vielen Punkten fast so etwas wie weiterentwickelt seit Freuds Gründungstheorien, doch seine Schriften haben immer noch einen großen Einfluss auf viele Diskussionen und darauf, wie Psycholog:innen an bestimmte Fragen herangehen.

Freud hat seinen berühmten Artikel »Das Ich und das Es« 1923 veröffentlicht. Darin legte er das Konzept des Es – der primitive und instinktive Teil unseres Geistes, den er den »dunklen, unergründlichen Teil unserer Persönlichkeit« nannte – und des Ich – der gebildete, soziale, rationale Teil unseres Geistes – dar. Das Ich, so sagte er, vermittle zwischen dem Es und dem Über-Ich, unserem Moralzentrum, welches auch für unseren Sinn für Richtig und Falsch zuständig sei.

Nehmen wir mal an, du säßest in deinem Auto und jemand schnitte dir gefährlich den Weg ab. Dein Über-Ich könnte dann entsetzt darüber sein, dass sich jemand so rücksichtslos verhalten und anderer Leute Leben gefährden konnte, während sich dein Es, das jetzt ängstlich und wütend ist, wünschte, du würdest aus dem Auto springen und die Person anschreien. Dein Ich (das sich dessen bewusst ist, dass Schreien und Toben auf der Straße kein salonfähiges Verhalten ist) wiederum denkt über die Informationen nach und entscheidet dann, was zu tun ist: Dein Es beruhigen, von dessen Instinkt abbringen, um dann selbst in die Handlung zu kommen, beispielsweise durch ein Ausweichmanöver weg von dem schlechten Fahrer, wenn man an der nächsten Ampel erneut auf ihn trifft.[7]

Auch wenn es nicht ursprünglich seine Idee war – das hat Wissenschaftler:innen und Philosoph:innen längere Zeit geärgert –, so sind doch das Bewusstsein und Unterbewusstsein der Grundstein von Freuds Theorien. Das Ich, Es und Über-Ich sind damit verbunden, auch wenn sie nicht direkt eine Rolle dabei spielen – prinzipiell arbeitet das Es unterbewusst, das Ich ist das Bewusstsein und das Über-Ich beides. Freud hat bekanntermaßen gern einen Eisberg als Metapher für seine Sicht auf die »Ebenen« des Geistes herangezogen. Das sichtbare Stück Eisberg über der Wasseroberfläche ist das Bewusstsein. Darauf konzentrieren wir uns; davon wissen wir, dass wir es denken. Direkt unterhalb der Wasseroberfläche befindet sich das Vorbewusste, also im Grunde unsere Erinnerungen. Du denkst nicht andauernd über diese Sachen nach, aber du kannst darauf, wenn du möchtest, jederzeit zugreifen. Welche Farbe hatte zum Beispiel die Tür des Hauses, in dem du aufgewachsen bist? Diese Info war (wahrscheinlich!) irgendwo in deinem Vorbewussten versteckt, bis ich dich danach gefragt habe, womit sie dann zu einem bewussten Gedanken wurde. Und ganz zum Schluss haben wir noch das Unterbewusste, ganz weit in der Tiefe, abgetaucht. Freud glaubte, dass dort all unsere Urgelüste, -motivationen, -ängste und -impulse leben würden. Er glaubte zudem, dass dies der wichtigste Teil unseres Geistes sei.[8]

Freud interessierte sich für die Idee des Unterbewusstseins als dynamischen Prozess, bei dem bestimmte Gedanken im Begriff sind, fast schon aus dem Bewusstsein zu verschwinden, weil wir sie verdrängt haben. Diese Theorie der »verborgenen Gedanken« – die sich vor allem auf verdrängte Kindheitserinnerungen konzentriert – kann zwar gut und gern die Grundlage für die Psychoanalyse darstellen, aber die meisten Expert:innen der modernen Psychologie und Psychotherapie würden unterdrückte Erinnerungen inzwischen selten als Hauptgrund jeglicher oder gar aller psychologischen Probleme einer Person heranziehen – auch wenn wohl viele zustimmen würden, dass sie immer noch eine Rolle in dem komplexeren Überbau der individuellen Psyche spielen. Ein mögliches Argument gegen die Bedeutung von verdrängten traumatischen Erfahrungen (also die, an die wir uns nicht mehr erinnern) ist, dass die Amygdala in dem Moment, in dem etwas Erschreckendes passiert, das Ruder übernimmt und sich der Hippocampus – der für die Schaffung von Erinnerungen zuständig ist – dann gern zurückzieht. Deswegen können wir uns oft nicht klar und deutlich an ein Ereignis erinnern. Es ist dann nicht so, dass wir diese Erinnerung wirklich unterdrückt hätten, sondern unser Gehirn hat einfach keine hochauflösende Aufnahme davon gemacht.[9] Wie die Menschen, die nach einem Unfall sagen, dass sie sich nicht mehr so ganz an das Geschehene erinnern könnten ... Genau das meine ich. Dann wiederum gibt's aber natürlich auch die Menschen, die sich haarscharf an eine sehr schlechte Erfahrung erinnern können (die alles andere als unterdrückt wurde), es ist also offensichtlich uneindeutig, das Ganze.

Unabhängig davon, was du über die Bedeutung von unterdrückten Erinnerungen denkst, so ist es doch erstaunlich, dass diese jahrhundertalte Theorie immer noch die heutige Sicht mancher Menschen auf Therapien beeinflusst – dieses stereotypische »Erzählen Sie mir von Ihrer Kindheit« der Expert:innen therapeutischer Erforschung, wo man versucht, die vergangenen Erlebnisse mit den jetzigen Gefühlen und Verhaltensweisen in Einklang zu bringen. Ich selbst habe so eine Art Therapie nie gemacht, daher kann ich mir keine wirkliche Meinung dazu bilden, aber ich möchte hier, für alle, die es interessiert, festhalten, dass es noch viele andere Therapieformen gibt, bei denen man sich viel mehr auf das Hier und Jetzt, auf die aktuellen Denkprozesse konzentriert. Ich habe schon allzu oft erlebt, dass ein junger Mensch über eine Therapie nachgedacht hat, dann aber ein Elternteil sofort mit »Oh, na ja, all deine Probleme sind dann also meine Schuld!« reagiert hat. Das ist für mich das absolute Klischee einer Therapie, das wir im Fernsehen und den Medien zu sehen bekommen, welches Menschen letztlich daran hindert, sich Unterstützung zu holen, weil sie das Gefühl haben, sie müssten dann sofort ihr gesamtes Leben abspulen. Das ist aber generell wirklich nicht der Fall.

Offene Tabs

Die Info, dass unser Unterbewusstsein einen großen Einfluss auf uns hat, wird nichts wahnsinnig Neues für dich sein. Es geht halt nur nicht einfach bloß darum, dass du deine Erinnerung an den Tod deines Goldfischs in deiner Kindheit verdrängt hast. (Ich, wie ich mich an das Küchen-Aquarium-Massaker circa 1998 erinnere. Das war mal eine wirklich intelligente Katze.) Aus reiner Notwendigkeit heraus passiert eine ganze Menge in unserem Kopf, dessen wir uns nicht gewahr sind. Hast du schon mal davon gehört, dass wir nur 10 Prozent unseres Gehirns tatsächlich benutzen? Na ja, das stimmt so nicht ganz. Wir benutzen wahrscheinlich alles davon, und das die meiste Zeit auf irgendeine Art und Weise.[10] Allerdings sind wir uns offensichtlich nicht immer im Klaren darüber, was unser Gehirn so im Schilde führt, selbst wenn wir diese »automatisierte Arbeit« überschreiben können – so sind wir in der Lage, zum Beispiel die Luft unter Wasser anzuhalten, auch wenn wir im Alltag nicht aktiv über das Atmen nachdenken.

Eine Menge Forschung wurde jahrzehntelang betrieben, um herauszufinden, *wie* bewusst wir uns der unterbewussten Gedanken und Einflüsse sind, die unsere Entscheidungen und unsere Verhaltensweisen prägen. Mit der Schlussfolgerung, dass unser Unterbewusstsein tatsächlich einen äußerst starken, wenn auch nicht immer ganz rationalen Einfluss auf unser kognitives Denken hat.[11] Auch das ist wohl keine riesige Überraschung. Obwohl also Freuds Theorien über das Unterbewusstsein in Teilen zerpflückt wurden, so haben doch kognitive und sozialpsychologische Experimente weiterhin seine Idee des unterbewussten Denkens sowie deren enormes Potenzial an Einflussnahme auf unsere Beurteilungen und Verhaltensweisen untermauert.

Nebst einer möglichen Schatzkammer voller unterdrückter Erinnerungen ist unser Unterbewusstsein auch für weitere hilfreiche Dinge zuständig, zum Beispiel kann es ein wertvolles Tool bei der Problemlösungsfindung sein, wenn du weißt, wie du es ein klein wenig gehackt bekommst. Dein unterbewusstes Gehirn löst im Hintergrund nämlich weiterhin Probleme, auch wenn du dich nicht mehr bewusst auf diese konzentrierst – und tatsächlich kann es daher hilfreich bei der Lösungsfindung sein, wenn du kurz weggehst und eine Pause von dem Problem machst. Beispielsweise habe ich mir angewöhnt, jeden Tag zu *versuchen*, das Kreuzworträtsel der *New York Times* zu lösen. (Kleiner Gruß an dieser Stelle an alle *Spelling Bee*-Menschen da draußen.) Ich kenne inzwischen das Muster, in dem ich ewig lang auf die Antworten starre, auf die ich noch nicht gekommen bin, aber mir einfach absolut gar nichts einfällt – kein Plan, keine Ahnung. Wenn ich aber die App schließe, weggehe und einige Stunden nicht darüber nachdenke, dann springen mich einige der Lösungen fast schon an oder ich habe eine Ahnung, in welche Richtung das, was mich vorher noch völlig verwirrt hat, gehen könnte, sobald ich wieder draufschaue. Stellt sich zudem doch tatsächlich heraus, dass ich damit in guter Gesellschaft bin, da immerhin Ernest Hemingway das gleiche Phänomen aufgefallen ist: »In diesem Zimmer lernte ich auch, von dem Augenblick an, da ich zu schreiben aufhörte, nicht an das zu denken, was ich schrieb, bis ich am nächsten Tag weitermachte. Auf die Weise arbeitete mein Unterbewusstsein daran [...].«[12]

Ich bin mir sicher, dass dir ein eigenes Beispiel für dieses Phänomen einfallen wird. Die Wissenschaft scheint meine liebevoll als die der »Offenen Tabs« bezeichnete Theorie zu unterstützen. Der Neurowissenschaftler David Creswell der Carnegie Mellon University führte mal ein Experiment durch, bei dem er dieses Phänomen untersuchen wollte, hinsichtlich der Abläufe im Gehirn, wenn Menschen Probleme angehen, die zu groß oder zu kompliziert für unser bewusstes Denken sind. Er verglich dabei Gruppen von Menschen miteinander, die darum gebeten wurden, das richtige Auto nach bestimmten Kriterien auszuwählen. Die Gruppen mussten entweder sofort die Aufgabe lösen, bekamen die Möglichkeit, sich ein wenig Zeit für die Lösung zu nehmen, oder bekamen die Informationen, aber mussten dann weggehen und eine »Ablenkungsaufgabe« erledigen (etwas, das ihre Aufmerksamkeit auf sich zog, aber dem Unterbewusstsein weiterhin die Möglichkeit für den Lösungsprozess im Hintergrund ließ). Diese dritte Gruppe schloss die Aufgabe deutlich besser in Bezug auf ihre finale Entscheidung ab als die anderen. Als diese Ergebnisse mithilfe von fMRI-Scans (die habe ich bereits erwähnt; damit können Ärzt:innen die Gehirnaktivitäten messen, indem sie den Blutfluss in bestimmten Gehirnarealen in Echtzeit beobachten) näher untersucht wurden, konnte Creswell zeigen, dass die Gehirnregionen, die aktiviert wurden, als das Problem ihnen am Anfang präsentiert wurde, weiterhin aktiv blieben, auch wenn die Teilnehmer:innen mit einer anderen Aufgabe abgelenkt wurden.[13] Creswell und sein Team nutzten in dem Artikel über das Experiment und dessen Ergebnisse den Begriff der »unbewussten neuronalen Reaktivität«, um diese Art Hintergrundprozesse zu beschreiben, wobei »neuronale Reaktivität« den Prozess bezeichnet, in dem neuronale Muster, die durch eine frühere Erfahrung oder Erinnerung gebildet wurden oder damit verbunden sind, während nachfolgender damit verbundener Aktivitäten oder Ruhephasen reaktiviert werden.

Ich liebe dieses Konzept und die Tatsache, dass es von einem Experiment bestätigt wurde, da ich wirklich das Gefühl habe, dass mein Gehirn von der »unbewussten neuronalen Reaktivität« profitiert. Ich sage häufig so Sätze wie »Ich muss mal kurz weggehen und das eine Weile sacken lassen«. Vor allem dank meines ADHS versuche ich, mich flexibel auf mich einzustellen, wenn ich merke, dass ich die Grenze meiner Konzentrationsfähigkeit für eine bestimmte Aufgabe erreicht habe. Und jetzt, wo ich weiß, dass die Verarbeitung und Entscheidungsfindung in einem offenen Tab im Hintergrund weiterlaufen, fühle ich mich damit echt noch mal ein Stück besser! Es hilft selten, wenn man endlos auf ein leeres Blatt Papier oder ein scheinbar unlösbares Problem starrt, sondern es fühlt sich für mich eher wie eine Bestrafung als wie Produktivität an. Alle Autor:innen, mit denen ich mich unterhalten habe, und alle Ratschläge, die ich je gelesen habe, sagen das Gleiche: dass es nicht funktioniert, sich selbst zum Schreiben zu zwingen, wenn das Gehirn gerade nicht in die Richtung feuert. Ich weiß, dass das eine kleine Luxussituation ist, wenn man Aufgaben nach eigenem Belieben hin- und herschieben kann, weil ich meine eigene Chefin bin (ein Segen und Fluch zugleich, sag ich dir), aber das habe ich definitiv auch in der Vergangenheit so gehandhabt, selbst während der Schulzeit. Es kann wirklich hilfreich sein, wenn man ein paar Optionen in Bezug auf Aufgaben hat, die alle erledigt werden müssen. Wenn ich mit einer Sache nicht weiterkomme, kann ich zu einer anderen wechseln, statt meinen Kopf auf die Tischplatte zu hauen, weil ich schlicht feststecke oder nicht fertig werde, oder statt einfach aufzugeben, überhaupt noch etwas erledigt zu bekommen, was mich nur mit einem beschissenen Gefühl zurücklassen würde. Auch das ist ein weiteres kleines Detail über unser Gehirn und seine Abläufe, das uns dabei hilft, durch den Tag zu kommen, und dabei, uns weniger selbst zu kasteien.[14]

Gewohnheiten

Die Bildung von Gewohnheiten ist ein weiterer Bereich, in dem es nützlich ist, sich die Funktionsweise unseres Unterbewusstseins klarzumachen, sodass wir es zu unserem Vorteil hacken können und uns nicht selbst geißeln müssen, wenn wir unsere Vorhaben nicht schaffen. Wir werden das in vielen verschiedenen Formen sehen, aber das Überraschendste an unserem erstaunlichen und leistungsfähigen Gehirn ist vielleicht, dass es von Natur aus ein bisschen... faul ist. Fairerweise muss man aber sagen, dass sich darin allerdings auch Effizienz finden lässt.

Aus evolutionärer Sicht sind unsere Körper tendenziell zum Energiesparen programmiert. Energie ist teuer – je mehr wir verbrauchen, desto mehr Zeit und Ressourcen benötigen wir, um uns genug Essen und Trinken zu sichern. Vor allem in unserer Vergangenheit als Höhlenbewohner:innen hatten wir nicht unendlich viel Energie zur Verfügung, wir mussten sie also bestmöglich nutzen, um unser Überleben zu gewährleisten. Das könnte uns jetzt beim Verständnis dessen helfen, warum uns die Etablierung positiver Gewohnheiten, die Energie von uns verlangen, so unfassbar schwerfällt. Der an der Harvard University forschende Evolutionsbiologe Daniel E. Lieberman hat ein Buch über dieses Thema geschrieben, mit einem Fokus auf Sport. Er erklärte in einem Gespräch mit der *Harvard Gazette*: »Alles in allem hat die Menschheit diese tief sitzenden Instinkte, unnötige physische Aktivitäten zu vermeiden, weil genau das bis vor Kurzem noch von Vorteil war. Jetzt aber werden Menschen als faul abgetan, wenn sie keinen Sport treiben. Das sind sie aber nicht. Sie sind schlicht normal.«[15]

Ich muss zugeben, angesichts dieser Information fühle ich mich echt besser. Der Sinn von Liebermans Buch, und tatsächlich auch dieser Ausführungen hier, war aber nicht, uns aus der Verantwortung zu nehmen, sondern sollte vielmehr die Verhaltensmuster erklären, damit wir sie erkennen und zu unserem Vorteil überwinden können. Es ist eine reine Zeitverschwendung, wenn wir sauer auf uns selbst sind, weil wir mal keinen Bock aufs Joggen, Journaling oder Bettmachen haben – oder was auch immer Positives du dir gerade angewöhnen möchtest. Wir befinden uns aber nicht mehr in der Steinzeit, und es ist super, wenn wir diese Angewohnheiten mit einem positiven Effekt in unserem Leben etablieren, sei es zu unserem körperlichen oder geistigen Nutzen.

Unsere Gehirne unterscheiden sich in Bezug auf Energieeinsparungen nicht viel von unserem restlichen Körper, und daher automatisieren wir wahnsinnig gern Prozesse. Wir wollen nicht jedes Mal bewusst an etwas denken müssen, wenn es genauso gut auch unterbewusst ablaufen kann. Gewohnheiten repräsentieren laut Alana I. Mendelsohn von der psychiatrischen Abteilung der Columbia University in New York »ein grundlegendes Paradox der menschlichen Erfahrung: trotz unseres Gefühls der Kontrolle und Zweckmäßigkeit in unserem Leben wird ein erheblicher Teil unseres Tagesablaufs von Gewohnheiten bestimmt.«[16] Wir sind entscheidungswillige Maschinen, aber viele unserer Handlungen werden nicht bewusst gewertet und entschieden. Wir erledigen sie, ohne uns groß Gedanken darüber zu machen. Das schaufelt wunderbar Kapazitäten für kompliziertere und wichtigere Aufgaben im Gehirn frei, aber kommt uns in die Quere, wenn wir etwas machen (sollen), worauf wir keinen Bock haben.

Aus neurologischer Sicht werden die dazugehörigen neuronalen Verbindungen mit jeder wiederholten Ausführung der Gewohnheit gestärkt. Mit der Zeit werden diese Nervenbahnen immer effizienter und das Verhalten immer automatischer.[17] Das soll natürlich nicht heißen, dass sich das Bewusstsein gar nicht mehr reinhängen muss – du hast die Gewohnheit des Zähneputzens vorm Schlafengehen in deiner Kindheit so sehr eingetrichtert bekommen, dass du es jetzt wahrscheinlich nur noch äußerst selten vergisst. Du musst es dir nicht mehr aktiv vornehmen oder dir ein Post-it an den Badspiegel als Erinnerung kleben. Es fühlt sich nicht wie ein großer Aufwand an, weil du dich so sehr daran gewöhnt hast, dennoch ist ein bestimmter Anteil der bewussten Kontrolle und der Beschlussfassung immer noch involviert. Falls du, während du das hier liest, gerade mit deiner mentalen Gesundheit zu kämpfen hast und sich das Zähneputzen wie eine enorme Anstrengung anfühlt, dann sei dir sicher: Ich weiß von deinem Struggle! Mir ging es auch schon so, und es wird definitiv besser, wirklich. Halte durch! ❤

Gewohnheiten setzen stark auf Anreize – etwas außerhalb deines Kopfes, das den Prozess in Gang bringt. Sie sind oft mit bestimmten Kontexten oder Situationen verknüpft. Das Unterbewusstsein lernt, diese bestimmten Umfelder, Tageszeiten oder Gefühlslagen mit einer Gewohnheit zu assoziieren. Wenn diese Anreize dann unterbrochen werden, wird dein Gehirn vielleicht nicht dazu angestoßen, dieselbe automatische Verhaltensweise zu starten. Nehmen wir beispielsweise einen Urlaub, wo man an einem anderen Ort ist, nicht der gewohnten Schlafroutine nachgeht – ist es dir da auch schon passiert, dass du normalerweise ganz automatisierte Aufgaben, die du sonst ohne großes Nachdenken machen würdest, vergessen hast, wie das Zähneputzen (um noch mal auf das Beispiel zurückzukommen) oder deine Kontaktlinsen? Oder bist du schon mal ohne Schlüssel aus dem Haus gegangen, weil die Tür nicht zu war oder du deine Hand nicht wie üblich vorher auf die Klinke gelegt hast? Etwas war anders, und deine üblichen Abläufe wurden unterbrochen. (Ich weiß, dass ich vergessen werde, meine Nahrungsergänzungsmittel zu nehmen, wenn ich mir nicht gleich als Erstes morgens eine

Tasse Tee koche.) Oder wie ist es mit dem verwirrenden Gefühl, wenn du in einem Land bist, wo man auf der anderen Seite fährt? Wenn du dann eine Straße überqueren willst, musst du aktiv deinen Kopf in die andere Richtung als sonst drehen, um nach dem Verkehr zu schauen. Das macht einen echt kirre.

Die Basalganglien sind der Teil des Gehirns, der Gewohnheiten automatisiert,[18] sie gehören zum limbischen System. Aus evolutionärer Sicht ist dies der älteste Teil des Gehirns – vielleicht hast du schon mal gehört, wie jemand es als Reptilien-, primitives oder Tiergehirn bezeichnet hat. Die Amygdala und der Hippocampus sind dort auch zu Hause. So wie der »Kampf-oder-Flucht«-Impuls losgetreten werden und ohne vorherige Absprache mit dem präfrontalen Kortex reagieren kann, so machen die Basalganglien oft auch einfach ihr eigenes Ding. Daher können wir also unbewusst Gewohnheiten ausführen, ohne bewusst vorher über sie nachzudenken.

Charles Duhigg nennt diesen Impuls, der einen zu einer gewohnten Tätigkeit veranlasst, in seinem Buch *Die Macht der Gewohnheit* den »Auslösereiz«, die Reaktion, also die gewohnte Tätigkeit, die »Routine«, und den Grund für das Ganze – also das, was du dadurch erreichst – die »Belohnung«. Wenn dein Gehirn eine solche in Form von Dopamin erhält, dann verstärkt dies das Ganze, stabilisiert diese Nervenbahnen weiter und lässt uns in Zukunft noch eher auf diesen Auslösereiz reagieren. Das Wissen darüber ist tatsächlich ganz praktisch, wenn es darum geht, bestimmte Muster zu erschaffen oder zu durchbrechen, da wir echte Gewohnheitstiere sind. Tatsächlich finden wohl 45 Prozent unserer Aktivitäten an den meisten Tagen am selben Ort statt, so stellt es das Paper »Habits – A Repeat Performance«, das auf der Experience-Sampling-Methode basiert, fest.[19] Wie also bekommen wir unseren präfrontalen Kortex dazu, seine Aufmerksamkeit auf so etwas zu lenken und zu intervenieren, wenn die Basalganglien mal wieder fröhlich dasselbe eingeschliffene, aber wenig hilfreiche Verhalten an den Tag legen? Oder dazu, unsere Basalganglien mal zu bitten, endlich eine neue, wünschenswerte Gewohnheit zu etablieren?

Laut Verhaltenspsycholog:innen liegt der Schlüssel in der Unterbrechung des Reiz-Routine-Belohnung-Kreislaufs. Wenn du zum Beispiel zu einem Glas Wein oder einer Runde Online-shopping nach einem stressigen Arbeitstag tendierst, aber dieses Verhalten eigentlich reduzieren möchtest, dann würdest du in einer idealen Welt den Stress (den Reiz) entfernen. Allerdings dürfte es eine ganz andere Art Stress auslösen, wenn du plötzlich ohne Job dastehst... Du könntest aber die Routine durchbrechen, zuerst, indem du gar nicht zum Kühlschrank/Laptop läufst, den Gegenstand entfernst oder die Versuchung gänzlich loswirst. Allerdings wird das nicht dein Belohnungszentrum im Gehirn zufriedenstellen, das jetzt wie eine Katze neben der leeren Schüssel steht und auf das ihrer Meinung nach jetzt fällige Abendessen wartet. Das ist der Punkt, an dem du versuchen wirst, eine andere Dopaminquelle statt des Sauvignon Blanc oder des limettengrünen T-Shirts, das du eh nie tragen wirst, zu finden: ein Telefonat mit einer Freundin, eine Runde zocken oder in die Badewanne gehen etc.

Dasselbe Prinzip gilt übrigens auch, wenn du einen neuen Gewohnheitskreislauf in deinem Leben etablieren möchtest. Es ist nervig, wenn du das Gefühl hast, das Ergebnis an sich sollte eine gute Belohnung darstellen, aber du bekommst es einfach nicht gebacken, die Gewohnheit herzustellen. Beispielsweise weißt du sicherlich, dass du dich danach gut fühlen wirst, wenn du zur Mittagspause eine Runde raus- und spazieren gehst, aber irgendwie kommt es nie dazu. *Warum, Gehirn, waruuum?* In diesem Fall wissen wir inzwischen über Gewohnheitskreisläufe, dass wir die Belohnung in dieser Gleichung noch weiter ausbauen müssen. Sagen wir mal, dass du einen wirklich guten Podcast für dich entdeckt hast, den du dir *nur* anhörst, wenn du während der

Mittagspause spazieren gehst. Das Dopamin strömt, die Nervenbahnen wurden gestärkt, du verknüpfst »gehen« mit »gut fühlen«, die Tageszeit mit einer Handlung, und nach einer Weile wirst du feststellen, wie du ganz automatisch aufstehst und dir um 13 Uhr deine Jacke schnappst, ohne groß darüber nachzudenken.

Warum wir Muster so lieben

Interessanterweise sind einige der anderen Aufgaben der Basalganglien die Emotionsbildung, die Erstellung von Erinnerungen und die Mustererkennung.[20] Letzteres mag eher wie eine Aufgabe in einem IQ-Test oder eine lustige Denksportaufgabe klingen, aber tatsächlich ist es wirklich wichtig.

Wir lieben Muster. (Und dabei rede ich nicht nur über meine Vorliebe für Gestreiftes.) Es ist wichtig und hilfreich, wenn wir verstehen, wie sehr wir sie lieben, und das aus verschiedenen Gründen. Erstens, und am einfachsten, ist die Tatsache, dass sich unsere Gehirne zu ihnen hingezogen fühlen und sie uns ein Gefühl der Sicherheit suggerieren. Ist doch klar, dass wir es lieber mögen, wenn wir etwas verstehen und wissen, was als Nächstes passiert, oder? Wir lieben so Sprichwörter wie »Abendrot, Schönwetterbot – Morgenrot, schlecht Wetter droht« und Polizeiserien, in denen wir versuchen, die Hinweise zu entdecken, beruhigt darüber, dass der Böse am Ende gefangen und festgenommen wird. Tatsächlich sind wir sogar so gut darin, Muster zu erkennen, dass wir auch unvollständige »lesen« und die Lücken in unserem Kopf füllen können:

F hl nd B chst b n in e n m S tz h nd rn d ch n cht dar n, d es n S tz zu v rst h n.

Du hast vielleicht einen Augenblick gebraucht, aber es dann, wahrscheinlich doch kapiert, oder? Und ist dir aufgefallen, dass nur Vokale gefehlt haben? Ein Sternchen für dich – du hast ein Muster erkannt. Ein M st r. Menschen sind sehr gut darin, im Kopf Lücken für ein vollständiges Bild zu füllen. Und wir können zudem Informationen rausfiltern, die irrelevant sind – oder, entscheidender, die wir für irrelevant *halten*.

Mustererkennung ist ein wichtiger Teil dessen, was unsere kognitiven Fähigkeiten von denen anderer Säugetiere abhebt. Neugeborene Babys werden sofort von Gesichtern oder gesichtsähnlichen Mustern angezogen,[21] und die Forschung hat sogar zeigen können, dass selbst Föten im letzten Trimester, die sich noch *im Bauch* befinden, also mit eigenen Augen noch keinerlei Gesichter gesehen haben, bereits gesichtsähnlichen Mustern zugetan sind,[22] was impliziert, dass diese Reaktion genetisch vorbedingt ist. Viele Tiere lernen, Aspekte ihres physischen Umfelds und sich gegenseitig wiederzuerkennen, und anhand dieser Informationen Entscheidungen zu fällen beziehungsweise die nahe Zukunft vorherzusehen. Unser präfrontaler Kortex wurde mit der Zeit unser bestes Skill. Wenn du mal darüber nachdenkst: Was ist denn schließlich Wissenschaft, wenn nicht die Suche nach Mustern, die wiederum in Gesetze oder Fakten übersetzt werden, die uns helfen, die Welt um uns herum zu verstehen?

Ganz früher war es das Sicherste, die Höhle nicht zu verlassen, weil wir eine Verbindung zwischen der Bärenscheiße vor dem Eingang und der Anwesenheit von Bären festgestellt hatten, oder es war sicherer, wenn wir das Blatt lieber nicht aßen, weil es ein wenig so aussah wie jenes, das Urgg vergiftet hatte. Es erleichterte das Denken und Verständnis, wenn man Muster erkannte, es half uns, potenziell tödliche Gefahren zu vermeiden, und verlegte einen Teil der Arbeit ins Unterbewusstsein, das dank vorheriger Erfahrungen unser Verhalten beurteilen und anleiten konnte. Das war so übel effektiv für uns als Spezies, dass es im Verlauf unserer

Evolution zu einer Art Baustein unserer Gehirnfunktionsweise wurde. Laut einem Paper im Journal *Frontiers in Neuroscience* »reicht die SPP [superior pattern processing (überlegene Mustererkennung, Anm. d. Übers.)] aus, um viele der höheren Gehirnfunktionen wie Kreativität, Vorstellungskraft, Sprache und magisches Denken zu erklären.«[23] Wenn man mal darüber nachdenkt, dann stellt man fest, dass fast alles von dem, bei dem wir wissen, wie wir es tun müssen, letztlich das Erkennen und Wiederholen von Mustern ist…[24]

Allerdings ist unser Gehirn alles andere als perfekt. Von den Tausenden Entscheidungen, die es täglich (bewusst oder unbewusst) für uns treffen muss, sind manche einfach schlecht. Erinnerst du dich an die Aussage, dass Korrelation nicht gleich Kausalität bedeuten müsse? Darüber haben wir im Kontext der Studie um die »traurigen Vegetarier:innen« nachgedacht. Anders formuliert kann es eine starke Verbindung zwischen zwei Sachen geben, die auch oft zeitgleich passieren können, die aber nicht unbedingt etwas miteinander zu tun haben müssen. So ist es möglich, dass beispielsweise parallel zu den Eisverkäufen auch die Kriminalitätsrate ansteigt. Es gibt keine Verbindung zwischen beiden – oder zumindest keine, die irgendwer erkennen könnte –, aber beide steigen jeweils an, wenn es wieder wärmer wird. Mustersehen (*patternicity*, Anm. d. Übers.) oder Apophänie (beides geniale Wörter) bedeutet, dass man Muster sieht, die es nicht gibt. Falls du mit Schizophrenie leben musst, dann durchlebst du eventuell eine starke Form dessen. Aber wir alle haben das manchmal – von Wissenschaftler:innen bei der Analyse von Ergebnissen über Verschwörungsanhänger:innen, die überall Hinweise sehen, die nicht da sind, hin zu einer verbrannten Scheibe Toast, die ein wenig so aussieht wie Kate Winslet.

Das Bias-Problem

Eins der Nebenprodukte dieser evolutionär veranlagten Fähigkeit beziehungsweise dieses Bedürfnisses, Muster zu erkennen, ist der kognitive Bias. Dieses Konzept wurde 1972 das erste Mal von Amos Tversky und Daniel Kahneman (dem wir später noch mal begegnen werden) vorgestellt. Wir glauben, dass wir uns gerade absolut logisch und nach der Faktenlage vor uns verhalten, ohne dabei zu erkennen, dass unser Denken fehlerhaft oder auf irgendeine andere Art löchrig ist. Wir haben einen Fehler im System, aber sehen das nicht. Es gibt verschiedene Arten des kognitiven Bias,[25] wie:

- **Bestätigungsfehler** (*Confirmation Bias*). Dieser dürfte der bekannteste sein. Wir achten auf die Fakten, die zu dem Muster passen, das wir bereits kennen oder an das wir glauben, und ignorieren dabei alles, was unseren bestehenden Glauben untergraben könnte.
- **Rückschaufehler** (*Hindsight Bias*). Wir schauen zurück auf ein vergangenes Ereignis und denken, dass es davor schon unausweichliche oder vorhersehbare Indikatoren dafür gegeben haben muss, die auf uns gewirkt haben mussten. Obwohl wir zu dem Zeitpunkt keinerlei Hinweise dafür hatten oder hätten haben können.
- **Versunkene-Kosten-Falle** (*Sunk-Cost Fallacy*). Spielsüchtige schauen oft mit diesem Bias auf ihre Verluste. Wir setzen einen so großen Fokus auf unsere bereits getätigten Investitionen in etwas, dass wir dann nicht mehr den tatsächlichen Wert oder Nutzen einer Fortführung des Projekts beurteilen können. Du könntest das beispielsweise auch bei einer schlechten Beziehung denken, weil du ja nun mal schon so viel Zeit in sie gesteckt hast.
- **Glorifizierungseffekt** (*Halo Effect*). Dieser Bias besagt, dass deine Gefühle gegenüber einer Person auch deine Einschät-

zung ihrer Persönlichkeit oder moralischen Werte beeinflussen. So zum Beispiel, wenn du jemanden triffst, den du so nett findest, dass du dir nicht vorstellen kannst, dass diese Person etwas Schlimmes gemacht haben könnte.

- **Dunning-Kruger-Effekt.** Es ist einfach, bei diesem Bias loszulachen, da er sich auf die überhöhte Selbsteinschätzung der eigenen Fähigkeiten oder Kompetenzen bezieht. Ich gehe aber davon aus, dass wir dem alle schon mal erlegen sind. Anscheinend denken 80 Prozent der Autofahrer:innen, dass sie überdurchschnittlich gut fahren würden.[26]

Ich möchte hier einfach darauf hinweisen, dass wir alle Bias haben. Sie lassen sich nicht vermeiden. Unbewusster Bias, oder unbewusste Voreingenommenheit, hören wir als Begriff ziemlich häufig, was in dem Sinne gut ist, dass es hilft, wenn man diese Schwäche des Systems kennt. Aber ich habe schon mal mitbekommen, wie es als Vorwurf genutzt wurde, als eine Art moralischer Fehler, was meiner Meinung nach nicht ganz passt. Wenn uns unsere Bias zu Vorurteilen oder gar ungerechtfertigten Unterstellungen führen, dann ist das nicht okay und muss ganz klar angesprochen werden. Aber unser Gehirn ist immer auf der Suche nach Abkürzungen, nach Mustern, und das resultiert gern in Bias. Das macht uns nicht gleich zu schlechten Menschen – vielmehr ist es wichtig, wie wir daraus lernen können, wie wir das erkennen und die Bias bewusst korrigieren können.

Unser wunderbares, komplexes Gehirn hat sich so entwickelt, dass wir damit ziemlich beeindruckende Sachen machen können – aber seine wichtigste Aufgabe, für das Überleben der Spezies, war es schließlich, uns vor Gefahren zu schützen. Also werden wir für manches eben übersteuern, werden wir Muster sehen, wo es keine gibt, werden uns bei unvollständigen Bildern rückversichern, die nicht die Realität widerspiegeln. Ich glaube nicht, dass wir uns dafür selbst kasteien müssen, und wir könnten auch gut und gern Erbarmen mit den anderen Menschen um uns und ihren unperfekten Gehirnen haben, die auch nur versuchen, sich durchs Leben zu schlagen, in einer Welt, die immer mehr Reize und Komplikationen für uns bereithält. Wenn wir aber ein wenig wissen, wie wir warum gepolt sind, dann gibt uns das meiner Meinung nach die Chance, einen Moment innezuhalten, um unsere instinktiven Reaktionen zu hinterfragen, dann, wenn nötig, eine Kurskorrektur vorzunehmen und uns selbst den neurologischen Zusammenhang für unsere »Fehler« vor Augen zu führen.

Erzähl mir eine Geschichte

Bis dato haben wir schon viel über die unterbewussten Prozesse gelernt, die in unseren Schädeln so vonstattengehen. Ich hoffe, du fühlst dich jetzt nicht zu sehr außer Kontrolle geraten, mit all dem, was dein Unterbewusstsein so macht, ohne den bewussten Teil deines Gehirns vorher zu fragen! In den nächsten Kapiteln werden wir uns anschauen, was passiert, wenn unser Gehirn mit anderen Gehirnen in die Interaktion geht, in Beziehungen, Communitys, online und in der Gesellschaft an sich. Davor möchte ich aber noch einen Aspekt der (un-)bewussten Prozesse abschließen, der meiner Meinung nach besonders interessant ist.

Ich habe bereits die Beliebtheit von Krimiserien erwähnt, wie unser Gehirn davon angezogen wird, dass wir uns mit dem Verlauf des Plots innerhalb dieses Genres auskennen. Oder mit dem jedes Genres, tatsächlich; ich persönlich mag Krankenhausserien. In der Tat gibt es laut Christopher Booker (was für ein perfekter Name bitte für einen Journalisten und Autor) nur sieben grundlegende Plots im Storytelling, und alle Romane, Filme, Fernsehnarrative usw. sind eine Variante oder Kombination dieser. Da gibt es zum Beispiel »die Suche«, bei der der Protagonist eine Reise durchlaufen muss, wie im *Zauberer von Oz* oder *Die Eiskönigin*.

Oder »die Wiedergeburt«, in der der Protagonist seine eigenen Fehler erkennen und sich bessern muss, wie in *Eine Weihnachtsgeschichte* oder *Und täglich grüßt das Murmeltier*. Einfallsreiches Storytelling ist einer der Schlüsselaspekte des Menschseins, der uns von anderen Spezies unterscheidet. Er ist wesentlich für unser Verständnis der Welt und ist letztlich eine kunstvolle Mustererstellung und -erkennung. Wenn wir also mal beim Schauen von einer Figur genervt sind, weil wir der Meinung sind, dass diese Person so niemals handeln würde, dann wurzelt unsere Frustration darin, dass sie nicht wie erwartet dem Muster entspricht.

Falls du jemals zur Therapie gegangen bist oder dich auch nur genug dafür interessiert und eingelesen hast, dann weißt du wahrscheinlich, dass dort oft ein Fokus auf das Aufdröseln der Geschichten, die wir uns (bewusst oder unbewusst) selbst erzählen, gelegt wird. Diese Geschichten helfen uns dabei, unser Leben, unsere Handlungen und das Geschehen um uns herum zu verstehen. Wir wollen Muster finden in dem, was wir tun, und wollen dafür Erklärungen – selbst wenn sie nicht die richtigen sind, so ist unser Gehirn der Meinung, falsche seien besser als gar keine. Wenn wir die Hände in die Luft werfen und uns fragen: »Warum bin ich nur so?«, welche Geschichten erzählen wir uns dann über uns selbst? Dass wir zu faul seien? Zu dumm? Sind die Menschen in unserem Umfeld in unseren Geschichten so viel besser als wir?

Die renommierte Psychotherapeutin Esther Perel spricht viel über die Wichtigkeit der Geschichten, die wir uns selbst erzählen. Sie sagt: »Wir nutzen unsere Geschichten als Erinnerungen, als Schutz und Vorsorge.«[27] Sie sind in der Lage, unsere Identität zu stärken und uns das Gefühl zu geben, dass wir etwas *können*, aber sie führen auch manchmal dazu, dass wir in der Vergangenheit stecken bleiben, wenn wir uns dieselbe Geschichte immer wieder erzählen, ohne je eine neue finden zu können, die die Erklärungen weiterentwickeln würde. Perel hat ein wunderbares Sprichwort: »Schreibe oft und überarbeite gut.«

Das ist ein super großes Thema, und unsere Geschichten sind natürlich etwas wahnsinnig Persönliches für uns alle. Wir mögen uns von Freuds Analyse des Ich, Über-Ich und Es weiterentwickelt haben, aber es besteht keinerlei Zweifel daran, dass unser Unterbewusstsein mit all unseren Bias und Mustererkennungen vor sich hin brodelt. Ob du dich nun gerade in Therapie befindest und das erreichen möchtest, oder ob es etwas ist, was dich einfach gerade interessiert, so ist es so oder so von großem Wert, sich der unglaublichen (aber von uns ungeahnten) Macht des Unterbewussten über unsere Geschichten gewahr zu sein.

In den Social Media wird manchen Nutzer:innen immer mal wieder vorgeworfen, dass sie »sich in den Mittelpunkt« von Situationen stellen würden, in denen es nicht wirklich um sie gehe, und manche Menschen werden dafür gefeiert, dass sie so eine »main-character energy« an den Tag legen würden. Die Wahrheit lautet, dass wir dafür ausgelegt sind, zuerst an uns selbst zu denken und uns selbst zu schützen. Das an sich macht uns aber noch nicht zu Egoist:innen, es ist nur so, dass viele der Sachen, die uns zu »guten« Menschen machen – sich um andere kümmern, sich in sie hineinversetzen, Gutes in der Welt tun wollen –, in irgendeiner sozialen Struktur verankert sind, aber nicht unbedingt in unserer Neurobiologie. Mit anderen Worten: Wir müssen diesen Kram zu einem Großteil lernen, und es ist, wie bei allem Erlernten, ein Prozess, es besteht also gut die Möglichkeit – man könnte sogar sagen, die Notwendigkeit –, dass wir Fehler machen, um wiederum aus ihnen lernen zu können.

Lass uns jetzt den Kopf verlassen – unsere Gedanken, unser Bewusstsein und Unterbewusstsein, unsere Vorstellungskraft in Bezug auf Äpfel – und uns stattdessen fragen, was passiert, wenn unser Gehirn mit anderen Gehirnen in Kontakt kommt…

4

»Knowing Me, Knowing You«?

»Die Hölle, das sind die anderen«, schrieb der französische Philosoph Jean-Paul Sartre.

»Niemand ist eine Insel«, schrieb der englische Dichter John Donne.

»Ich geh kurz aufs Klo!«, log ich, wenn ich mal etwas Zeit alleine brauchte.

Menschen brauchen andere Menschen. Wir sind von Natur aus soziale Tiere, und unsere Beziehungen haben einen erheblichen Beitrag zu unserem Überleben geleistet. So funktioniert Evolution eben. Stämme = besser für deine Lebenserwartung als Alleinsein. Aber deshalb kommen wir nicht immer miteinander aus. Wenn wir das große Ganze mal kurz beiseiteschieben – also die lange Menschheitsgeschichte voller Streite und Kriege –, kann es schon allein schwer genug sein, Beziehungen mit den Personen in unserem direkten Umfeld einzugehen und aufrechtzuerhalten. Und dabei haben wir noch gar nicht bedacht, wie Communitys und größere Gruppen gemeinsam funktionieren – oder auch nicht.

Wie also bringt unser Gehirn uns dazu, Beziehungen mit unseren Mitmenschen einzugehen? Oft sagen wir zum Beispiel, wie gut es sich anfühlt, von jemandem »gesehen« zu werden, aber was genau macht dieses Gefühl eigentlich aus, und warum ist es uns wichtig? Die Welt hat sich dermaßen verkompliziert, seitdem die frühe Menschheit herausgefunden hat, dass man mithilfe von Kooperation in größeren Gruppen zusammenleben kann. Ist unser Gehirn mit Social Media und der konstanten und krassen Einforderung unserer Aufmerksamkeit gewachsen? Kann die Wissenschaft erklären, warum wir uns zwar meist verstehen können, aber manchmal auch so wahnsinnig missverstehen?

Die Dunbar-Zahl

Vielleicht hast du schon einmal gehört, dass ein Mensch höchstens 150 soziale Beziehungen aufrechterhalten könne. Angeblich entspricht das dem Maximum unseres mentalen »Stamms«, danach ist unsere innere Mailbox voll. Falls du dich fragst, woher diese Zahl eigentlich kommt: Sie wurde von einem Anthropologen der Oxford University namens Robin Dunbar vorgeschlagen. Als Dunbar und sein Team 1993 die Größe von Personengruppen und Netzwerken erforschten – in angelsächsischen Dörfern, Jäger- und Sammlergesellschaften, Militäreinheiten, an modernen Arbeitsplätzen –, stießen sie immer wieder auf die 150 und entwickelten so die Dunbar-Zahl: die Menge stabiler Beziehungen, die Menschen zu einer Zeit kognitiv aufrechterhalten können.[1] Als Beispiel für den gesellschaftlichen Einfluss dieser Anzahl auf ein Individuum gilt die Beobachtung, dass Menschen mit größeren Familien weniger Freundschaften pflegen, weil sie schon sehr viel »Kapazität« darauf verwenden, ihre innerfamiliären Beziehungen aufrechtzuerhalten.[2]

Wie sich immer wieder zeigt, liebt unser menschliches Gehirn akkurate Erklärungen und genaue Zahlen, also überrascht es kaum, dass die Dunbar-Zahl als einfach zitierbarer »Fakt« in die Populärkultur übergegangen ist. Schaut man sich die Theorie allerdings genauer an, gibt es relativ viel Puffer um diese magische Zahl – und auch bei der Definition einer »bedeutungsvollen« sozialen Beziehung (Dunbar selbst nutzt diesen Begriff nicht, trotzdem ist die Definition eine wichtige Frage, der wir uns später widmen werden). Laut Dunbar liegt der Durchschnitt bei 150, auch wenn einzelne Personen zu 100 bis 250 sozialen Beziehungen fähig sind. In seinem 2021 erschienenen Buch *Friends: Understanding the Power of Our Most Important Relationships* erklärt er, diese Gesamtmenge solle eher in eine Reihe von Zahlen zerlegt werden, wobei konzentrische Kreise die verschiedenen Freundschaftsgrade repräsentieren. Diese reichen dann von »intimen« und »engen Freund:innen« im Mittelpunkt bis zu »Freund:innen« und sogar über die Dunbar-Zahl hinaus zu »Bekannten«. Im äußersten Kreis stehen dann »bekannte Namen«, von denen es durchschnittlich 1500 gibt.

Ich glaube, bei mir wäre das Ergebnis eines solchen Tests ziemlich niedrig. Obwohl ich meine Freund:innen aus tiefstem Herzen liebe, finde ich das Aufrechterhalten von Freundschaften – also so Grundlegendes wie in Kontakt zu bleiben und sicherzugehen, dass wir erst kürzlich gesprochen haben – ziemlich anspruchsvoll, je nachdem, wie fordernd andere Bereiche meines Lebens gerade sind. Ich kenne so viele Leute, die scheinbar ständig mit unzähligen Freund:innen schreiben, die immer auf dem neuesten Stand sind, immer wissen, was bei allen los ist ... und trotzdem hängen sie nicht den ganzen Tag am Handy. Das ist mir ein Rätsel. Es könnte daran liegen, dass ich nicht wahnsinnig gut darin bin, standardmäßig die Details meines Lebens zu teilen. So viel unserer täglichen Kommunikation scheint nur dazu zu dienen, anderen mitzuteilen, wen wir gesehen haben oder was wir gegessen haben oder was wir nächsten Mittwoch vorhaben – und ich nehme wohl einfach an, keiner würde sich dafür interessieren, weshalb ich den Ruf weghabe, niemandem je etwas zu erzählen. Dabei interessiert mich immer, was andere Leute aus ihrem Leben berichten. Aber ich schweife ab.

Es ist erwähnenswert, dass Robin Dunbars ursprüngliche Forschung, welche dieser Zahl ihren Weg ins öffentliche Bewusstsein gebahnt hat, erstmals in den 1990er-Jahren veröffentlicht wurde, als das Internet noch in den Kinderschuhen steckte und Social

Media weit entfernt waren. Seitdem haben viele weiterführenden Studien diese Ergebnisse untermauert, hinterfragt oder vertieft, um herauszufinden, wie die Dunbar-Zahl zu unserer heutigen hypervernetzten Welt passen könnte. Vielleicht wird es dich überraschen, dass die Zahl, grob gesagt, immer noch Bestand hat. Interessant ist auch, dass Entwickler:innen von Plattformen und Online-Welten weltweit mit der Dunbar-Zahl arbeiten. Ob dies beweist, dass sie ein völlig ortsunabhängiges und fundamentales Prinzip der Funktionsweise von menschlichen Netzwerken darstellt oder doch eine selbsterfüllende Prophezeiung ist – weil wir Neues auf Grundlage bestehenden Wissens designen, ganz egal, ob es stimmt oder nicht –, weiß ich nicht. Aber wir können die Dunbar-Zahl scheinbar nicht ignorieren, wenn wir unsere Fähigkeit zu zwischenmenschlichen Beziehungen hinterfragen.

Warum sind Beziehungen so wichtig?

Als Nächstes sollten wir uns vielleicht fragen, warum uns ein soziales Netz so wichtig ist. Und was bedeutet das wiederum für die Herausforderungen unseres Alltags, wenn wir beispielsweise versuchen, mit unseren Freund:innen in Kontakt zu bleiben, uns nicht mit ihnen zu streiten oder sogar neue Freundschaften zu schließen?

Wie die Evolutionstheorie besagt, war es entscheidend für den Erfolg unserer Spezies, soziale Gruppen zu bilden. Die meisten Primaten leben in Gruppen – der Rote Stummelaffe auf Sansibar lebt in Gemeinschaften von 12 bis 150 Individuen (wie wir Menschen), und Mandrills können in sogenannten »Supergruppen« von bis zu 800 Affen leben, während Orang-Utans als »einzelgängerisch, aber kontaktfreudig« gelten. Die Menschheit hat das allerdings auf ein ganz neues Level gehoben, insbesondere wenn man die Entwicklung moderner Kommunikation mitbetrachtet. Erinnerst du dich noch, dass wir im zweiten Kapitel besprochen haben, wie wahnsinnig lernfähig unser menschliches Gehirn ist und wie wichtig das evolutionsbedingt war, um uns an neue Umgebungen auf der ganzen Welt anzupassen? Tja, man lernt ja nie aus, denn wenn man sein Wissen sowohl teilen *als auch* miteinander kooperieren kann, um es in Taten umzusetzen, wird aus einem besserwisserischen Primaten eine planetendominierende Superspezies.

In Kapitel zwei habe ich auch erwähnt, dass unser Gehirn größer wurde, als wir nicht mehr in Bäumen wohnten und Fähigkeiten wie Kochen lernten. Aber unser Gehirn wuchs nicht immer weiter, und manche glauben, dass es kleiner wird, dass es vielleicht sogar schon in den letzten 3000 Jahren geschrumpft ist.[3] Laut einer wissenschaftlichen Hypothese könnte dies an der Evolution unserer Gesellschaftsstrukturen liegen, weil dank dieser mehr Entscheidungen kollektiv getroffen und mehr Wissen geteilt wird. Als Mitglieder einer großen und kooperativeren Gesellschaft können wir Informationen untereinander teilen und aufbewahren, sodass weniger Druck auf den Einzelnen lastet. Wir müssen nicht alles wissen oder uns an jedes Detail erinnern, weil wir uns jetzt auf andere in unseren gesellschaftlichen Gruppen verlassen können, die Expert:innen in bestimmten Bereichen sind und entsprechende Rollen übernehmen. Ja, genauso manifestiert sich Schwarmintelligenz bei echten Menschen. Das Internet vor dem Internet quasi. Wie wir wissen, braucht ein großes Gehirn viel Treibstoff in Form von Energie. Mithilfe von Schwarmintelligenz braucht es also nicht mehr so viel Gedächtnis- und Verarbeitungskapazitäten pro Individuum. So zumindest eine Theorie.

Irgendwann wurden irgendwie »Mehr Leute machen ›Mammut killen‹ einfacher«-Beziehungen zu einer zentralen Säule unserer mentalen und körperlichen Gesundheit. Die meisten verstehen sicher, dass Einsamkeit und Depression oft Hand in Hand gehen, aber laut einer von den CDC, also der US-amerikanischen

Gesundheitsbehörde, zitierten Studie, konnte auch nachgewiesen werden, dass bei sozialer Isolation das Risiko für Herzkrankheiten um 29 Prozent ansteigt, das Risiko für einen Schlaganfall sogar um 32 Prozent.[4] Keine Beziehungen mit anderen Menschen einzugehen, ist sehr, sehr schlecht für uns.

Wir sprechen oft von »Chemie« zwischen zwei Personen, und es gibt definitiv eine ganze Menge Chemie in unserem Hirn, damit wir Beziehungen fühlen. Wenn du Liebe, Anziehung, Geborgenheit oder eine Verbindung mit jemandem spürst, sind viele Neurotransmitter am Werk. Zum Beispiel hast du sicher schon von Oxytocin gehört – dabei handelt es sich um ein Hormon, das auch als Neurotransmitter funktioniert –, welches auch als »Kuschel- oder Liebeshormon« bekannt ist, weil es uns dabei hilft, Vertrauen und Intimität zu spüren.[5] Es wird in verschiedenen Szenarieren freigesetzt – unter anderem beim Sex, Stillen und während der Geburt.[6] Das mag wie eine komische Mischung klingen, aber der gemeinsame Nenner ist hier ein Gefühl von Verbundenheit. Wahrscheinlich kennst du auch einen weiteren wichtigen Neurotransmitter namens Dopamin, der mit den Belohnungszentren des Gehirns verbunden ist und freigesetzt wird, wenn wir Lust und Freude spüren.[7] Dieses wohlige Gefühl nach einem Lachanfall mit Freund:innen hat sehr viel mit Dopamin zu tun.

Das war die wissenschaftliche Begründung der Tragweite von Beziehungen im Schnelldurchlauf. Irgendwie scheint die Komplexität dieses Themas nur zu bestätigen, wie zentral Beziehungen für uns sind – wir haben uns aus gutem Grund so entwickelt, offensichtlich sind sie entscheidend für das Überleben unserer Spezies. Aber auch wenn ich diese Erkenntnisse sehr hilfreich finde, weil sie uns daran erinnern, gesellschaftliche Beziehungen nicht zu unterschätzen oder beiseitezuschieben, können sie bei Weitem nicht alles erklären. Wir mögen zwar die Neurobiologie mit unseren Vorfahren gemeinsam haben, aber trotzdem sind wir alle Individuen, die zu verstehen versuchen, wer wir sind und wie wir in der Gesellschaft leben sollen. Und das ist nicht für alle immer bequem.

Introvertiert und extrovertiert

Wir brauchen alle ein gewisses Maß an sozialer Interaktion, aber wie viel, wie oft und wie genau hängt von vielen Faktoren ab. Ich finde es interessant, wie häufig sich Menschen ganz beiläufig als introvertiert oder extrovertiert beschreiben und wie beliebt entsprechende Online-Selbsttests sind.

Wenn ich mich entscheiden müsste, wäre ich definitiv introvertiert. Ich mag lieber kleine Gruppen als große Partys, bin schnell überwältigt und erschöpft von zu viel Socialising und, wie schon erwähnt, höre ich in meinen Beziehungen eher zu und teile wenig von mir selbst mit. Auch wenn ich mich manchmal frage, ob ich mir das nur einrede. Fällt es mir als Betroffene von Angststörungen manchmal leichter, eine Situation außerhalb meiner Komfortzone als »nicht mein Ding« einzuordnen, weil ich beschlossen habe, dass ich introvertiert bin und diese Situation einer introvertierten Person nicht gefallen würde? Anstatt zu überlegen, ob ich, Gemma, vielleicht Freude daran finden würde, auch wenn ich mich überwinden müsste?

Wie in der Popkultur über Introvertierte und Extrovertierte gesprochen wird, klingt schnell binär – suche dir eine Seite aus, ab jetzt bist du das. Aber der Schweizer Psychiater Carl Jung, der diese Theorie zu Beginn des 20. Jahrhunderts erdacht hat, glaubte, dass wir alle eine introvertierte und eine extrovertierte Seite haben und nicht nur das eine oder das andere sind. »Eine solche Person wäre behandlungswürdig«, sagte er. Auch wenn heutige Psycholog:innen nicht mehr wie Jung über Introversion und Extraversion sprechen, ist dieses Konzept weiterhin wahnsinnig beliebt und bildet die Grundlage vieler Persönlichkeitstests und -typen. Die meisten Expert:innen wären sich einig, dass wir uns irgendwo innerhalb eines Spektrums befinden, anstatt genau in eine der beiden Schubladen zu passen. Vielleicht sind wir kontaktfreudig, schätzen aber trotzdem unsere Zeit alleine zu Hause, um Energie zu tanken. Vielleicht finden wir Situationen unter vier Augen unangenehm, sind aber brillante Speaker:innen oder Performer:innen. Viele Stand-up-Comedians beschreiben sich als introvertiert.

Woher stammen also diese Präferenzen? Auch wenn wir nicht nur das eine oder das andere sind (eine Mischung aus beidem nennt man übrigens ambivertiert, was die meisten von uns in Wirklichkeit sind), was macht uns eher intro- oder extrovertiert? Ich hätte gedacht, diese Persönlichkeitszüge würden größtenteils von unseren Erfahrungen beeinflusst – vielleicht davon, wie oft wir als Kind unter Leuten waren oder so was. Aber tatsächlich sind etwa 50 Prozent unserer introvertierten Tendenzen genetisch bedingt[8], und es gibt einige messbare Unterschiede im Gehirn: Das hat auch mit unseren Neurotransmittern zu tun.

Neurotransmitter sind chemische Botenstoffe in unserem Nervensystem, die Signale zwischen Neuronen vermitteln. Es gibt viele unterschiedliche Arten, also führe ich hier nur einige auf, von denen du vielleicht schon gehört hast, auch in diesem Buch:

- **Serotonin:** Hilft bei der Regulation von Stimmung, Schlaf, Appetit und vielen anderen körperlichen Funktionen.
- **Dopamin:** Teil unseres Belohnungssystems, wirkt sich auch auf Konzentration, Gedächtnisleistung und Motivation aus.
- **Endorphine:** Werden oft als guter Grund zum Sportmachen angeführt! Außerdem sind sie natürliche Schmerzstiller.
- **Adrenalin** (oder Epinephrin, falls das eher dein Ding ist): Verantwortlich für unsere »Kampf-oder-Flucht«-Reaktion auf Angst oder Stress.[9]

Laut wissenschaftlichen Studien reagieren Introvertierte sensibler auf Dopamin.[10] Praktisch bedeutet das, eine extrovertierte Person könnte bei einer Party den ganzen Abend quatschen, die laute Musik und neue Umgebung genießen und dann voller Energie nach Hause gehen, während sich eine introvertierte Person bald nach dem eigenen, vergleichsweise friedlichen Zuhause sehnen würde. Introvertierte besitzen nicht weniger Dopamin, aber dieselbe Menge an sensorischen oder sozialen Reizen löst im Belohnungszentrum ihres Gehirns eine andere Reaktion aus, weshalb sie schnell überstimuliert und ausgelaugt werden. Wie es Peter Hollins erklärt, der die menschliche Psychologie erforscht: »Mit einem aufgeladenen Sozialakku kann man eine introvertierte Person nicht von einer extrovertierten unterscheiden – der Unterschied liegt darin, was sie später tun, wenn sie müde sind.«[11] Zu Beginn des Abends können Introvertierte das ganze Socialising und den Aufruhr noch richtig genießen, aber weil ihr Belohnungssystem einfacher getriggert wird, erreichen sie ihre Grenzen schneller und sind rasch erschöpft von zu vielen Reizen. Das Gehirn einer extrovertierten Person hat mehr Dopamin-Rezeptoren[12], sie benötigt also für denselben Glückszustand mehr Dopamin, weil sie weniger sensibel darauf reagiert – am Ende des Abends bettelt sie beim DJ um noch einen allerletzten Song.

Studien über die Neurochemie verschiedener Personalitäten weisen auch darauf hin, dass Introvertierte einen anderen Neurotransmitter bevorzugen: Acetylcholin.[13] Genau wie Dopamin hängt es mit Freude und Lust zusammen, aber Acetylcholin lässt diese positiven Gefühle bei anderen, ruhigeren Aktivitäten entstehen. Es ist somit nicht besser, introvertiert oder extrovertiert zu sein, sondern einfach anders!

Warum sind wir also solche Fans dieser Begriffe geworden? Eine einfache Antwort führt uns zu dem, was wir bereits besprochen haben – unser Gehirn mag Muster und einfache Erklärungen. Du gehörst in diese Schublade und du in diese. Außerdem können wir unsere Persönlichkeit so selbst verstehen und anderen erklären. Ich muss jemandem, der mich netterweise zu einer Veranstaltung eingeladen hat, die wahrscheinlich nichts für mich ist, also nicht erklären: »Ich zögere etwas, dein Angebot anzunehmen, weil ich große Gruppen und viele soziale Interaktionen anstrengend finde und weiß, dass ich heute etwas Zeit für mich alleine brauche, um mich zu erholen«, sondern ich kann mein Gegenüber einfach wissen lassen, dass ich introvertiert bin. Damit wissen alle, was gemeint ist. Die Kategorien sind in diesem Sinne also praktische Abkürzungen.

In der Therapie lernen wir, dass wir uns negative, einschränkende Geschichten über uns selbst erzählen können. Aber wir können auch solche formulieren, die unsere Gefühle oder Verhaltensweisen rechtfertigen und erklären. Weil wir uns damit besser fühlen. Anstatt »Ich bin erbärmlich und needy, weil ich nicht gerne alleine zu Hause bin und lieber mit jemandem reden würde« können wir also sagen: »Ich bin extrovertiert! Deshalb will ich heute Abend etwas unternehmen – Interaktionen mit anderen Menschen geben mir Energie!« Und daran ist nichts verkehrt – zumindest nicht aus meiner Sicht.

Labels

»Introvertiert« und »extrovertiert« sind Worte, mit denen wir uns selbst und andere labeln, worüber ich mir schon viel den Kopf zerbrochen habe. Wie funktionieren diese Labels, und sind sie gut oder schlecht für uns? Helfen sie uns auf der Suche nach Verbundenheit, oder treiben sie uns auseinander?

In gewisser Hinsicht ist auch ADHS ein Label. Als ich meine Diagnose bekam, konnte ich auf einmal das Sammelsurium an Erinnerungen beschreiben, für das ich vorher keine Worte hatte.

So konnte ich einen neutralen Begriff nutzen anstatt der wenig hilfreichen Labels, die ich zuvor verwendet hatte – zum Beispiel »unorganisiert« und »unkonzentriert«. ADHS zu haben, ist für mich nichts grundlegend Positives oder Negatives, es ist einfach so. Außerdem hilft es dabei, anderen zu erklären, wie mein Hirn funktioniert. Nicht jeder versteht, was genau das bedeutet oder wie sich ADHS bei unterschiedlichen Menschen manifestieren kann, aber fast alle haben schon einmal davon gehört. Wieder eine Abkürzung.

Etwas mit spezifischem Vokabular benennen und ausdrücken zu können, ist fast immer gut – wenn wir so unser Verständnis vertiefen. Mittlerweile haben wir zum Beispiel auch viele Begriffe, um Sexualität zu beschreiben. In meiner Kindheit kannten die meisten Menschen nur sehr wenige Labels; die meisten von uns hätten kaum Begriffe gekannt, die über »schwul« oder »lesbisch« hinausgehen, zum Beispiel pansexuell, asexuell oder demisexuell. Wenn du gerade herauszufinden versuchst, wer du eigentlich bist, kann es beruhigend sein, deine Gefühle mit bestimmten Wörtern zu beschreiben und sie probezutragen. Außerdem hilft es dir vielleicht, ähnliche Menschen und deine Community zu finden.

Aber was ist mit der Tatsache, dass diese Labels uns auch auf etwas reduzieren, uns dazu verleiten, eine kurze, bündige Erklärung von jemandem zu erwarten, damit wir diese Person in eine Schublade stecken und es dabei belassen können? Was passiert, wenn jemand noch auf der Suche nach dem eigenen Label ist oder, aus welchem Grund auch immer, vermeiden möchte, vom Rest der Welt gelabelt zu werden? Das ist die andere Seite der Medaille, so treiben wir auseinander, anstatt uns miteinander zu verbinden.

Dabei denke ich zum Beispiel an Kit Connor, der Nick Nelson in *Heartstopper* spielt. Die Serie dreht sich um eine süße Liebesgeschichte zwischen zwei Jungs in der Highschool. Die erste

Staffel erschien 2023 und bedeutete vielen Menschen sehr viel, weil sie sich sonst nicht oft genug in beliebten Medien reflektiert sehen. Leider entstand wegen dieser Serie auch eine gewisse Hysterie, und manche Fans stürzten sich auf Kit, dessen Figur im Laufe der Serie erkennt, dass er bi ist. Die Fans bestanden darauf, er müsse der Welt verkünden, ob er auch bi sei. Ich verstehe, wie wichtig vielen ist, dass queere Rollen in Film und Fernsehen an queere Schauspieler:innen gehen sollten. Aber jemanden so auf Social Media zu belästigen, vor allem wenn derjenige erst 18 ist – und der *Vogue UK* die plötzliche und extreme Berühmtheit durch die Serie als »gruselig« und »überwältigend« beschrieb –, erschien mir grausam und traurig und natürlich auch sehr gegen den eigentlichen Gedanken der Serie zu sein. Ein Label für uns selbst zu verwenden, kann uns viel Kraft verleihen, aber niemand »schuldet« uns ein Label. Labels sollten angeboten, nicht eingefordert werden.

Identität und Zugehörigkeit

Das alles bringt uns zu dem wichtigen, aber heiklen Thema Identität. Evolutionsbedingt leben wir in Gruppen, und die Neurobiologie unseres Gehirns verstärkt dies nur – aber da steckt doch viel mehr dahinter, oder? Wenn man genauer darüber nachdenkt, brauchen wir andere Menschen in unserem Umfeld, um überhaupt zu verstehen, wer wir sind. Welche Beziehungen wir eingehen und wie wir behandelt werden, trägt sehr viel zu unseren Glaubenssätzen und unserer Persönlichkeit bei, also auch dazu, wie wir die Welt und uns sehen.

Das Sartre-Zitat am Anfang des Kapitels – »Die Hölle, das sind die anderen« – wird oft als Witz genutzt: »Gott, andere Menschen sind so ein Albtraum!« Aber im Kontext des ursprünglichen Theaterstücks (*Geschlossene Gesellschaft*) wird es normalerweise in dem Sinne interpretiert, dass es die Subjektivität unseres Gehirns und die Komplexität von Beziehungen ausdrückt. Anders gesagt, wir können die Welt nur durch unsere Augen sehen, müssen aber trotzdem mit den (tatsächlichen oder von uns vermuteten) Sichten oder Urteilen anderer klarkommen, was unausweichlich unsere Selbstidentität bestimmt.

Aber lass uns nicht in ein existenzielles schwarzes Loch fallen und französische Philosophie lieber hinter uns lassen – denn viel mehr weiß ich darüber sowieso nicht. Ich erwähne das Ganze nur, weil die Herausforderungen von Beziehungen mit anderen Menschen, in deren Gehirn wir nicht blicken und deren Beweggründe uns nie völlig klar sein können, brillante Geister offensichtlich schon beschäftigen, seit … na ja, wahrscheinlich schon, seitdem wir überhaupt die kognitiven Fähigkeiten besitzen, um darüber nachzudenken.

Im Zeitalter der Aufklärung, die sich in etwa über das 18. Jahrhundert erstreckte, entwickelte sich die Wissenschaft sowohl in Europa als auch in den USA in einem rasanten Tempo weiter, neue, gleichzeitige Erkenntnisse trugen dazu bei, dass der Status quo wahnsinnig oft hinterfragt wurde. (Zu dieser Zeit herrschte außerdem der Kolonialismus, wodurch sich eine weiße, eurozentrische Weltsicht festigte, die die Grundlage für viele bis heute andauernde Probleme ist.) Davor hatte es nicht wirklich ein Konzept des Individuums gegeben; grob gesagt kannte man die eigene Rolle in der Welt, und es wurde angenommen, dass man diesem Pfad einfach folgen würde. Während der Aufklärung wurde in Kunst, Politik und Wissenschaft allmählich über das Individuum als einzigartiges, einzelnes Wesen gesprochen, und dementsprechend auch über unsere Rechte und Verantwortungen in der Gesellschaft.

Aber dieser Tage kann es sich anfühlen, als wären wir *zu sehr* von unserem Sinn für Individualität eingenommen. Als gäbe es ein ständiges Bedürfnis, die eigene Identität und die Unterschiede zu den anderen zu definieren, weshalb wir vielleicht aus dem Blick verlieren, was uns *nicht* unterscheidet, und es weniger wertschätzen, ein gleichwertiger Teil einer Community zu sein. Natürlich spielen dabei auch Social Media eine große Rolle, das schauen wir uns noch genauer an. Aber komisch ist es doch, denn uns begegnet hier dasselbe Paradox wie in Diskussionen über Social Media – sie seien ein großartiges Tool, um Beziehungen und Communitys zu schaffen, aber auch ein Medium, durch das wir uns nur auf uns selbst konzentrieren und eher im »Übertragen«- statt im »Empfangen«-Modus seien.

Wie schon erwähnt, hören wir seit den 2010er-Jahren immer öfter den Satz: »I feel seen« beziehungsweise »Ich fühle mich gesehen«. Ursprünglich nutzten ihn Menschen aus marginalisierten oder unterrepräsentierten Gruppen, um ihren Gefühlen Ausdruck zu verleihen, wenn sie ihre Lebenswelten in Mainstream-Medien und im öffentlichen Diskurs reflektiert sahen. Mittlerweile (ob du das nun gut oder schlecht findest) wird dieser Satz in vielen Situationen genutzt, in denen Menschen das Gefühl haben, dass jemand oder etwas (wie ein Film) einen Aspekt ihres Selbst bestätigt oder erkennt. Du könntest zum Beispiel sagen, dass du dich von jemandem »gesehen« fühlst, weil diese Person für deine Situation Verständnis und Mitgefühl aufzeigt oder für irgendeinen Teil deiner Persönlichkeit. Vielleicht schickt dir auch jemand ein Meme, und du fühlst dich »gesehen«, weil der- oder diejenige an dich gedacht hat oder wusste, dass es dir gefallen würde. Natürlich verändert Sprache sich ständig, aber ohne ein Bedürfnis nach einem Wort oder einer Formulierung würden wir diese nicht nutzen. Wie stark dieser Ausdruck im Mainstream benutzt wird, zeigt uns, dass wir dieses Gefühl alle kennen – und vielleicht auch alle brauchen.

Ich frage mich, ob es gewissermaßen eine Erweiterung oder sogar Umstellung des Konzepts der Zugehörigkeit ist. Laut den Psychologen Roy Baumeister und Mark Leary ist Zugehörigkeit –

das angeborene Verlangen nach sozialer Akzeptanz – ein fundamentaler Aspekt der menschlichen Natur und einer unserer größten Motivationsfaktoren.[14] Die beiden argumentieren, dass viele andere von Psycholog:innen identifizierten Motivationsfaktoren – wie ein Verlangen nach Macht, Intimität und Bestätigung – eigentlich alle Teil des übergeordneten Bedürfnisses sind, sich komfortabel in eine Gruppe oder Community einzufügen. Unser evolutionsbedingter Wunsch, Teil einer Gruppe zu sein, ist laut ihnen so fest in unserem Gehirn verdrahtet, dass er auch grundlegend beeinflusst, wie wir über uns selbst nachdenken können.

Vor Baumeister und Leary erschuf Abraham Maslow seine »Bedürfnispyramide«. Sie ist ziemlich berühmt, vielleicht hast du also schon von ihr gehört. Auf der untersten Stufe findet sich Grundlegendes, was wir zum Überleben brauchen – Wasser, eine Unterkunft, Nahrung etc. Sind diese Bedürfnisse nicht erfüllt, konzentrieren wir uns auf sie, auf Kosten beinahe aller anderen Bedürfnisse. Sind sie jedoch erfüllt, können wir zur nächsten Stufe übergehen – Sicherheit, die auch ziemlich essenziell ist. Damit meinte Maslow auch emotionale und finanzielle Sicherheit. Hast du beispielsweise Geldsorgen, macht das viel Sinn – es ist schwer, über irgendetwas anderes nachzudenken, wenn man nicht weiß, wie man die Rechnungen bezahlen, Essen kaufen soll etc. Bereits auf der nächsten Stufe verortete Maslow Liebe und Zugehörigkeit. Er argumentiert, dass wir uns zugehörig fühlen müssen, im Sinne einer sicheren familiären oder sozialen Verbindung, um unsere »höheren« Bedürfnisse zu erfüllen – wie Selbstwert, Selbstachtung und Selbstverwirklichung, also das Verfolgen deiner Talente, Interessen und Ziele. Für mich steigt die emotionale Bedeutung dieses Schemas, wenn ich es mir folgendermaßen vorstelle: Ein Gefühl der Zugehörigkeit ist die Brücke zwischen »Ohne das Zeug könnte ich sterben«-Bedürfnissen und den komplexeren »Ohne *das Zeug* werde ich wohl nie richtig glücklich«-Bedürfnissen.

Was sich dabei in unserer Hirnchemie abspielt, ist, keine große Überraschung, ziemlich kompliziert, und Wissenschaftler:innen finden es noch heraus (soll heißen: sie streiten darüber). Aber eine Sache sollten wir definitiv wissen, denn Gefühle von (oder Angst vor) sozialer Ausgrenzung oder Abweisung aktivieren die Amygdala – du erinnerst dich an die Kleine, hyperaufmerksam und zittrig, ständig auf der Suche nach Gefahren. Das deutet darauf hin, dass wir negative soziale Interaktionen ähnlich erleben wie echte körperliche Gefahren: Wir fühlen uns nicht sicher und unwohl. Wir werden in einem späteren Kapitel darauf zurückkommen, wie wir in Situationen, die wir fälschlicherweise als Bedrohung wahrnehmen, überreagieren und uns, vorsichtig gesagt, nicht so verhalten wie geplant.

Meinen wir also mit »Ich fühle mich gesehen« eigentlich: »Ich fühle mich von einer Person/Gruppe akzeptiert, was mein Nervensystem beruhigt«? Wollen wir das genauer beschreiben, könnte man vielleicht davon sprechen, dass sich die Vorstellung von Zugehörigkeit in unserem Zeitalter des Individualismus etwas verändert hat – vielleicht fühlen wir uns nicht mehr wie ein Teil einer sicheren und bekannten Umgebung, sondern wollen damit sagen, dass uns jemand erkannt und individuell einbezogen hat? Also ich habe keine Antwort, und ich weiß nicht, ob die überhaupt irgendjemand kennt. Vielleicht ist das auch Haarspalterei. Aber wenn wir mit Sätzen wie »Ich fühle mich gesehen« um uns schmeißen, die emotionale Auswirkungen haben, sollten wir uns meiner Meinung nach bewusst machen, was sie wirklich für uns bedeuten. Selbst wenn wir keine richtige Antwort auf die Frage haben, hat doch zumindest das Reflektieren darüber sein Gutes, oder? Wollen wir dazu beitragen, dass andere sich gesehen fühlen, und wollen wir eine gewisse Selbstsicherheit entwickeln, macht es uns nur empathischer, wenn wir überlegen, wie das funktionieren könnte und warum es wichtig ist.

Beziehungen

Weil unsere heutige Welt so stark vernetzt ist und wir mit einer immer größeren Anzahl an Menschen in Kontakt treten können, taucht scheinbar immer wieder die Frage auf, zu wie viel Fürsorge und Interesse wir überhaupt noch fähig sind. Wenn so viele Menschen Teil unseres Lebens sind, wir so viele Erfahrungen anderer in Echtzeit sehen können, wie können wir da dasselbe Niveau an emotionalen Reaktionen aufrechterhalten? Dass moderne Technik es uns ermöglicht, »bekannte« Menschen (die wir persönlich getroffen haben) und »unbekannte« zu finden, anzusprechen und mit ihnen in Kontakt zu bleiben, ist ein absolut wahnwitziger Fortschritt innerhalb weniger Jahrzehnte. Sicherlich können wir uns nur für eine begrenzte Anzahl an Menschen interessieren, bevor unser Hirn einen Kurzschluss kriegt und komplett zusammenbricht, oder?

Auch wenn ich weiß, wie viele Menschen auf der Erde leben, und auch wenn ich eine abstrakte, angeborene Fürsorge für sie alle empfinde, ist es vollkommen überwältigend, sie mir in ihrer gesamten Komplexität vorzustellen. Nimmst du dir nur eine Person vor, kannst du dir ihr ganzes Leben ausmalen, natürlich, aber wenn du versuchst, dir die Details der Leben jedes einzelnen von *Milliarden* Individuen vor Augen zu führen, wird dein Hirn bestimmt schmelzen, solltest du so gestrickt sein wie ich. Das ist beinahe so, als wolle ich mir alle Sterne im Himmel vorstellen. Man kann mir zwar eine Anzahl sagen, an der ich durchaus ein intellektuelles Interesse habe und die ich mir auch versuche vorzustellen, aber an irgendeinem Punkt erreicht mein Hirn wohl seine kognitive Grenze, weil ich mir einfach nicht so viele Dinge auf einmal erdenken kann. Und da bin ich nicht die Einzige. Unser Gehirn ist auf den Umgang mit kleinen Mengen optimiert. Wir finden es grundsätzlich schwer, uns so gewaltige Zahlen vorzustellen, seien es nun Tausende oder Milliarden.

Möglicherweise ist das so, weil wir diese Fähigkeit für den Großteil der Geschichte unserer Spezies einfach nicht brauchten.[15] Wir
begegneten weder Tausenden Menschen, noch gaben wir Tril-
lionen Dollar aus. Wenn wir noch einmal die Dunbar-Zahl und
ähnliche Studien heranziehen, die sich um unsere Fähigkeit zu
Aufbau und Pflege von Beziehungen drehen, empfinde ich eine
gewisse seltsame Bestätigung, weil es echte, richtige Grenzen für
diese Art der Informationsverarbeitung gibt und ich nicht die
Einzige bin, die mit diesen großen Zahlen nicht klarkommt.

Als ich den Satz weiter oben schrieb, über uns bekannte und
nicht bekannte Personen, fiel es mir schwer, die richtigen Worte
zu finden. Zuerst wollte ich schreiben: »Menschen, die wir schon
mal im echten Leben getroffen haben«. Aber was bedeutet »ech-
tes Leben« heutzutage überhaupt? Soll das etwa heißen, Social
Media sind nicht »echt«? Das erscheint mir gerade mit Blick auf
Beziehungen nicht richtig zu sein. Diese Plattformen sind mittlerweile ein fester Bestandteil unseres Lebens. Wir bleiben dieselben Personen, ob wir nun DMs schreiben oder auf der Straße
miteinander reden. Social Media existieren nicht in irgendeiner
Art belanglosem Paralleluniversum.

Ich wollte eigentlich auf Personen hinaus, die wir zu irgendeinem Grad persönlich kennen und mit denen uns zumindest
eine lose Freundschaft verbindet, im Gegensatz zu, zum Beispiel,
einer Celebrity, die wir in Filmen oder Interviews gesehen haben.
Aber zwischen diesen beiden Polen findet sich ein breites Spektrum. Auch wenn wir jemanden ausschließlich oder zum Großteil
online kennen, können wir eine Verbundenheit mit dieser Person
empfinden. Wie also definieren wir diese Online-Beziehungen –
ob wir nun mit den Personen interagieren oder nur das Gefühl
haben, etwas von ihrem Leben mitzukriegen? Ich frage mich, was
Dunbars Konzept »stabiler Beziehungen« bedeutet, wenn man es
sich im Kontext von Social Media anschaut. Während ich das hier
schreibe, folge ich 2141 Accounts auf Instagram. Und, ja, okay,

einen Teil davon können wir ignorieren, weil es sich nicht um echte Menschen handelt (sondern sie nur krasse Teppichreinigungen zeigen, zum Beispiel, oder Eldest-Daughter-Memes), aber selbst dann folge ich sicher allein auf dieser Plattform mehr als 150 Personen. Was ist also mit all unseren »Online-Freund:innen«? Wir folgen uns gegenseitig, schicken ab und an eine DM, reagieren auf Storys oder hinterlassen uns irgendeinen anderweitigen freundlichen Kommentar. Das Ganze ist beidseitig – geht vielleicht schon eine ganze Weile so –, aber wir haben uns noch nie im echten Leben getroffen und wissen nichts übereinander außer dem, was wir auf dieser Plattform, welche auch immer es sein mag, bewusst teilen. Zählt das? Und muss diese Beziehung überhaupt beidseitig sein?

Parasoziale Beziehungen

Die ersten Social-Media-Plattformen wurden geschaffen, um mit den Menschen in Kontakt zu bleiben, die wir bereits kannten. Vielleicht hatten Entwickler:innen schon damals unsere heutige Welt im Blick, in der man eine Person ausschließlich in einem Online-Space treffen und eine Verbindung zu ihr empfinden kann, aber ich glaube nicht, dass sich die meisten unsere Zukunft so vorstellten. Falls deine Jugend noch in die Zeit vor Social Media fiel, ist es für dich einfacher zu verstehen, welchen Einfluss diese Medien schon zu Beginn hatten – Facebook, das klassische Beispiel und die erste echte Mainstream-Plattform, diente dazu, sich mit Kommiliton:innen, Mitschüler:innen oder Kolleg:innen zu vernetzen. Man schickte sich ganz ausdrücklich »Freundschaftsanfragen«. Für die etwas Älteren in Großbritannien war Friends Reunited ein großer Gamechanger (in Deutschland wäre studiVZ ein entsprechendes Beispiel, Anm. d. Übers.). Dort konnte man alte Bekannte suchen und wieder Kontakt aufnehmen. Dann wurde das »Anfreunden«, die übliche Interaktion zwischen Nutzer:innen dieser Plattformen, zu »Folgen« (insbesondere durch Twitter, das 2010 bereits im Mainstream angekommen war), und die Dynamiken änderten sich merklich. So wandelte sich auch, mit wem wir interagierten und wie verbunden oder distanziert wir uns fühlten.

Von parasozialen Beziehungen habe ich erst vor Kurzem erfahren. Laut dem National Register of Health Service Psychologists versteht man darunter eine einseitige Beziehung, in der eine Partei Energie, Zeit und Interesse aufwendet, die andere Partei aber nicht von deren Existenz weiß.[16] Ich weiß ja nicht, ob mir der Ton dieser Definition gefällt, aber das liegt sicher an meiner eigenen Erfahrung. Wenn ich zum Beispiel an die Menschen denke, die *mir* auf Instagram folgen, klingt »weiß nicht von deren Existenz« ein bisschen unterkühlt. Ich weiß, dass ihr existiert! Aber ich verstehe schon, dass die Definition faktisch stimmt, denn wenn wir uns ein Bild von einer Person machen, der wir folgen, und dazu die ausgewählten Informationen nutzen, die sie teilt, muss sie dann abgesehen von diesen Posts nicht mehr in die Beziehung involviert sein, und im Großen und Ganzen bleiben die Interaktionen, wie Likes und Kommentare etc., oberflächlich. Um ehrlich zu sein, könnte man es auch als parasoziale Beziehung bezeichnen, wenn sich zwei Parteien gegenseitig folgen und relativ oft auf diese Art und Weise interagieren. Denke ich an Beispiele, bei denen andere und ich uns gegenseitig folgen und schon seit Jahren solche Interaktionen haben, finde ich die Vorstellung komisch, dass sie diese »Beziehungen« anders empfinden könnten als ich. Würden sie mit mir quatschen wollen, wenn wir uns im echten Leben treffen? Mag ich sie vielleicht mehr als sie mich?

Sicher können wir uns darauf einigen, dass es eine eindeutige Grenze gibt zwischen einer flüchtigen Online-Freundschaft und einer tatsächlichen Bekanntschaft im echten Leben. Wann wird aus unregelmäßigen Kommentaren unter Posts der anderen Person eine legitime Freundschaft? Das soll den Wert dieser Interaktionen nicht kritisieren oder untergraben. Mich hat es beispielsweise oft beruhigt und unterstützt, anderen neurodivergenten Personen online zu folgen. Das hat wohl wieder mit diesem Gefühl der Zugehörigkeit oder des Gesehen-Werdens zu tun, obwohl mich diese Menschen ja nicht sehen können ... Ich kriege ständig Nachrichten, weil irgendetwas, das ich geteilt habe, anderen weitergeholfen hat. Und meine Follower:innen haben einen wirklich großen, positiven Einfluss auf mein Leben. Deshalb finde ich nicht, dass diese Beziehungen völlig einseitig sind, zumindest ihr Effekt nicht – aber wenn man sich den Begriff »parasoziale Beziehungen« anschaut, würden Follower:innen sicher darunterfallen.

Du wirst deine eigene Meinung dazu haben, die von vielen Faktoren abhängt, aber insbesondere davon, wie viel Zeit und emotionale Energie du in Social Media investierst. Für manche von uns kommt nichts an persönliche Treffen heran, und Social Media sind nur ein weiteres Werkzeug, um die Leben derjenigen mitzubekommen, die uns wichtig sind. Am anderen Ende des Spektrums, falls du nur eingeschränkt draußen unterwegs sein kannst – weil du zum Beispiel eine entsprechende Behinderung hast oder an einer akuten sozialen Angststörung leidest oder in einer kleinen isolierten Community lebst, in der es nur wenige potenzielle Treffpunkte gibt –, sind Social Media und das Internet an sich eindeutig ein Rettungsanker. Aber wir alle leben in einer Welt, die immer stärker online stattfindet, also finde ich es zu einfach, sogenannte parasoziale Beziehungen automatisch als weniger wertvoll oder unwichtig anzusehen, dabei scheinen wir mir den Blick aufs große Ganze zu verlieren.

Folgen wir einer Person, die plötzlich etwas tut, das ihrem üblichen Verhalten aus unserer Sicht widerspricht, oder müssen wir anerkennen, dass unsere Annahmen über diese Person nicht den Tatsachen entsprechen, kann uns das genauso enttäuschen wie schmerzliches Verhalten echter Freund:innen. Wenn das von uns erwartete Muster unterbrochen wird, kann das sehr anstrengend sein und uns wütend machen. Aber teilen diese Personen schmerzhafte Erfahrungen aus ihrem Leben, können wir mit ihnen mitfühlen, auch wenn wir sie noch nie getroffen haben. In einem Essay für *Embedded*, einem Newsletter zur Internetkultur, beschreibt Kate Lindsay unter dem Titel »The hard part of being a follower«[17], wie sie emotional auf die Krebsdiagnose von Autor und Online-Persönlichkeit Hank Green reagierte:

> Ich las den Titel des Videos – »So, I've got cancer« –, und mir blieb der Atem weg, als hätte mir gerade eine Freundin geschrieben und ihre Diagnose mitgeteilt… Die Konvention des »Folgens« gibt es einfach noch nicht lange genug, um zu verstehen, wie wir uns mit den unangenehmen, erwartbaren Aspekten des Lebens auseinandersetzen, beispielsweise dem Älterwerden… Für mich ist die Erkenntnis seltsam, dass ich mir noch mehr Beziehungen aufgeladen habe, um die ich mir Sorgen mache oder eines Tages trauern werde. Es gibt kein anständiges Vorbild, das ist frustrierend. Als Followerin fehlt mir ein Ventil für meinen natürlichen Instinkt, mich um andere zu sorgen.

Ihre Gedanken haben mich berührt, weil über diese Art von Beziehung oft nur negativ oder sogar abfällig gesprochen wird. Verächtliche Stimmen halten es für eine Verschwendung, Zeit und Emotionen in diese parasozialen Dynamiken zu investieren, weil die daraus entstehenden Beziehungen belanglos seien, aber wie Kate zeigt, werden dabei aufrichtige Verbindungen eingegangen, und damit einher geht auch aufrichtige Sorge. Selbst wenn sie uns potenziell enttäuschen können (wie alle Beziehungen, oder?), bilden sich ganze Communitys um diese parasozialen Aufmerksamkeitsmagneten und beeinflussen die Sozialleben der Beteiligten, im großen Ganzen betrachtet, überwiegend positiv.

Freundschaft

Wir wissen, dass die ersten Beziehungen in unserem Leben – wenn sich unser Gehirn noch entwickelt und wir Informationen aufsaugen über diese Welt und darüber, wie wir darin wohl behandelt werden – einen großen Einfluss darauf haben, wie wir als Erwachsene leben. Ohne wieder in die ganze »Erzählen Sie mir von Ihrer Kindheit«-Therapiesache abzutauchen, gibt es mittlerweile doch ein gewisses psychologisches Allgemeinwissen, weshalb uns allen klar ist, wie wichtig es ist, dass Kinder geliebt und gut behandelt werden – sowohl von der Familie als auch von Freund:innen. Im Erwachsenenalter verändert sich unsere Sichtweise auf Beziehungen oft, und wir konzentrieren uns eher auf romantische Liebe. Ich nehme an, du denkst direkt an romantische Partner:innen, wenn du das Wort »Beziehung« hörst? Über die Gründe dafür könnte ich ein eigenes Kapitel schreiben (Repräsentation in den Medien, die Neuartigkeit der Gefühle in der Jugend, also begehrt zu werden und als begehrenswert wahrgenommen zu werden), aber so oder so können wir unter großem Druck stehen, uns zu »verkuppeln« und Partner:innen zu finden. Es kann dazu kommen, dass wir einen Großteil unserer Zeit und Energie auf die Pflege dieser intimen Verbindungen verwenden und manchmal aus dem Auge verlieren, oder es für selbstverständlich halten, welchen enormen Einfluss platonische Freundschaften haben.

Ja, wir brauchen Menschen in unserem Leben, gehen wir starke und emotionale Verbindungen mit richtig guten Menschen ein, dann macht das alles so viel lebendiger und erfüllender. Das kann eine beste Freundin aus Kindheitszeiten sein, ein neuer Freund oder eine Online-Freundschaft, Hauptsache, du findest jemanden mit ähnlichen Interessen, dem gleichen Sinn für Humor oder einer geteilten Leidenschaft. Das Gefühl, dass diese Person uns einfach *versteht*, kann unseren Alltag richtiggehend erstrahlen lassen.

Mich fasziniert diese Idee, dass wir mit jemandem »klicken«.[18]

Hast du schon einmal jemanden kennengelernt und direkt beim ersten oder zweiten Treffen das Gefühl gehabt, als würdet ihr euch ewig kennen? Oder dass dir etwas an dem- oder derjenigen *bekannt* vorkommt? Natürlich kann auch das Gegenteil passieren, wenn du zum Beispiel das Gefühl hast, überhaupt keine Verbindung zu jemandem aufbauen zu können. Wenn ihr euch in Missverständnissen verrennt, Witze nicht ankommen und du verzweifelt nach Gesprächsthemen suchst. Warum ist das so?

Natürlich helfen Gemeinsamkeiten, auf denen man in den ersten Gesprächen aufbauen kann, aber das kann nicht die einzige Begründung sein, schließlich klicken wir auch mit Menschen, die ganz anders sind als wir. In der Wissenschaft bezeichnet man dieses Gefühl, wenn du ganz ungezwungen und entspannt mit jemandem auskommst, als »soziale Synchronizität«.[19] Damit bezeichnet man, dass Personen in Gesellschaft anderer unbewusst deren Körpersprache, Kommunikationsarten und im Laufe der Zeit sogar Sprachmuster annehmen. Dadurch fühlen wir uns sicher und miteinander verbunden. Du hast bestimmt schon vom »Spiegeln« gehört, einer Form der sozialen Synchronizität – dabei reflektieren wir unbewusst die Körpersprache unseres Gegenübers. Du weißt schon: Sie lehnt sich vor, du lehnst dich vor. Sie runzelt die Stirn zu Beginn ihrer Geschichte, also tust du es auch. (Spiegeln kann ein unbewusstes oder erlerntes Verhaltensmuster sein; autistische oder anderweitig neurodivergente Menschen spiegeln oft als Teil ihres »Maskings« das Verhalten oder die Körpersprache des Gegenübers, um sich besser in neurotypischen Gruppen einzufügen. Das kann große mentale Anstrengungen für neurodivergente Personen bedeuten.)

Ich habe die Erfahrung gemacht, dass wir uns manchmal selbst die Schuld daran geben, wenn wir nicht mit einer Person in unserem sozialen Umfeld klarkommen. Eine Freundin stellt dir jemanden vor, weil sie meint, ihr würdet euch wirklich gut verstehen, und es ist ... nicht so. Die Gründe dafür könnten teilweise auch in unserem Gehirn versteckt sein. Du kennst sicherlich den Ausdruck, dass wir »nicht auf einer Wellenlänge liegen«? Das könnte wortwörtlich wahr sein. In einer Studie aus dem Jahr 2018 mit dem Titel »Ähnliche neuronale Reaktionen lassen auf Freundschaft schließen«[20], nutzten die Autor:innen fMRI-Verfahren, um Gruppen zu beobachten, die sich bereits kannten und gemeinsam Filme anschauen sollten. Dabei fanden sie heraus, dass die Filme in den engsten Freundschaften auch die ähnlichsten Hirnaktivitäten auslösten. Dann kamen Freundesfreund:innen usw., je schwächer die sozialen Verbindungen waren, umso stärker unterschieden sich die neuronalen Reaktionen.

Schon zuvor haben Psycholog:innen und Forscher:innen Umweltfaktoren betrachtet, die es wahrscheinlicher machen, dass wir uns mit jemandem verstehen – zum Beispiel ähnliche Bildungshintergründe, Familiensituationen, Ethnizität etc. Aber diese neue Studie legt nahe, dass es noch mehr Gründe als Lebensumstände und Weltanschauung gibt. Laut Thalia Wheatley, einer der leitenden Psycholog:innen, weisen die Ergebnisse darauf hin, dass »wir unseren Freund:innen außergewöhnlich ähnlich sind, was unsere Wahrnehmung und Reaktion auf unsere Umwelt angeht … das passt zu dem intuitiven Gefühl, besser zu manchen Personen zu passen als zu anderen. Dafür scheint es neurobiologische Gründe zu geben.«[21]

Mir gefällt diese Idee, weil sie uns darin bestätigt, dass wir nicht in unseren vorbestimmten gesellschaftlichen Gruppen bleiben müssen. Ja, es ist viel einfacher, sich mit einem Kollegen oder einer Kommilitonin anzufreunden, aber wenn auch unsere Hirnaktivität zu einem gewissen Sympathiegefühl beiträgt, sind viele geteilte demografische Faktoren keine Voraussetzung mehr. Allerdings hat man in der Studie nicht erforscht – und das hätte mich wirklich interessiert –, ob man die neuronale Reaktion von Fremden auf Videoclips messen und anhand der Ergebnisse abschätzen kann, ob sie sich anfreunden würden.

Nehmen wir Maslows Bild und stellen uns eine Freundschafts-pyramide vor, eine große Menge an Bekanntschaften steht auf der untersten Stufe und nur eine Handvoll deiner engsten Freund:in-nen an der Spitze. In der Mitte könnten die Personen sein, die nicht deine absoluten Besties sind, dich aber gut kennen und dir Sicherheit geben. Ich würde hier auch alte Freund:innen ein-ordnen, mit denen ich nicht mehr super dicke bin, die ich aber immer wieder gerne treffe. Oder eine Freundin von der Arbeit, mit der du keine Freund:innen gemein hast, aber mit der du gern über den ganzen Arbeitskram sprichst, den niemand außerhalb eurer Branche verstehen würde. In Beschreibungen dieser Art von Beziehungen wird immer wieder von einem gewissen Gefühl der »Wärme« gesprochen. Wie du mittlerweile bestimmt bemerkt hast, liebe ich es, wenn wissenschaftliche Theorien oder Fakten Begriffe stützen, mit denen wir einfach so um uns werfen. Und zu meiner großen Freude ist das auch hier der Fall.

In einer Studie der University of California aus dem Jahr 2013 baten die Psycholog:innen Tristen Inagaki und Naomi Eisenber-ger die Teilnehmenden, entweder einen unbeheizten Ball oder ein Wärmepack zu halten.[22] Dann beobachteten sie die Hirnaktivität und, wie zu erwarten war, leuchteten bei den Teilnehmenden mit Wärmepack die Hirnregionen auf, die Temperaturen registrie-ren. Dann erhielten die Teilnehmenden Nachrichten von Familie und Freund:innen. Bei neutralen, faktischen Statements über die Testperson passierte nicht viel, aber bei liebevollen und wohlwol-lenden Nachrichten leuchteten dieselben Hirnregionen auf wie zuvor, als die Teilnehmenden ein Wärmepack gehalten hatten. Wenn wir also sagen: »Da wird mir ganz warm ums Herz!«, lie-gen wir gar nicht mal so falsch.

Das hat auch interessante Auswirkungen auf das Entstehen neuer Freundschaften. Andere psychologische Studien konn-ten nachweisen, dass diese Verbindung zwischen physischer und emotionaler Wärme auch andersherum funktioniert: Erhielten

Teilnehmer:innen echte physische Wärme (zum Beispiel einen heißen Kaffee statt eines Iced Coffees), war die Wahrscheinlichkeit größer, dass sie einer Zielperson eine »wärmere« Persönlichkeit zuschrieben.[23] Falls du also immer Iced Lattes bestellst und das Gefühl hast, schon lange keinen freundlichen Leuten mehr begegnet zu sein… wärme doch mal deine Hände auf! Für mich klingt das nach einem legitimen Lifehack. Und wenn wir noch weiter denken, könnte es vielleicht auch erklären, warum wir im Sommer so viel mehr Lust auf Socialising haben. Vielleicht mögen wir Leute tatsächlich eher, wenn es heiß ist. Mind blown.

Mich faszinieren solche Forschungsversuche, die die komplexe Wissenschaft hinter unseren sozialen Interaktionen und unserem Bedürfnis nach Gruppenzugehörigkeit erklären. Und ich fordere mich gerne dazu heraus, die möglichen Zusammenhänge zwischen einer Theorie und meinen eigenen Erfahrungen zu finden. Auch wenn ich mir nicht vorstellen kann, dass wir jemals alles wissenschaftlich erklären können werden. Und das müssen wir vielleicht auch nicht. Denn die meisten reagieren so feinfühlig auf Gruppendynamiken und Körpersprache, dass die Wissenschaft uns oft nur Begriffe für Tatsachen liefern kann, die wir instinktiv verstehen. Auch wenn es durchaus interessant ist, dass wir laut einigen Studien ungefähr fünfzig Stunden brauchen, um eine Bekanntschaft zu einer Freundschaft anzuheben, und dann noch einmal 200 Stunden, um diese Person als »engen« Freund oder Freundin anzusehen – aber eine Untersuchung dieser Zeitspannen kann nicht vermitteln, wie sich das anfühlt.[24] Oder warum wir unter gewissen Umständen schon nach einer halben Stunde einen ganz besonderen Draht zu einer Person spüren.

Nehmen wir uns jetzt also die oberste Stufe unserer imaginären Freundschaftspyramide vor. Wenn du an deine allerbesten Freund:innen denkst, denen du alles anvertrauen würdest, kannst du wahrscheinlich kaum beschreiben, warum genau diese Beziehungen so wichtig für dich geworden sind. (Auch wenn ich es gut und wichtig finde, das gelegentlich zu reflektieren, um diese Freundschaften nicht als selbstverständlich anzusehen.) Zwar sind wir alle einzigartige Wesen, die das Leben nur in ihrem eigenen Kopf erleben können, aber die Menschen in unserem Umfeld reflektieren trotzdem, wer wir sind, bestärken unsere Identität und lassen sie uns ausleben, außerdem unterstützen sie uns natürlich bei Problemen. Wie in Kapitel eins erwähnt, hatte ich am Tiefpunkt meiner mentalen Gesundheit das große Glück, von den richtigen Leuten umgeben zu sein. Manche von ihnen kannte ich zu diesem Zeitpunkt noch gar nicht lange, aber wir hatten »geklickt« – und jetzt würde ich uns gerne in einen fMRI-Scanner stecken und prüfen, ob wir auf derselben »Wellenlänge« sind.

In einer Episode von Elizabeth Days *How to Fail*-Podcast, die ich mir schon mehrmals angehört habe, interviewt sie den Autor und modernen Philosophen Alain de Botton (Staffel 6, Episode 2, kann ich nur empfehlen). Die beiden sprechen viel über unser menschliches Versagen, aber mir ist insbesondere der Gedanke im Kopf geblieben, dass eine Person nie all unsere Bedürfnisse wird erfüllen können. Deine Partnerin ist vielleicht nicht die beste Ansprechperson, um all deine beruflichen Dilemmata zu verstehen. Dein bester Freund will vielleicht nicht bei deinen Hobbys mitziehen. Deine Freundin aus dem Büro möchte sich vielleicht nicht am Wochenende treffen. Es ist unfair, von einer einzelnen Person zu erwarten, dass sie alles sein kann, was wir zu jedem Zeitpunkt benötigen. Selbst für unsere allerbesten Freund:innen sind unsere Wünsche, Bedürfnisse und Anforderungen einfach zu verwirrend, als dass irgendjemand sie zu 100 Prozent abdecken und immer die perfekte Reaktion parat haben könnte. Diese Erkenntnis kann uns einerseits helfen, unfaire Erwartungen gegenüber unseren Liebsten herunterzuschrauben, aber uns andererseits auch die Freiheit schenken, selbst nicht das personifizierte Schweizer Taschenmesser sein zu müssen, das manche Freund:innen gerne hätten.

5

Warum verlieren wir uns in Vergleichen?

Eine Zeile in Max Ehrmanns Gedicht »Desiderata« besagt:
»Wenn du dich mit anderen vergleichst, könnte dich das eingebildet und bitter werden lassen, denn es wird immer Menschen
geben, die besser oder schlechter sind als du.«[1] Ehrlich, ey, was
man alles so lernt, wenn man für ein Buch recherchiert... Das
ist doch ein toller Tipp, oder? Du wirst immer in irgendetwas gut
sein, aber in etwas anderem nicht. Wenn du dich jedes Mal überlegen fühlst, nur weil du etwas besser kannst als jemand anderes,
es dich dann aber wiederum aufbringt, wenn es umgekehrt ist –
tja, das ist keine besonders gesunde Art zu leben. Danke, hab ich
kapiert. Kann man das aber wirklich vermeiden?

Ich tendiere tatsächlich dazu, mich bei vielem mit anderen zu
vergleichen. So zum Beispiel in der Vergangenheit gern mit Menschen, die wirklich gut in ihrem Job waren, der meinem ähnelte,
und ich erinnere mich, dass mir deren Erfolg das Gefühl gab, ich
würde irgendwie versagen. Zudem gab es Zeiten, in denen ich mit
meiner mentalen Gesundheit zu kämpfen hatte, und wenn ich
dann andere sah, die scheinbar mühelos grundlegende Dinge in
ihrem Leben schafften, die aber für mich eher ein Struggle waren,
dann kam ich mir echt ein wenig scheiße vor. Ich schäme mich
(zumindest im Rückblick) nicht dafür, denn ich glaube, das passiert uns allen mal. Und vor allem beim zweiten Beispiel kann
ich voller Mitgefühl auf mein damaliges Ich und meine Probleme
schauen. Ich wünschte, ich hätte zu jener Zeit diesen Stich des
Vergleichs vermeiden können – war ja auch nicht so, als hätte ich

den für besonders hilfreich gehalten –, aber ich muss mir jetzt eingestehen, dass meine Gefühle damals nun mal so waren. Ich frage mich, wie du über das Ganze denkst und ob du ähnliche Gedanken hegst wie ich? Wenn ich mir genauer anschaue, wie ich mich mit anderen vergleiche, dann stelle ich fest, dass ich mich eher auf Menschen beschränke, die ich persönlich kenne, und sei's nur über zwei Ecken oder weil ich ihnen online folge. Ich messe mich tendenziell viel weniger mit Fremden oder mit Menschen, mit denen ich keinerlei parasoziale Beziehung pflege. Da fällt es mir deutlich leichter, diesem logischen Gedanken zu folgen: »Na ja, ich weiß ja wirklich gar nix über ihr Leben, und es tangiert mich auch einfach nicht, was sie besitzen.« Wenn ich jemanden persönlich kenne, dann vergleiche ich mich viel eher mit diesen Details.

Um auf meine ursprüngliche Frage zurückzukommen: Die Theorie des sozialen Vergleichs besagt, nein, wir können es nicht verhindern. Die Theorie wurde das erste Mal von Leon Festinger, einem Sozialpsychologen, in den 1950er-Jahren[2] aufgestellt und dreht sich um die Idee, dass der Mensch von Natur aus zu Vergleichen mit anderen neigt, weil wir so unsere eigenen Fähigkeiten und Meinungen bewerten können, um dann basierend darauf unsere »hierarchische« Verortung festzumachen. So gesehen wollen wir uns in einen Kontext mit anderen setzen, um uns selbst zu verstehen.

Wie die vorherigen Kapitel gezeigt haben, sind wir Menschen hypersoziale Wesen, und die Gruppenbildung war ein Schlüsselelement zur Entwicklung und zum Überleben unserer Spezies. Evolutionspsycholog:innen schätzen, dass der soziale Vergleich auf mehreren Ebenen hilfreich beim Leben in Stämmen war. Schließlich ist es nützlich, wenn man weiß, wo der eigene Platz in der Hackordnung ist, wessen überragende Fähigkeiten in einem Bereich praktisch für einen selbst wären und, basierend auf den Beobachtungen anderer, wo man wahrscheinlich Erfolg haben oder scheitern würde. Wie so ein steinzeitliches Abchecken der Leute auf einer Party.

All das deutet darauf hin, dass uns das Vergleichen in die Wiege gelegt wurde. Und wie bei allem tendieren wir dabei dazu, eher der eine oder der andere Typ zu sein. Studien legen nahe, dass bis zu 12 Prozent all unserer Gedanken auf irgendeiner Form von Vergleichen basieren,[3] wenn also jemand behauptet: »Ich vergleiche mich nie mit anderen«, dann könnte diese Person es einfach nur noch nicht realisiert haben. Ich persönlich finde es wirklich hilfreich, zu wissen, dass unsere Gehirne dazu neigen. Denn ich kann es durchaus akzeptieren, dass ich mich immer mit anderen vergleichen werde – und dass ich nur meinen Umgang damit und die davon ausgelösten negativen Emotionen kontrollieren kann. Denn oft bedeutet die Frage »Warum bin ich so?« eher »Warum bin ich nicht wie sie?« Und wenn wir uns zu sehr auf das Messen mit anderen versteifen, dann kann das unser Selbstbewusstsein stark beeinträchtigen.

Die Vergleichskarotte

Vergleiche sind natürlich nicht immer sofort etwas Schlimmes. So kann es zum Beispiel helfen, Menschen mit anderen Fähigkeiten als den deinen wertzuschätzen. Eine meiner besten Freund:innen kann wahnsinnig gut mit Menschen in Kontakt bleiben, sie schafft es scheinbar mühelos, nicht zu viel und nicht zu wenig zu kommunizieren, und sie bleibt immer bei allen auf dem neuesten Stand – eine Fähigkeit, die mir fehlt. Ich kann mir nicht helfen, ich bin immer ein wenig neidisch auf sie deswegen – auch wenn ich weiß, dass wir beide unsere Freund:innen lieben. Ich ticke nur einfach anders und kann nicht jeden Tag mit so vielen Leuten im Kontakt stehen – aber zum größten Teil bin ich froh darüber, dass sie auf diese Art aufblühen kann, und schätze, dass dies auch wesentlich zu unserer Freundschaft beiträgt. Ich glaube zudem, sie würde das nicht mal als bewundernswerte Fähigkeit einstufen, weil es für sie einfach normal ist. Aber mir fällt es auf, und ich bewundere sie genau dafür, weil ich es im Vergleich zu ihr nicht kann.

In der Theorie des sozialen Vergleichs bezeichnet man es als einen »Aufwärtsvergleich«, wenn man sich an jemandem orientiert, der der eigenen Meinung nach besser in einem Bereich ist als man selbst, und als einen »Abwärtsvergleich«, wenn jemand der eigenen Meinung nach schlechter in etwas ist. Beides kann natürlich problematisch sein, aber wenn wir uns mal kurz auf die positiven Aspekte konzentrieren, dann können wir darin eine hilfreiche Motivationsquelle erkennen. Stell dir zum Beispiel vor, dass du es gewohnt bist, mit einer Freundin in einem Schulfach auf einem Niveau zu sein, plötzlich aber merkst, dass sie viel mehr weiß als du, und im nächsten Schritt begreifst, dass sie sich eben auch viel härter auf die nächsten Klassenarbeiten vorbereitet als du. Wenn dir daraufhin auffällt, dass du alles auf die leichte Schulter genommen und deine sich anbahnenden Arbeiten ignoriert hast, dann veranlasst es dich vielleicht dazu, mal Gas zu geben und dich anzustrengen. Das war dann doch ein echt hilfreicher Vergleich, oder?

Als ich Vergleichscoach Lucy Sheridan in meinen Podcast *Good Influence* eingeladen hatte, erkundigte ich mich bei meiner Community vorher über mögliche Fragen. Mich erreichte eine ganze Menge emotionaler Rückmeldungen, was mich darüber nachdenken ließ, wie viel Angst Vergleiche in uns auslösen – und zwar nicht nur unser Ergebnis daraus, sondern schon der Prozess selbst. Die vielen Aufrufe online zu »You do you!«, »Own it!« und »Do your thing!« sind zwar gut gemeint, aber ich frage mich manchmal, ob sie nicht alles noch schlimmer machen. Wir haben Tausende Evolutionsjahre mit Vergleichen zugebracht, uns gesorgt, was andere denken könnten. Ironischerweise fühlt es sich wie nur noch mehr Druck an, wie eine weitere Spirale, in die wir reinrutschen können, wenn wir jetzt von uns erwarten, dass wir das per Fingerschnips abschalten: *Vergleiche ich mich mit anderen Menschen mehr, als andere Menschen sich mit anderen vergleichen? Was ist die richtige Menge an Vergleichen mit anderen?!*

Lucy und ich diskutierten, wie es sich anfühlte, in der »Vergleichsfalle« festzustecken, wenn man sich wie an den Boden getackert fühlt von all dem Gewicht der Erfolge und Leistungen anderer Leute. Das ist ein schrecklicher Ort, weil man so schlecht von dort weg- und weiterkommt – du suchst dann vielleicht sogar nach immer mehr Details, die du dem Vergleichsfeuer in deinem Gehirn zum Fraß vorwerfen kannst, oder hast das Gefühl, dass jemand, der etwas geschafft hat, was du aber wolltest, es dir »weggenommen« hätte oder es dir schwerer gemacht haben könnte, es selbst zu erreichen.

On top kann sich dann noch das Gefühl der Scham festsetzen, dass du jemandem nun den Erfolg nicht gönnen würdest, dass du schrecklich bist, weil du diese hässlichen Gedanken hegst. Denn ja, das stimmt, es nimmt dir nicht nur das Selbstbewusstsein, sondern Vergleiche bringen auch noch ein weiteres weniger-als-angenehmes Ergebnis mit sich: Neid. Auch wenn das fast ein Tabuthema darstellt. Vor allem sollen wir doch nicht auf unsere Freund:innen neidisch sein, wenn sie sich wacker schlagen, sondern wir sollen ihnen zujubeln, sie anfeuern, mit ihnen die erreichten Meilensteine feiern. Und das tun wir auch – was aber ist, wenn wir, so ganz ehrlich, doch ein wenig Missgunst empfinden oder ein wenig traurig darüber sind, dass wir zu kurz kommen? Bei Fremden oder entfernten Bekannten sind wir klüger, da wissen wir, dass das, was sie auf Social Media online stellen, oft nicht das gesamte Leben widerspiegelt. Ja, klar kann jemand ein Foto von sich selbst posten, verdammt umwerfend aussehend beim Feiern einer Beförderung, aber wissen wir, was da sonst noch im Hintergrund abgeht? Wir sind uns all dessen bewusst, aber dennoch finden wir uns immer mal wieder im Sumpf der Vergleiche wieder…

Lucy sprach während unseres Gesprächs darüber, wie es dazu kam, dass sie ihren Fokus auf das Problem des Vergleichens legte, dass sie selbst heftig damit zu kämpfen hatte, und sie erklärte, wie sie sich davon befreit hat. Zudem erzählte sie noch von ein paar Momenten in ihrem Leben, in denen sie, trotz ihrer Arbeit als Vergleichscoach, wieder den bekannten Drang verspürte, sich negativ mit anderen zu vergleichen. Sie sprach darüber, wodurch das bei ihr, wie sie jetzt weiß, getriggert wird, wie ihr bei sich selbst die ersten Anzeichen auffallen und was sie dagegen tut. Eine ihrer Aussagen blieb besonders bei mir hängen: Wenn man mental stabil ist, kann man sich selbst viel einfacher daran erinnern, dass die Erfolge anderer Menschen einem primär aufzeigen, was alles möglich ist. Und, wenn man Glück hat, kann man aus diesen Situationen für sich ziehen, wie man den Möglichkeiten im eigenen Leben ein wenig nachhelfen kann.

Nehmen wir mal an, du würdest gern schreiben. Wenn du aber keine Schriftsteller:innen persönlich kennst, dann kannst du dir eventuell nur schwer vorstellen, wie die ersten Schritte aussehen könnten. Wenn allerdings jemand aus deinem Bekanntenkreis gleich zu Beginn Erfolg mit dem Schreiben hatte – und wenn du dann auch noch herausfinden kannst, wie die Person *das* geschafft hat –, dann beweist dir das, dass es möglich ist, und es verhilft dir vielleicht zu ein paar Tipps und Tricks. Das könnte alles sein, von den Techniken zur Strukturierung über Ratschläge zum Schreiben eines Exposés bis hin zu sogar schlicht ein paar bestärkenden Worten von jemandem im selben Boot. Lucy hat ein hilfreiches Mantra in petto, mit dem wir uns selbst in ähnlichen Situationen daran erinnern können: »Das ist super schön für dich, und ebenso für mich.« Wenn jemand etwas erreicht hat oder nah an das Ziel rangekommen ist, dann nimmt uns das selten etwas weg – es beweist uns vielmehr, dass es machbar ist. Betrachte es im richtigen Licht, und dann wirst du sehen, dass es auch für dich gut ist.

Ich weiß, dass uns das nicht immer leichtfällt. Wir sind in einem schlechten State-of-mind alle anfälliger für die negativen Auswirkungen von Vergleichen – vor allem wenn wir uns ein wenig so fühlen, als steckten wir fest. Wenn wir nicht sicher sind, in welche Richtung es in Zukunft gehen soll, dann kann es einem so zumute sein, als würden alle anderen ihr glückliches, entzückendes Leben führen, aber uns zurücklassen. Wenn wir jedoch selbst einen Plan haben und wissen, was wir wollen, dann fällt es uns leichter, das Mindset der »Vergleichskarotte« für uns anzunehmen, um uns dann vom Erfolg anderer inspirieren und motivieren zu lassen. Lucy schlug außerdem vor, dass man sich, wenn man diesen Sog hin zum Vergleichen spüre, zumindest fragen sollte, was einem dieses Gefühl sagen wolle. Wenn du einen Stich Neid verspürst, sobald jemand fantastische Bilder vom Trip nach Mexiko-Stadt postet, ist das dann etwas, auf das du deinen Fokus werfen kannst, um es in Zukunft auch mal machen zu können? Wenn dich jemandes Fotos auf Social Media von einem super Abend traurig machen, soll dir das dann sagen, dass du dich eigentlich einsam fühlst und dich bei deinen Freund:innen melden solltest, um deinen Kalender ein wenig zu füllen? Oder dass du vielleicht sogar neue Menschen kennenlernen solltest?

Vergleiche sind unausweichlich – aber es hängt an uns, ob wir uns damit selbst kasteien, damit unser Selbstbewusstsein schädigen oder ob wir sie als Motivationsquelle sehen, um herauszufinden, was wir in unserem Leben haben wollen. Du musst das auch nicht immer alles richtig machen. Wie wir später noch mit Blick auf die Online-Welt feststellen werden, haben unsere Gehirne ganz schön viel zu verarbeiten. Versuch das *Humblebragging* als das zu sehen, was es ist, und erinnere dich daran, dass Menschen Erfolge feiern dürfen – und falls dich doch mal ein

Feed von jemand anderem runterzieht, dann ist es auch okay, den mal stummzuschalten.

Bevor wir uns den etwas anderen (und manchmal hinterhältigen) Arten der Vergleiche mit unseren Mitmenschen zuwenden, ist es meiner Meinung nach gut, sich anzuschauen, mit *wem* wir uns so vergleichen. Die erste und wohl offensichtlichste Frage lautet dabei, ob die Person sich und die eigene Situation authentisch darstellt. So haben beispielsweise manche Influencer:innen eine Brand, die sie schützen müssen, und werden daher eine bestimmte Perspektive von sich selbst präsentieren. Sie posten vielleicht Bilder ihres ordentlichen, schönen Wohnzimmers, wenn es das ist, wofür sie bekannt sind, aber nicht ihre chaotischen Schränke, in die sie all den nicht ganz so ordentlichen Kram gestopft haben, der nicht im Foto zu sehen sein soll (und das, liebe Freundinnen und Freunde, ist eine sehr gute Metapher dafür, was wir manchmal alle im Leben machen!).

Die Forschung hat eine weitere Tatsache über die Funktionsweise unseres Gehirns herausgefunden, die man sich meiner Meinung nach vor Augen führen sollte: Wir scheinen uns meist mit Menschen zu vergleichen, die in bestimmten Bereichen die sichtbarsten Mitglieder unserer Gruppe sind und zudem in diesen oft die besten oder leistungsfähigsten.[4] Wenn ich also denke, dass ich nicht genug Sport treibe, dann wird sich mein Gehirn automatisch auf jemanden konzentrieren, den ich mit Sport in Verbindung bringe. Ich denke dann sicherlich an einen Freund, der dreimal die Woche joggen geht, oder an eine, der ich folge, die momentan für einen Marathon trainiert. Ich stolpere dann vielleicht in die Falle, dass ich mich über mich selbst ärgere, weil ich zu faul sei und nicht annähernd so viel Sport treiben würde wie sie. Ich sollte aber lieber kurz innehalten und mich daran erinnern, dass sie ein extremer Fall ist – dass das Rennen ein Teil ihrer Persönlichkeit und eins ihrer liebsten Hobbys ist. Und dass es das eben nicht für mich ist. Wenn ich mich mit meinem Bekanntenkreis vergleiche, dann stelle ich fest, dass ich mehr als manche, aber auch weniger als andere gern durch die Walachei wandere – ich bin da ziemlich durchschnittlich. Das gibt mir ein Gefühl der Sicherheit und lässt mich aus einem anderen Blickwinkel positivere Entscheidungen fällen, wie ich mich selbst zu mehr Bewegung motiviert bekomme. Schlicht weil es Spaß macht und nicht, weil ich »sollte«. Es überrascht vielleicht nicht, aber wenn wir uns weniger mit den Überdurchschnittlichen vergleichen, dann hat das einen weitaus geringeren negativen Einfluss auf unser Selbstbild.

Der Rampenlichteffekt

Dolly Alderton beschreibt in ihrem Buch *Alles, was ich weiß über die Liebe* das Gespräch mit einer Therapeutin über ihren »größten Albtraum« – eine Gruppe Menschen, die in einem Konferenzraum über sie lästert. Nach einer Pause fragt die Therapeutin schlicht: »Glauben Sie wirklich, dass Sie so wichtig sind?«[5] Ich liebe das. Es fasst so wunderbar zusammen, wie wir alle davon ausgehen, dass wir wichtiger seien, als wir es tatsächlich sind.

Wir wollen, bewusst und unbewusst, in unserem Alltag kontinuierlich herausfinden, was Menschen über uns denken. Da ist wieder unser überaus soziales Gehirn am Werk. Dafür müssen wir unsere Gedankenprozesse und Erfahrungen mit dem Verhalten anderer vergleichen – wir können schließlich nur in unseren eigenen Köpfen leben, uns bleibt also nicht viel anderes übrig. Allerdings werden unsere Schlussfolgerungen unausweichlich immer durch den sogenannten »egozentrischen Bias« (oder auch die »egozentrische Verzerrung«) verdreht. Erinnerst du dich noch an die Beispiele des kognitiven Bias im dritten Kapitel? Diese Bugs in unserem Gedankensystem, von denen wir nicht wussten, dass wir sie haben? Die uns zu komischen Schlussfolgerungen verleiten können? Na ja, hier ist ein weiteres Exemplar dieser Spezies.

Der egozentrische Bias beschreibt unsere Tendenz, uns selbst in den Mittelpunkt zu stellen, und die uns fehlende Erkenntnis, dass wir die Welt und die Menschen um uns herum immer nur durch unsere eingeschränkte Brille sehen werden. Das kann sich beispielsweise bei einem Experten eines bestimmten Felds zeigen, der nicht mehr erkennen kann, dass andere Menschen darüber absolut gar nichts wissen. Oder darin, dass du in deiner Erinnerung eine deutlich größere Rolle in einer Situation gespielt hast, als es tatsächlich der Fall war, oder darin, dass Pärchen und Mitbewohner:innen manchmal darüber streiten, wer die meiste Hausarbeit erledigt habe – das *musst* du sein, schließlich weißt du ja von allen Arbeiten, die du erledigt hast, richtig?! Du siehst allerdings nicht all jene, die dein Partner macht – und umgekehrt.

Der egozentrische Bias kann uns auf viele Arten beeinflussen, und man sollte ihn tatsächlich auf dem Schirm haben, um gegebenenfalls gut gegenzusteuern. Wir können uns näher an eine objektive Wahrheit einer Situation heranarbeiten, indem wir verschiedene Perspektiven einnehmen und aktiv alternative Sichtweisen ausprobieren. Darauf kommen wir noch mal im Kontext der sogenannten intellektuellen Bescheidenheit in einem späteren Kapitel zurück, aber lass uns jetzt erst einmal spezifischer auf den sogenannten »Rampenlichteffekt« eingehen.[6]

Selbst wenn du dir nicht sicher bist, was das ist, möchte ich wetten, dass du ihn wenigstens erkennen wirst ... Dir ist bestimmt schon mal das Gefühl untergekommen, dass dich scheinbar alle anschauen, weil du das Falsche gesagt oder gemacht oder sogar angehabt hast und es *allen* aufgefallen ist, sie dich jetzt also für einen Idioten oder eine Idiotin halten? Genau davon spreche ich. Nehmen wir mal an, dass du die Straße runterläufst und leicht über einen Stein stolperst. Dein Gesicht wird heiß, während du dir vorstellst, wie all die Menschen hinter dir jetzt vor sich hin kichern und sich für dich ganz furchtbar fremdschämen. Du versuchst dann, besonders selbstsicher zu laufen, oder versuchst zu eruieren, wie die Körpersprache deiner Schultern die Message »Das hat mich jetzt mal so gar nicht aus dem Konzept gebracht« kommunizieren kann. Und das von hinten.

Im Namen der Solidarität verrate ich dir jetzt eine solche Geschichte aus meinem Leben. Wie ich ja bereits erwähnte, ist mein autobiografisches Gedächtnis eine Katastrophe, also verzeih mir bitte die etwas unscharfen Details, aber es fand in meinem ersten Jahr an der Uni mal eine Veranstaltung meines Fachbereichs statt, so ein »Kennenlern«-Kram. Es gab ein Quiz, und ich wurde irgendwie dazu überredet, die Fragen vorzulesen, bei denen es in einer um *Les Misérables* ging, was ich weder gelesen noch gesehen hatte. Und immer noch nicht habe. Auf jeden Fall las ich diese Frage vor und tippte leider auf die falsche Aussprache, statt also, wie es richtig wäre, mit französischer Betonung »Jean Valjean« zu sagen, las ich es als »*Jean Valjean*« vor ... wie ein Paar Jeans. Es gab einige vereinzelte Lacher daraufhin im Raum von denen, die wussten, dass es falsch war ... und dann war der Moment vorbei. Weiter ging's mit dem restlichen Quiz! Du fragst dich jetzt vielleicht, warum ich dir ausgerechnet so eine belanglose Geschichte erzähle, aber das ist mehr als *zehn Jahre her*, und die Erinnerung daran lässt mich innerlich immer noch ein klein wenig sterben. Ich muss tatsächlich ungefähr einmal im Monat kurz daran denken. Und vielleicht ist das auch der Grund, weshalb ich *Les Mis* immer noch nicht gesehen habe, weil ich mich weiterhin nicht meiner kleinen Beschämung stellen kann. Das ist ein perfektes Beispiel des Rampenlichteffekts, da, so ganz logisch betrachtet, ich mir ziemlich sicher bin, dass niemand sonst, der bei dem Event war, jemals wieder daran denken musste – wahrscheinlich nicht einmal zehn Minuten, geschweige denn zehn Jahre später. Hoffen wir mal, dass das Niederschreiben dieser Geschichte einen therapeutischen Effekt auf mich hat und ich mich endlich von der Schande der Unkultiviertheit befreien kann.

Abgesehen von diesem Schwelgen in Erinnerungen ist es immer gut, festzuhalten, dass der Rampenlichteffekt nicht immer etwas Negatives sein muss – er kann genauso auf eine positive Situation zutreffen, in der jemand eine Aufgabe perfekt abgeschlossen haben könnte und dann überschätzt, wie viel Aufmerksamkeit das bei anderen auslösen wird, als wären alle davon stark beeindruckt. Auch wenn ich gestehen muss, dass ich dieses Beispiel deutlich weniger nachvollziehen kann.

Die meisten von uns glauben, dass wir öfter auffallen, als wir es tun – ich überlasse es dir, ob das nun gut ist oder schlecht. Das ist interessant, weil wir uns im gleichen Zug darüber bewusst sind, dass wir selbst nicht so wahnsinnig viel mitbekommen. Wir können sogar unseren egozentrischen Bias reflektieren und wissen, dass wir ziemlich viel Zeit mit dem Fokus auf uns selbst verbringen – also ist die Wahrscheinlichkeit sehr hoch, dass es bei allen anderen genauso ist und sie sich viel mehr Gedanken über sich selbst machen als über ihre Mitmenschen. Und dennoch ist es schwierig, den Gedanken, dass alle uns beobachten und bereit sind, uns für etwas zu judgen, was wir gesagt oder getan haben, vollständig abzuschütteln.

Falls du unter Ängsten leidest (oder das je getan hast), vor allem unter Sozialängsten, dann weißt du sehr genau, wie mächtig der Rampenlichteffekt sein kann – wenn du dich wirklich so fühlst, als wären Bühnenscheinwerfer auf dich gerichtet, du wärst hypersichtbar und alle würden dich anschauen und judgen. Das Wissen um den Rampenlichteffekt und den egozentrischen Bias allein wird das leider nicht lösen können, aber ich persönlich finde es hilfreich, wenn ich etwas einen Namen und eine Erklärung verpassen kann; denn das heißt, andere erleben das auch so. Es erinnert mich daran, dass ich meine negativen Gedankenmuster zu rationalisieren versuchen sollte, wenn ich kann, und mich daran erinnern sollte, dass andere genauso vom Licht geblendet werden wie ich und keinen Raum haben, um sich Gedanken über meine falsche Namensaussprache zu machen. Wie mich Dolly Aldertons Therapeutin wohl erinnern würde: Ich bin wirklich nicht so wichtig.

Es ist tröstlich, dass die Forschung bestätigt, dass Menschen anderen tatsächlich weniger Aufmerksamkeit schenken, als wir denken. In einer oft zitierten Studie aus dem Jahr 2000[7] wurde ein Bachelorstudent gebeten, in einem Barry-Manilow-Shirt zum Kurs zu gehen – was damals als peinlich angesehen war (sorry, Barry) –, und er sollte vorhersagen, wie vielen es auffallen würde. Als seine Mitstudent:innen danach befragt wurden, stellte sich heraus, dass weitaus weniger Leuten als gedacht das T-Shirt aufgefallen war. Während das beweist, dass das Jahr 2000 länger her ist, als ich es gern hätte, weil jetzt sicherlich viele Student:innen gar keinen Plan mehr hätten, wer Barry Manilow ist (jetzt komm schon, *Copacabana!),* so zeigt es doch auch etwas, was viele weitere Experimente bewiesen haben: Menschen fällt das meiste von dem, was du so machst, gar nicht auf. Tatsächlich konnte gezeigt werden, dass man im Schnitt die anderen beziehungsweise deren Aufmerksamkeit um volle 50 Prozent überschätzt.

Bei einer der Techniken der kognitiven Verhaltenstherapie (KVT), die auch bei der Behandlung von Sozialängsten benutzt wird, setzt man »ausgleichende Gedanken« ein.[8] Wenn du beispielsweise mal etwas Dummes gesagt hast oder glaubst, dass dich jetzt alle um dich rum weniger schätzen als vorher, dann kannst du dir bewusst machen, dass du dich hinterher ja selbst korrigiert hast und dass die anderen im Raum dich in der Vergangenheit genug intelligente, vernünftige Sachen haben sagen hören, sodass sie jetzt wegen eines einzigen Versprechers wohl eher nicht ihre Meinung über dich ändern werden. Wenn das bei dir nicht funktioniert, dann könntest du immer noch versuchen, dir das Mantra

»Fast niemand bemerkt Barry Manilow!« einzuprägen. Ich mein ja nur, es *könnte* schließlich funktionieren. Berichte mal!

Selbstbewusste Emotionen

Natürlich ist der Rampenlichteffekt deshalb so mächtig, weil wir alle, in unterschiedlichen Abstufungen, Angst vor Blamage haben – was wahrscheinlicher ist und auch so empfunden wird, je mehr Augen auf uns ruhen. Aus eigenen Erfahrungen kann ich das bestätigen. Je mehr Follower:innen mit der Zeit auf Instagram ihren Weg zu mir fanden, desto mehr haben mich die Selbstzweifel über mögliche Fehler geplagt. Nicht, weil ich denke, dass ich ein schlechter Mensch sei und andere das herausfinden könnten, sondern weil es einfach wahrscheinlicher wird, dass jemand einen Rechtschreibfehler, eine unvorhergesehene Ignoranz meinerseits oder ein in der Unterhose festgeklemmtes Kleid in einem schlecht platzierten Spiegel entdeckt.

Psycholog:innen sortieren die Verlegenheit in die Gruppe der sogenannten »selbstbewussten Emotionen« ein, zusammen mit Scham, Schuld, Eifersucht/Neid, Empathie und Stolz.[9] Ganz kleine Kinder haben diese Art Gefühle nicht, sie entwickeln sich meist erst so im Alter zwischen 15 und 24 Monaten. Dafür braucht es zuerst ein Selbstkonzept, also ein »Das bin ich, und all diese anderen Dinge in der Welt sind nicht ich«. Dann braucht es einen Sinn für einen Standard, an dem man sich messen kann, sei es in Bezug auf das, was andere haben (ein Spielzeug, das du willst) oder von dir erwarten (dass du die Treppen nach oben klettern kannst), oder auf dein Verhalten (dass du den Brokkoli aufisst). Wenn du also, anders formuliert, verstanden hast, wie die Regeln der Gesellschaft oder Gruppe, in der du dich befindest, funktionieren und was andere Menschen tun oder nicht tun, dann kannst du mit dem Versuch beginnen, dem zu entsprechen.

Wenn ich mir die Liste der selbstbewussten Gefühle durchlese, reagiere ich fast schon körperlich darauf. »Scham«. *Da schüttelt's mich*. Die tatsächlichen Gefühle lassen sich nur schwer beschreiben und fühlen sich so an, als hätten sie mehrere Lagen, aber sie sind generell einfach keine angenehme Angelegenheit. Denk mal darüber nach, wie ein Stich Eifersucht anmutet, beispielsweise. Schon das Tippen von »Stich« fühlte sich an wie eine klischeehafte Beschreibung, aber es wurde inzwischen vielleicht auch einfach zu oft benutzt, weil es so dermaßen passend ist. Auch wenn es schwierig ist, die »Eifersucht« oder auch den »Neid« zu beschreiben, so trifft »Stich« bei den meisten den richtigen Nerv. Und abseits der Empathie und vielleicht auch des Stolzes scheinen sie eher einsame Emotionen zu sein. Wir Menschen wollen nicht negativ von anderen in unserer Sozialgruppe bewertet werden. Wenn das passiert oder wir zumindest das Gefühl bekommen, wir würden es werden, wenn die anderen etwas (in unseren Augen) Schambehaftetes über uns erfahren würden, dann fühlen wir uns abgeschnitten, selbst wenn wir auf rationaler Ebene wissen, dass wir alle diese Gefühle immer mal wieder verspüren.

Für Wissenschaftler:innen und Forscher:innen lässt sich all das natürlich nur schwer untersuchen. Nehmen wir mal das Beispiel der Verlegenheit. Was die eine Person peinlich berührt, muss nicht zwingenderweise jemanden anderen quälen. Das ist sowohl auf kultureller als auch auf individueller Ebene unterschiedlich. Für manche wäre es ein wunderbares Kompliment, wenn ihnen jemand in einem Gruppengespräch sagen würde, sie seien »sehr talentiert«. Anderen würde dabei unbehaglich zumute werden, und sie würden sich verlegen fühlen, auch wenn wir uns wohl einig darüber sind, dass Talent etwas durchweg Positives ist. Ein Teil des Gehirns, der anscheinend stark bei den selbstbewussten Gefühlen mitmischt, ist der vordere Teil der Inselrinde. Mithilfe von fMRI-Scans konnten Neurowissenschaftler:innen das »Aufleuchten« dieses Teils des Gehirns der Studienteilnehmer:innen beobachten, sobald jemand beim Fremdgehen gesehen wurde, sie Ekel auf einem Gesicht erkennen konnten oder wenn sie mit anderen mitfühlten, unter anderem wenn sie Musik oder einen Witz hörten.[10] Dieser Teil des Gehirns erhält, laut dem Neurowissenschaftler Arthur D. Craig[11], Eindrücke (wie es alle Säugetiere tun) und wandelt sie in Emotionen um (was anscheinend nur bei Menschen und, in beschränktem Umfang, bei Großaffen der Fall ist). Wir hören also, dass uns jemand auslacht, und sind dann peinlich berührt. Oder wir sehen eine Frau, die das Kleid trägt, das wir uns so gern gekauft hätten, aber nicht leisten konnten, was Neid in uns auslöst.

Ich glaube, dass dies ein Eckpfeiler des ganzen »Was stimmt nicht mit mir?«-Gefühls ist. Ob wir uns nun mehr Selbstbewusstsein wünschen, gern die Sorgen über die Meinungen anderer abschütteln könnten oder ob wir uns über uns selbst ärgern, weil wir angesichts einer Nichtigkeit neidisch oder eifersüchtig waren – all das sind Emotionen, die wir eigentlich gar nicht wollen. Aus sozialer Sicht gibt es viele Gründe, warum so etwas wie Scham- und Schuldgefühle hilfreich für die Spezies Mensch sind. Ich bin mir sicher, du könntest einige davon auch erraten – so lässt uns beispielsweise das Schuldgefühl wissen, dass es falsch war, jemandem wehzutun. Wenn die Beziehungen innerhalb einer Community ihr beim Überleben helfen, dann ist es durchaus sinnvoll, dass wir neuronale und soziale Mechanismen entwickelt haben, um diese Beziehungen zu stärken und uns als Individuen von Sachen abzuhalten, die die Community gefährden könnten. Selbst das Rotwerden – das viele von uns, denen das gern passiert, wirklich gar nicht erfreut – scheint einen sozialen Grund zu haben, denn Studien haben gezeigt, dass Menschen, die nach einer Blamage zum Rotwerden neigen, als vertrauenserweckender angesehen werden,[12] und dieses Ansehen auch noch ansteigt, wenn sie eine Art sozialen Fauxpas begehen. Wenn jemand etwas »Falsches« getan hat, dann schätzen wir das sehr, wenn dies der Person auch bewusst ist.

Wenn wir mehr darüber wissen, welche Gehirnregion bei selbstbewussten Gefühlen aktiv wird, könnte das Menschen, die Interaktionen dank unterschiedlichster Abweichungen (von Autismus bis zu Soziaängsten) anders erleben, helfen. In der Zwischenzeit ist es für uns vielleicht auch hilfreich, wenn wir uns bewusst machen, dass wir *alle* manchmal Scham, Schuld und Verlegenheit verspüren, auch wenn uns der Rampenlichteffekt vorgaukelt, wir seien die schlimmste Person/der größte Depp auf Erden und *alle* wüssten es. Diese schmerzhaften Gefühle sind auf eine Art der Preis, den wir für das Menschsein zahlen müssen – ohne sie hätten wir keine Community, Loyalität, kein Vertrauen und keine der vielen anderen tiefsinnigen und erfüllenden Aspekte, die unser Leben so lebenswert machen. Also, ich danke dir, vordere Inselrinde. Ich mag nicht alle Gefühle, die du in mir auslöst, aber ich weiß, dass du eigentlich auf meiner Seite bist.

Impostor-Syndrom

Ein Phänomen, das meiner Meinung nach den Rampenlichteffekt, den egozentrischen Bias und den Drang, sich auf negative Art zu vergleichen und sich selbst herabzuwürdigen, wunderbar zusammenbringt, ist das Impostor-Syndrom (oder Hochstapler-Syndrom). Es fühlt sich so an, als würden in den letzten Jahren immer mehr Menschen dazu stehen, so sprechen viele berühmte, erfolgreiche und respektierte Frauen nun öffentlich über ihre manchmal lähmenden Selbstzweifel, die anscheinend kein Ausmaß an Erfolg verschwinden lassen kann – und davon, dass diese sogar mit ihrem Erfolg noch *wachsen*. Ich finde es einerseits beruhigend, dass solche Menschen jetzt darüber reden, aber auch irgendwie erschreckend, dass es ein so weitverbreitetes Phänomen zu sein scheint und Menschen noch mehr beeinträchtigt, wenn und obwohl sie sich wiederholt bewiesen haben.

Der Begriff entstammt einem Paper der Psychologinnen Pauline Clance und Suzanne Imes aus dem Jahr 1978, auch wenn sie es dort »Impostor-Phänomen« nannten.[13] Sie beschrieben es wie folgt: »Trotz hervorragender akademischer und beruflicher Leistungen bleiben Frauen, die unter dem Impostor-Phänomen leiden, in dem Glauben, dass sie in Wirklichkeit nicht intelligent seien, und alle, die etwas anderes dachten, getäuscht hätten. Zahlreiche Errungenschaften, von denen man meinen könnte, dass sie reichlich objektive Beweise für überlegene intellektuelle Fähigkeiten lieferten, scheinen dem Impostor-Glauben nichts anhaben zu können.«

Wie wir bereits gesehen haben, nimmt ein Begriff normalerweise gern Fahrt auf und wird viel benutzt, wenn er etwas beinhaltet, das in vielen Menschen einen Nachhall findet, weil es eine gemeinsame Erfahrung oder ein Gefühl beschreibt, das wir vorher nicht so recht in Worte fassen konnten. Ich befürchte, dass viele von uns die Empfindung kennen, wir seien unqualifiziert oder wüssten nicht genug, um das zu tun, was wir taten. Das wird meist mit Arbeit und Karrieren in Beziehung gestellt, aber ploppt auch immer mal wieder in anderen Situationen auf – wie beispielsweise nach der Studienzulassung, wenn du dennoch nicht daran glaubst, dass du klug genug dafür bist. Du fühlst dich vielleicht wie eine Mogelpackung und als würde der Scheinwerfer sich gleich zu dir drehen und alle auf diese Tatsache hinweisen. Das wird oft Frauen zugeschrieben, obwohl es von allen Geschlechtern empfunden werden kann, und es kann besonders Menschen aus ethischen Minderheiten betreffen – die Gründe dafür werden wir uns noch anschauen. Selbst Michelle Obama, gerade auf Promo-Tour mit ihrem Bestseller *Becoming*, hat bereits öffentlich darüber gesprochen, dass sie *immer noch* das Impostor-Syndrom verspüre.[14] Wenn selbst sie davon betroffen ist, dann dürfte die Behauptung schwierig zu beweisen sein, dass es kein tiefgreifendes und weitreichendes Problem sei.

Das Impostor-Syndrom spielt bei mir in einem leicht anderen Kontext eine Runde mit: bei meiner ADHS-Diagnose. Und da meine ich das gar nicht so sehr in Bezug auf Zweifel an meinen Fähigkeiten, sondern eher insofern, ob ich wirklich eine zusätzliche Hürde überwinden musste oder (wie ich viel zu lange glaubte) ob ich nicht doch die gleichen Voraussetzungen gehabt hatte wie alle anderen, aber einfach nicht gut genug war. Die Diagnostik umfasste einige Schritte: Ich sollte einen Fragebogen ausfüllen, meine Mutter musste etwas über meine Kindheit und mein Verhalten damals schreiben, ich wurde nach ausführlichen Diskussionen von einem Psychiater bewertet etc. Keine meiner Antworten dabei war gelogen, aber ich konnte mir nicht helfen und rechnete damit, dass ich irgendwie und aus Versehen sogar schlecht genug in diesem Game namens Leben war, um mit ADHS diagnostiziert zu werden, ohne es zu haben – vielleicht war ich doch nur zu faul und unzulänglich, sodass ich dieselbe Dysfunktionalität wie jemand mit einem neurodivergenten Gehirn an den Tag legte … nur dass dies alles meine eigene Schuld war. (Um eins klarzustellen, hiermit möchte ich nicht Menschen mit ADHS als faul und unzulänglich bezeichnen. Es geht nur darum, wie gemein ich zu mir selbst bin.) Ich erzählte das tatsächlich ein paar Monate nach meiner Diagnose meinem Psychiater – dass ich mir immer noch Sorgen machte, dass ich ihn aus Versehen reingelegt hätte. Er fragte dann zurück, ob ich, wenn nach einem Leben voller Masking schon nicht mir selbst, dann doch wenigstens seinen Qualifikationen vertraute. Touché.

Ich glaube, die meisten Menschen würden das Impostor-Syndrom/-Phänomen gern als Gefühl anerkennen, unter dem einige leiden, aber nicht alle mögen den Begriff, und viele stellen die Art der Diskussion darüber infrage. An dieser Stelle sollte erwähnt werden, dass es sich eher um einen selbst ernannten Begriff aus der Pop-Psychologie handelt, statt um etwas, das wie die meisten psychologischen Erkrankungen von Expert:innen nach festgelegten Kriterien klinisch diagnostiziert werden kann. Eine Metastudie aus dem Jahr 2019 begutachtete 62 Studien zum Impostor-Syndrom, um Antworten zu finden, kam aber primär zu dem Ergebnis, dass die Prävalenz in den einzelnen Studien enorm variierte – von 9 bis 82 Prozent. Das war wohl zu erwarten, wenn man bedenkt, dass die Kriterien (und somit die Fragen, mit denen herausgefunden werden sollte, ob die Menschen darunter litten) dafür, was ein Impostor-Syndrom eigentlich ist, irgendwie ein ganz schönes Wischiwaschi sind.[15]

Diese Metastudie merkte zudem an, dass wir es außerhalb der akademischen Welt alle »Impostor-Syndrom« nennen, während die psychologischen Fachleute und Akademiker:innen nach wie vor eher bei »Impostor-Phänomen« geblieben sind. Das mag jetzt unfassbar haarspalterisch klingen, aber für manche ist diese Differenzierung wichtig. Aus medizinischer Sicht ist die Definition eines Syndroms »eine Kombination aus medizinischen Problemen, die das Vorliegen einer bestimmten Krankheit oder eines psychischen Leidens aufzeigt«.[16] Aber ist es wirklich eine Krankheit oder ein psychisches Leiden? Oder soll das subtil vermitteln, dass mit Menschen mit Impostor-Syndrom etwas »nicht stimmt«, statt, sagen wir mal, mit der Umgebung, in der sie zu agieren versuchen?[17] In einer Umfrage mit 2500 britischen Arbeiter:innen wurde festgehalten, dass Frauen und Millennials besonders betroffen davon waren, sich wie Betrüger:innen zu fühlen, während es bei trans Teilnehmer:innen jedoch mit Abstand am meisten vorzufinden war – von denen sich 64 Prozent regelmäßig bei der Arbeit wie Versager:innen fühlten.[18]

Auch wenn Männer und Frauen auf ähnliche Weise nach Jobs schauen, so würden sich laut der *Harvard Business Review* Letztere doch zu 16 Prozent weniger oft auf Stellen bewerben, die sie gefunden haben, und sogar zu 20 Prozent generell weniger auf

Stellen bewerben. Der Grund dafür lässt sich dank einer oft zitierten Statistik finden, über die du vielleicht schon gestolpert bist: dass Frauen sich zurückhalten, sobald sie weniger als 100 Prozent der Stellenausschreibung erfüllen, während Männern schon ungefähr 60 Prozent reichen.[19]

Auch wenn alle Geschlechter von Erfahrungen mit dem Impostor-Syndrom berichten, so spricht das erhöhte Auftreten bei leistungsstarken Frauen, People of Colour und Menschen mit marginalisierten Geschlechtern doch eher dafür, dass es ein gesellschaftliches Problem darstellt. Da weiße Männer in westlichen Ländern seit Urzeiten einen Großteil der Macht innehatten und Menschen wie sich selbst immer an der Spitze sahen, glauben andere eventuell nun, dass sie kein Mitspracherecht verdient hätten. Wenn man dann aber doch mal in die Position kommt, wo man welches hätte, stellt man beim Blick um sich herum fest, dass niemand so aussieht wie man selbst, und dann – ganz unabhängig von deinem jetzigen Erfolg – lassen dich die Vorurteile, die du während deines Aufwachsens ständig gehört hast, an deinen Fähigkeiten zweifeln. Es kann auch passieren, dass man sich wie im Rampenlicht fühlt, weil sonst nicht allzu viele Menschen so aussehen wie man selbst, erst recht nicht auf diesem Level, was einen per se sichtbarer macht. Das birgt einen zusätzlichen (unfairen) Druck, dass man mit der eigenen Performance im Job irgendwie die gesamte demografische Gruppe repräsentiere. Mandy Bynum Mc Laughlin, die Urheberin des Race Equ(al)ity Index, erklärte in einem *Forbes*-Artikel:

Schwarze Frauen tragen die gefühlte Verantwortung, die Stimme für alle zu sein, weil sie eine Minderheit repräsentieren, was eine große Belastung darstellt, vor allem wenn man sich schon in einem mehrheitlich männlichen und weißen Umfeld bewegen muss... Der hohe interne und externe Leistungsdruck, bei gleichzeitigem Umschiffen der Mikroaggressionen, die kontinuierliche Infragestellung der Führungsqualitäten Schwarzer Frauen sowie die Tatsache, dass keine Gefühle – erst recht keine Wut oder Frustration – gezeigt werden dürfen, ohne nicht gleich als aggressiv oder bedrohlich abgestempelt zu werden, sind ungeheuer große Faktoren, denen sich Schwarze Frauen in Führungspositionen stellen müssen.[20]

Manche Menschen haben das Gefühl, dass es, wenn solche Fälle als individuell auftretende Impostor-Syndrome diagnostiziert werden, die Position der Einzelnen schwächt und hinterrücks impliziert, dass sie nicht gut genug für Erfolge seien.

Wenn du zu den Menschen gehörst, die diese Angst schon gespürt haben, wenn du dir Sorgen gemacht hast, dass deine Erfahrungen auf einmal gar nichts mehr wert seien und du dann jetzt als Hochstapler:in enttarnt werden wirst, dann findest du vielleicht die folgende Herangehensweise hilfreich: Du leidest unter gar keinem »Syndrom«, denn jede:r würde sich so fühlen. Andererseits könnte es, wenn dich das Gefühl der Unzulänglichkeit dein Leben lang beeinträchtigt hat, dir jetzt helfen, dem Ganzen einen Namen geben zu können – dann bleibst du einfach bei deinem selbst diagnostizierten Impostor-Syndrom und fertig.

Was auch immer wir über den Begriff an sich denken, so wissen wir doch mit Sicherheit, dass das Impostor-Syndrom/-Phänomen Burn-out, Stress und Depressionen verursachen kann;[21] diese psychologischen Zustände sind klinisch anerkannt und bringen sehr schlimme Konsequenzen mit sich. So oder so ist es ein Problem, das angegangen werden muss.

Wenn du dich also immer wieder bei Selbstzweifeln in irgendeinem Kontext, bei der Arbeit oder sonst wo, erwischst, dann solltest du dich daran erinnern, dass diese nicht gleichbedeutend sind mit »beschissen sein«. Du bist ein Mensch, der Fürsorge und alles Gute im Leben verdient hat, auch wenn du nicht die oder der Beste in deinem Bereich bist oder die talentierteste Person im

Raum! Wir alle kriegen manchmal Panik, dass wir spektakulär scheitern würden oder dass die Menschen um uns viel qualifizierter oder kompetenter seien als wir. Stell dir mal vor, du würdest niemals deine Fähigkeiten infrage stellen – das wäre sicherlich nicht normal. Zudem würdest du dich nicht weiterentwickeln, wenn dich nie etwas herausfordern würde. Nervosität vor einer neuen Herausforderung ist etwas völlig Natürliches, und Selbstzweifel könnten dich dazu bringen, dein Wissen und deine Fähigkeiten noch weiter auszubauen, damit du dich selbstbewusster fühlen kannst.

Wenn du aber eine lähmende Angst verspürst, dass du deine jetzige Position im Leben nicht verdient haben könntest, aber keine noch so rationale Betrachtung deiner beeindruckenden Erfolge in der Vergangenheit hilft, dann wisse bitte wenigstens, dass viele, viele sehr kluge, kompetente Menschen schon in deiner Haut steckten, du also nicht allein im stillen Kämmerlein leiden musst. In der britischen Studie, die ich bereits erwähnte, haben 94 Prozent der Menschen mit Impostor-Syndrom angegeben, dass sie das noch nie bei der Arbeit angesprochen hätten.[22] Studien haben gezeigt, dass Menschen, die unter dem Impostor-Syndrom litten, sich fühlten, als seien sie damit allein auf der Welt, und dass der Fehler einzig bei ihnen selbst läge.[23] Wir wissen aber ja, dass dem nicht so ist. Die Verdrahtung unseres Gehirns – ob nun dank Impostor-Syndrom oder nicht, in jedem Fall ist da letztlich nur »die Natur des Menschen« schuld dran – wird uns manchmal dazu verleiten, unser in Panik versetztes Inneres mit dem entspannten Äußeren anderer Menschen zu vergleichen, um dann daraus den Schluss zu ziehen, dass alle anderen ihr Leben im Griff hätten – und nur wir, ganz allein wir, nicht.

»Main character«-Energie

Beim Schreiben dieses Kapitels habe ich immer mal wieder reflektiert, wie ... schwer es ist, ein Mensch zu sein. Sowohl die Vergleiche als auch der egozentrische Bias sind irgendwie unvermeidbar – wie ich bereits gesagt habe, können wir unsere Erfahrungen eben nur durch unsere Augen sehen, egal wie sehr wir etwas anderes versuchen, und dennoch geiern wir nach dem Gefühl, uns selbst in Bezug auf andere verstehen zu können. Wir sind gefangen zwischen dem Ratschlag, »uns um unsere eigenen Angelegenheiten zu kümmern«, und der Tatsache, dass wir nicht mit Scheuklappen durch die Welt gehen. Viele von uns haben dieses leise (oder laute) Summen im Kopf, das beständig fragt: »Mache ich das richtig so?« und »Fühle nur ich mich so, oder geht es allen anderen auch so?« Wir schauen also auf unsere Mitmenschen, auf einen Hinweis hoffend, laufen damit aber Gefahr, in die Abwärtsspirale der Vergleiche zu fallen, weil wir uns auf jemand anderen statt auf uns selbst und unsere Wünsche konzentrieren.

Wir müssen, jenseits der Vergleiche mit den Menschen in unserem Umfeld, auch noch mit den Erwartungen an uns selbst klarkommen – wie wir den kulturellen oder sozialen »Normen« entsprechen, was bei manchen Unbehagen oder Unsicherheiten hervorruft. Alles kann eine Quelle ungemeinen Drucks darstellen: von Körperidealen bis hin zum Beziehungsstatus, von bestimmten Meilensteinen bis hin zum Konzentrationslevel bei der Arbeit, von den Erwartungen der Familie an uns hin zu dem, was unsere Freund:innen so machen und was die Gesellschaft als akzeptabel erachtet. Die Erwartungen anderer können besonders verwirrend sein, wenn verschiedene Lager jeweils eigene Ideen für dich bereithalten: in der einen Minute sagt man dir, was du zu essen, wie du dich zu bewegen oder was du für einen bestimmten Style zu tragen hast, aber fünfzehn Minuten später heißt es dann, dass du nur »cool« sein kannst, wenn du all das ignorierst und völlig individuell auftrittst, also auf keinen Fall bist wie die anderen. (Mir ist ein großer Unterschied seit meiner Zeit als Teenagerin aufgefallen: der Wandel von »Ich bin nicht wie die anderen Mädels« hin zu »Ich bin verdammt noch mal wie die anderen Mädels, Mädels sind großartig.« Eine krasse Verbesserung. Bravo, Gen Z.) Zusätzlich dazu werden sich manche von uns noch mit ihrem Umfeld vergleichen, vor allem während der Phase des Aufwachsens, um dann zu dem Schluss zu kommen, dass wir irgendwie anders sind und unsere Peeps woanders finden müssen, was eine schwierige Erfahrung sein kann. Wenn du dich also allzu oft fragst: »Was stimmt nicht mit mir?«, weil du dich so anders fühlst als der Rest, dann muss gar nichts an dir nicht stimmen. Deine Zeit wird kommen!

Dank der Evolution unseres Gehirns und somit auch unserer Sozialstrukturen nehmen Vergleiche immer wieder andere Formen an. Ich finde es da hilfreich, dass ich, wenn ich meine eigenen Gedankenabläufe zu verstehen versuche, von solchen Sachen wie dem Rampenlichteffekt und dem egozentrischen Bias weiß. Natürlich sind wir alle die Protagonist:innen unseres eigenen Lebens; der innere Monolog, den wir tagtäglich hören, und alles, was wir so erleben und durchmachen, wird von unseren eigenen Erfahrungen geprägt. Es ist also wichtig, dass wir uns daran erinnern, dass es nicht egoistisch oder selbstzentriert ist, wenn wir die Dinge erst einmal aus unserer Perspektive betrachten, aber wir können uns dessen dennoch bewusst sein – in der Pflege unserer Beziehungen zu anderen, in unseren Reaktionen auf Ereignisse in unserem Umfeld und sogar bei unseren Gefühlen bezüglich der Erfolge anderer. Hoffentlich können wir, indem wir nett und neugierig bleiben, wenn es um unser Gehirn und dessen Machenschaften geht, das dann auch auf andere übertragen.

Die Entwicklung unserer Spezies hat uns als Menschen an einen brillanten, aber auch komplizierten Ort gebracht, an dem wir uns gegenseitig auf viele verschiedene Weisen brauchen. Hier müssen wir zusammenarbeiten, um Großartiges zu erreichen, aber wir verstehen uns auch falsch und arbeiten gegeneinander. Die jetzige Lage unseres Planeten bedeutet, dass wir und die zukünftigen Generationen viele Probleme werden angehen müssen. Und dafür werden wir unsere unglaubliche Fähigkeit, Beziehungen und Kooperationen eingehen zu können, nutzen müssen. Allein der Aufstieg des Internets hat in den gerade einmal zwanzig bis dreißig Jahren, in denen es nun zu unserem Alltag gehört, einen großen Einfluss auf uns gehabt. Lass uns also jetzt im Folgenden einen Blick darauf werfen, was das in Bezug auf unser Gehirn, unsere Sicht auf die Welt und unsere (Un-)Fähigkeit, uns miteinander zu verbinden, für uns bedeutet.

6

Verändern Social Media unser Gehirn?

Als ich klein war (am Ende des letzten Jahrtausends *Alte-Oma-Lache*), erinnerte »folgen« noch am ehesten an Spione, Stalker:innen oder Polonaise. Verbreiteten die Mainstream-Medien Technikpanik, ging es vor allem um Videospiele, insbesondere wenn man darin kämpfte oder schoss. Als diese Spiele realistischer wurden (auch wenn das relativ ist – aus heutiger Sicht wirken sie ziemlich verpixelt), entstand die Sorge, sie würden Gewalt verherrlichen oder normalisieren, was Kindern und jungen Menschen schaden könnte. Zu diesem Thema häuften sich die Kommentarspalten in Zeitungen, und besorgte Elterngruppen forderten strengere Vorschriften. Reisen wir zurück in die 1960er, war laut älteren Generationen das Fernsehen schuld daran, »die Jugend zu verderben«. Wahrscheinlich kommt dir das bekannt vor – auch wenn jetzt natürlich Social Media in besorgten Schlagzeilen an den Pranger gestellt werden, weil diese Medien angeblich zu viel Macht und Einfluss auf junge Menschen haben.

Anscheinend ringt jede Generation mit neuen Technologien und deren Effekt auf junge Menschen sowie auf die Gesamtgesellschaft – ganz egal, ob diese Effekte nun echt sind oder so was von übertrieben dargestellt wurden, um sie in das vorherrschende Narrativ zu pressen. Mit Blick auf unsere Geschichte macht das Sinn: Unsere Spezies lässt sich schnell von Neuem einschüchtern, weil wir fürchten, die Kontrolle zu verlieren. Unsere hypervernetzte Welt scheint sich so schnell wie nie zuvor weiterzuentwickeln, und wie wir wissen, mag unser Gehirn Muster und Routine; Veränderung interpretiert unsere Amygdala als Bedrohung und reagiert dementsprechend. Veränderung? Nein danke – Zeit für die »Kampf-oder-Flucht«-Reaktion. Auch wenn es nicht verkehrt ist, neue Technologien und deren Vorteile für uns zu hinterfragen. Allerdings ist das im Nachhinein viel einfacher, wenn wir beispielsweise die Effekte von Fernsehen, Kino oder sogar Internet betrachten können. Solange wir noch mitten in diesen neuen Entwicklungen stecken, gestaltet sich das Ganze viel schwieriger.

Neurowissenschaftler:innen und Psycholog:innen erforschen bereits, wie Social Media unsere internen Schaltkreise, Gedanken und Gefühle beeinflussen könnten, und Soziolog:innen beleuchten die Auswirkungen auf unsere Communitys und Gesellschaften. Aber in der Zwischenzeit liegt es an uns, wie wir Social Media im Alltag nutzen wollen, was wir okay finden und was uns zu viel wird. Wann tragen Social Media zum Guten bei, und können wir irgendetwas gegen die unweigerlichen Schattenseiten ausrichten? Werden wir durch Social Media offener oder engstirniger? Wie viele Sorgen sollten wir uns um solche Themen wie Bildschirmzeit und das ganze Gescrolle machen? Und verändern Social Media etwa unser Gehirn?

Auf diese Fragen gibt es noch keine endgültigen Antworten, und auch ich werde dir nicht vorkauen, was richtig oder falsch ist, aber es liegt bereits eine Menge Forschung vor, die interessante Einblicke bietet. Selbst wenn wir noch nicht genau wissen, was die wissenschaftlich bewiesene »Best Practice« für Social-Media-Verwendung ist, würden wir diesem Rat doch sowieso nicht folgen, oder? Ich habe schon tausendmal gehört, dass ich vor dem Schlafengehen nicht mehr an irgendwelchen Bildschirmen hängen sollte, aber das werde ich trotzdem nie schaffen. Wir können uns zwar Timer für bestimmte Apps stellen, aber sie genauso gut ignorieren – und außerdem sind es schließlich wir, die die richtigen Zeitgrenzen zu erraten versuchen. Was für eine durchschnittliche »Idealperson« funktionieren mag, passt oft nicht zu uns – weil wir alle unterschiedlich sind. Aus meiner Sicht fahren wir aktuell am besten damit, kritisch zu denken und vieles bewusst zu hinterfragen. Finden wir anhand der uns zugänglichen Informationen einen Weg heraus, wie Social Media unser Leben allein zum Positiven verändern könnten?

Authentisch sein

Wie schon erwähnt, bin ich niemand, der jedes Detail meines Lebens mit anderen teilt, auch nicht mit engen Freund:innen, obwohl ich mir sehr gerne anhöre, was bei allen anderen los ist. Ich halte mich nicht bewusst zurück oder gebe mich geheimnistuerisch, aber so viel zu teilen, fühlt sich für mich einfach nicht natürlich an. Dasselbe gilt für mein Online-Leben. Es ist nicht so, als würde ich über nichts Persönliches reden wollen. Über die Probleme mit meiner mentalen Gesundheit zu sprechen, hat mir schon oft geholfen und Trost gespendet, und ich bin wahnsinnig dankbar für die Gespräche, die sich ergeben haben, weil ich oder mein Gegenüber etwas zu diesem Thema geteilt haben. Aber was wir der Welt über uns verraten – sowohl große, wichtige Ereignisse als auch alltägliche Details –, muss jede:r selbst entscheiden. Wie wir uns in Online-Räumen präsentieren, ist allerdings eine spannende und facettenreiche Angelegenheit.

Wenn ich eine Person im echten Leben treffe, die mir folgt oder mit der ich bisher nur auf Social Media zu tun hatte, machen mich Kommentare wie »Du bist genauso, wie ich dachte!« immer sehr glücklich. Denn auch wenn ich definitiv kein Oversharer bin, ist es mir wichtig, dass ich echte Inhalte teile, die mir entsprechen, und dass ich (Achtung, Buzzword!) authentisch bin. Und bei solchem Feedback aus der realen Welt fühle ich mich darin bestätigt.

Werfen wir noch einen Blick auf den Unterschied zwischen

Online- und Offline-Beziehungen, über die wir in Kapitel vier gesprochen haben. Der große, offensichtliche Unterschied ist wohl, dass du bei einer parasozialen Beziehung mit einer Person, die du ausschließlich über Social Media kennst, eigentlich mit einer kuratierten Version dieser Person interagierst. Auch wenn sie sich in einem Video oder Post ganz offen und echt geben mag, hat sie diese Inhalte doch bewusst geteilt, dieser Aktion ist also eine Entscheidung vorausgegangen. Du hast diese Person nicht zufällig an der Supermarktkasse getroffen. Du weißt nicht, ob sie unhöflich zu Kellner:innen ist, ob sie motzig wird, wenn sie übermüdet ist, oder wie sie mit ihren Freund:innen umgeht – all das könnte dir vielleicht, wenn du sie außerhalb von Social Media kennen würdest, ein dreidimensionales, unverzerrtes Bild dieser Person bieten. Ich frage mich, ob wir uns dieser Diskrepanz bewusst sind und gerade deshalb so stark auf Online-Authentizität achten (und sie einfordern).

In den Anfangszeiten von Social Media, vor Reels und Storys, als man einfach nur Bilder posten konnte (ja, ich weiß, ich könnte genauso gut Schwarz-Weiß-Fernsehen beschreiben), schienen wir uns weniger abzuverlangen. Wir konnten einfach posten, was wir wollten, und es war gefühlt… leichter, weniger bedeutsam. »Schaut mal, eine Handvoll M&Ms.« »Dieser Fleck auf meinem Geschirrtuch sieht irgendwie aus wie John Lennon.« Et cetera. Mein erster Instagram-Post war ein sehr verschwommenes Foto von einem Bildschirm, aufgenommen durch ein Fenster; ohne die Unterschrift hätte man überhaupt nichts erkannt. Aber als Social Media zu einem Medium wurden, auf dem wir mehr tun, uns stärker vernetzen konnten, wurde es uns immer wichtiger, dass die Online-Inhalte diejenigen Personen aufrichtig repräsentierten, denen wir folgten und mit denen wir parasoziale Beziehungen eingingen.

Natürlich war das nicht per se schlecht. Es entstand sogar jede Menge Gutes daraus – insbesondere, weil so Räume entstanden, um wichtige Gespräche zu führen und Communitys zu schaffen. Zu dieser Zeit wurde »Authentizität« zu einem Schlagwort für Unternehmen und Marketingabteilungen. Was per se auch nicht schlecht war, allerdings wissen wir nur zu gut, was passieren kann, wenn Unternehmen sich auf etwas stürzen, das ironischerweise noch authentisch und inklusiv war, bevor sie es zur Eigenwerbung nutzen konnten. Ein Beispiel am Rande: Ich denke vor allem an Brands, die für den Pride Month Regenbogenflaggen auf ihre Produkte klatschen, auch wenn sie der LGBTQ+-Community in keinster Weise geholfen haben.

Authentisch sein bedeutet für mich nicht, einfach alles zu teilen. Ich finde es sogar authentischer, Grenzen zu setzen – auch wenn diese sich natürlich von Person zu Person oder in bestimmten Lebensphasen unterscheiden werden. Wir alle setzen Grenzen, wenn es darum geht, mit wem wir über welche Themen sprechen – sicher erzählst du deiner besten Freundin mehr als deinem Kollegen –, und trotzdem werden Menschen manchmal als unaufrichtig oder eitel dargestellt, wenn sie zwar regelmäßig online posten, aber manches für sich behalten. Dieses Thema kommt in meinem Podcast immer wieder auf, weil Social Media für viele meiner Gesprächspartner:innen einen großen Teil ihres Jobs oder Aktivismus ausmachen, und auch die Podcast-Community scheint viele Fragen zu haben.

Sich auf Social Media verwundbar zu machen, wird vor allem durch die Konsequenzen erschwert, die man als Postende ertragen muss. Einerseits wird man oft belohnt, wenn man auch intimere Aspekte seines Lebens teilt – schließlich sind wir alle neugierig und schnüffeln gerne im Leben anderer herum. Bei diesem Content steigen die Engagement-Raten, der Algorithmus wird gefüttert, und der oder die Postende wird mit einem Endorphinrausch für diesen Seelenstriptease belohnt und zum Weitermachen ermutigt. Aber wollen die Postenden das eigentlich wirklich? Ich weiß es nicht. Denn auf der Kehrseite wird man online nie alle zufriedenstellen können, irgendjemand reagiert immer schroff, wenn du dich entschließt, sensible Inhalte zu teilen. Wie können wir es gerade bei öffentlichen Profilen miteinander vereinbaren, dass wir unserer Community eine echte Version von uns zeigen wollen, wir dadurch aber allen möglichen Bemerkungen vonseiten der düsteren Kommentarsektion den Weg ebnen?

Wir können uns nur schwer vorstellen, was in jemandes Kopf vorgeht, wenn er oder sie sich nicht verhält wie erwartet. (Dazu später mehr, bleib dran.) Ich persönlich finde einige der Themen, die manche online teilen, unangenehm oder sogar unangebracht – von den kleinsten Details eines Streits mit Partner:innen bis zu emotionalen Krisen der eigenen Kinder –, aber ich weiß auch, dass ich damit nicht automatisch richtigliege. Sicher sind diese Informationen für viele Menschen sehr wertvoll, weil sie gerade Ähnliches durchmachen, und das finde ich großartig, wirklich, aber trotzdem würde ich es nicht selbst tun. Meine Grenzen setze ich vor allem bei Beziehungen, rede dafür aber gerne über meine mentale Gesundheit, was andere vielleicht viel persönlicher oder intimer finden. Mit all dem will ich sagen, dass wir keine einheitliche Beziehung zu Social Media führen und unsere Selbstpräsentation nicht alle gleich gestalten können – weder online noch offline.

Authentizität ist gut. Aber deshalb schulden wir noch lange nicht allen alles.

Menschheit vs. »der Algorithmus«

Manchmal habe ich meine Probleme damit, wie abhängig Social Media von Algorithmen sind, die dich für immer in eine Nische packen wollen. Das scheint uns nur darin zu bestärken, Menschen in Schubladen stecken und für uns zugänglicher machen zu wollen. Das passt allerdings einfach nicht gut zum, na ja, Menschsein an sich. Menschen sind mehr als eine Handvoll Hobbys, Interessen oder »Content-Säulen« – und natürlich mehr als ihre mentale Gesundheit oder psychische Erkrankung.

Wir haben uns schon angeschaut, wie nützlich (oder auch nicht) Labels sein können. Auf Social Media sind das Hashtags und Keywords, mit denen der Algorithmus unsere Aufmerksamkeit steuert und uns immer mehr vom Gleichen vorsetzt. Das kann unterschiedliche Effekte haben, je nachdem, wie wir Social Media nutzen, aber meist führt es zum selben Problem. Wer viel Content produziert oder sogar davon lebt, wird sich selbst eher strategisch präsentieren und könnte von den Engagement-Raten abhängen, um über die Runden zu kommen. Am anderen Ende des Spektrums sind diejenigen, die Social-Media-Apps vor allem nutzen, um Content aufzunehmen – vielleicht posten sie überhaupt nichts und loggen sich nur ein, um zu schauen, was bei den anderen los ist. Im erweiterten Sinn beeinflussen Algorithmen auch sie, denn obwohl sie nicht dazu ermutigt werden, sich selbst in eine Schublade zu stecken, zeigt ihnen der Algorithmus eindimensionale Repräsentationen realer Menschen: diese Frau badet Babykatzen, diese Person knüpft Teppiche, dieser Typ macht Eisbäder.

Und wir tun nicht nur das Gleiche, auch unser Aussehen wird immer homogener, was als »Instagram-Face«-Phänomen bekannt wurde. Dieser Begriff zog 2019 in den öffentlichen Diskurs ein[1] und bezeichnet, dass ästhetische Trends sich sogar auf bestimmte Gesichtszüge ausweiteten; zu dieser Zeit waren das vor allem Lip Filler und weichgezeichnete Haut. Das hängt natürlich alles irgendwie mit dem Algorithmus zusammen, und manche vermuten, ein bestimmter »Look« wird mit höheren Engagement-Raten belohnt, was wiederum das algorithmische Standing in der App verbessert, sodass solche Inhalte von mehr Menschen gesehen werden, die diese erstrebenswert finden und nachahmen. Und das in Endlosschleife. Seitdem haben wir alle möglichen Trends miterlebt (genau wie Plattformen – erinnert sich noch jemand an »TikTok Face«?) und diverse Filterlandschaften durchstreift, in denen wir herausfanden, ob wir so »pretty« wie eine Katze, ein Kaninchen, Fuchs oder Reh waren[2], und jeder dieser Trends hat eine neue Welle von Algorithmuskonformität losgeschlagen. Kann das gut sein?

Es ist witzig, aber auch komisch, wie wir, und ich im Rahmen dieses Buchs, mittlerweile über »den Algorithmus« sprechen, als sei er ein singuläres, mysteriöses Wesen. »Schau mal, was mir der Algorithmus heute wieder eingespielt hat«, zum Beispiel. »Mein Algorithmus besteht gerade nur aus Igeln.« Jede Plattform nutzt natürlich ihre eigene Software, deshalb gibt es mehrere Algorithmen, die in großen Teilen bestimmen, was wir sehen und welchen Nutzen wir aus dem Internet ziehen können. Falls es dir noch nicht klar war: Vor dem Internet bezeichnete das Wort »Algorithmus« ein Verfahren zur Lösung eines mathematischen Problems, bei dem oft derselbe Prozess wieder und wieder ablief. Bei der Funktionsweise von Computern bezeichnet »Algorithmus« eine ähnliche Abfolge von Aufträgen, die ein Problem lösen oder ein Ziel erreichen sollen – zum Beispiel »Finde Katzenvideos«.

Es kann sich durchaus anfühlen, als seien Algorithmen mysteriöse Wesen, weil sie es nun mal sind. Suchmaschinen und Social-Media-Plattformen haben Algorithmen gebaut, über die sie nur *sehr* widerwillig im Detail sprechen. Sicher würden Forscher:innen, die sich mit den Auswirkungen der Online-Welt auf unser Gehirn beschäftigen, gerne mehr darüber erfahren, aber genauso auch die Konkurrenz. Also machen die Unternehmen weiterhin ein großes Geheimnis daraus. Wie uns Informationen und Posts online präsentiert werden, wirft viele Probleme auf. Nicht zuletzt ist eines davon, dass diese Technologie oft die Bias und Vorurteile reproduziert, die bereits in der Gesellschaft präsent sind. Und nur weil du dir eine Sache angeschaut hast, willst du nicht zwangsläufig mehr davon sehen – vor allem wenn dir diese Inhalte nicht guttun. Das passiert beispielsweise vielen jungen Menschen, die mit immer mehr Content über Essstörungen und selbstverletzendes Verhalten konfrontiert werden.

Laut Sozialpsycholog:innen auf diesem Gebiet unterbinden Social Media so unsere natürlichen und sozialen Lernprozesse, was nur einer der Gründe dafür ist, warum diese Apps so viel Macht haben und wir ihren Einfluss nur schwer verarbeiten können. Ein Review-Artikel aus dem Jahr 2023 erklärt, dass wir in der Vergangenheit darauf ausgerichtet waren, von »angesehenen« Individuen in unseren Gruppen zu lernen.[3] Dieser soziologische Begriff meint Menschen, zu denen wir aufschauen und deren Kompetenz oder Wissen ihnen den Respekt der restlichen Gruppe einbringen. Wir schauen zu anderen auf und erkennen instinktiv, ob eine Person dazu geeignet ist, ihr nachzufeiern, sich mit ihr zu verbünden oder ihrem Kommando zu folgen. Das bezeichnet man auch als »social learning bias« (oder zu finden auch unter »prestige bias«, Anm. d. Übers.), aber oft waren diese Bias gut, weil sie uns zu Kooperation und Bildung von Communitys ermutigten. Manche Sozialwissenschaftler:innen sehen es aber nun kritisch, wenn Menschen oder Inhalte in unseren Feeds viele Likes oder Retweets erhalten und unserem Gehirn so suggerieren, sie seien »angesehener«, weshalb wir ihnen mehr Aufmerksamkeit schenken, als wir es ansonsten getan hätten. Es ist eine Sache, wenn jemand auf dem Marktplatz einer Kleinstadt Verschwörungstheorien in die Welt schreit; aber es ist etwas ganz anderes, wenn jemand mit Millionen Follower:innen absoluten Nonsens als Fakten darstellt.

Der Sozialpsychologe William Brady forscht in diesem Bereich und beschreibt es so: »Der Algorithmus wurde nicht designt, um Kooperation zu unterbinden. Seine Ziele unterscheiden sich nur von unseren.«[4] Unser Gehirn will Personen finden, von denen wir lernen können (dabei sollte ich erwähnen, dass wir davon natürlich einen Dopaminrausch bekommen), aber Social-Media-

Plattformen wollen uns so lange wie möglich halten und unseren Blick auf die Inhalte lenken, die bereits viel Aufmerksamkeit bekommen haben. Wir können zwar theoretisch selbst entscheiden, ob wir etwas aus diesen Inhalten lernen wollen, aber dank unserer Hirnmechanismen – und des entsprechenden Wissens der Programmierer:innen – ist die Praxis eine ganz andere Geschichte.

Algorithmen arbeiten auch mit unserem Gehirnsystem, indem sie uns in Meinungssackgassen und Echokammern schicken – was nicht immer zu unserer guten Laune und Ausgeglichenheit beiträgt. Natürlich müssen wir selbst einen Teil der Verantwortung übernehmen, und im nächsten Kapitel werde ich noch ausführlicher über Echokammern sprechen, aber wenn wir immer nur das serviert bekommen, was laut vorherigen Aktivitäten unserer Präferenz entspricht, kann die Existenz anderer Meinungen und Ansichten sehr schwer zu greifen sein. Schließlich können wir uns heutzutage nicht mehr auf eine altgriechische Agora stellen und zuhören, wie Meinungen debattiert und Informationen geteilt werden.

Als Mit-Userin von Social Media erscheint mir der einfachste Weg zum Erhalt unserer Menschlichkeit (auch wenn es sehr viele clevere Computercodes gibt, die ganz andere Ziele haben), uns so unterschiedlichen Content wie möglich anzuschauen und endloses Scrollen durch automatisiert erscheinende Inhalte zu vermeiden. Und wenn du irgendetwas Interessantes siehst, was dir ansonsten gefühlt nicht gezeigt wird, dann like es. Siehst du jede Menge Videos über dasselbe Thema, von dem du nichts wissen willst, gibt es oft Optionen wie »Kein Interesse« oder »Verbergen«. Lass die Algorithmen so viel wie möglich für dich arbeiten. Wenn du aktiv diversifizierst, welcher Content dir angezeigt wird und welchen Personen du folgst, wird der Algorithmus deiner gewünschten Marschrichtung folgen, anstatt das Gegenteil zu tun. Mach dir diesen sozialen Bias bewusst und hinterfrage lieber

Inhalte, bevor du sie für wahr oder richtig hältst, nur weil sie oft geteilt wurden.

Verbringen wir zu viel Zeit online?

Diese Frage zu entwirren, ist eine Herausforderung, denn wie bei so vielem ist alles relativ. (Die *Friends*-Referenz war völlig unbeabsichtigt.) Vielleicht verbringt eine Person viele Stunden auf Social Media, schaut YouTube-Videos und liest die Nachrichten online, ohne irgendwelche negativen Auswirkungen zu spüren. Und eine andere Person mag vergleichsweise wenig Zeit online verbringen, aber von all dem Doomscrolling so nervös und ängstlich werden, dass sie nicht schlafen kann. Wenn du viele Stunden auf Social-Media-Apps verbringst, aber vor allem mit Freund:innen schreibst, ist das wirklich das Gleiche wie Videos von Fremden anzuschauen? Wäre es irgendwie besser, wenn du dieselben Nachrichten über WhatsApp oder iMessage verschickst?

2022 befragte das Pew Research Center US-amerikanische Jugendliche, und etwa die Hälfte von ihnen gab an, Social Media nur schwer aufgeben zu können, etwa 36 Prozent fanden, dass sie zu viel Zeit darauf verbrachten.[5] Laut einer Umfrage unter 550 Kindern und jungen Menschen auf der ganzen Welt, die Amnesty International 2023 durchführte und veröffentlichte, checken 74 Prozent öfter Social Media, als sie möchten. Die Hälfte von ihnen hat bereits schlechte Erfahrungen gemacht, unter anderem mit Rassismus, Mobbing und ungewollten sexuellen Annäherungsversuchen, und viele machen sich Sorgen um Datenschutz und die »süchtig machende« Wirkung von personalisiertem Content und Benachrichtigungen. Allerdings wurde in demselben Bericht auch erwähnt, dass viele Teilnehmende die »Gedankenvielfalt, die Kreativität der User:innen und die Möglichkeiten für aktivistisches Engagement« lobten, die Social Media ihnen boten.[6]

Wir müssen hier wohl verschiedene Faktoren berücksichtigen, insbesondere wenn es um Social Media geht. Zunächst stellt sich die Frage, wie oft wir unsere Handys checken und ob wir meinen, dieses Verhalten kontrollieren zu können oder nicht. Fühlen wir uns dazu gezwungen, ständig auf Social Media zu sein, und falls ja, warum? FOMO? Weil unsere Freundschaften vor allem online stattfinden? Oder weil wir uns einfach nicht davon abhalten können, unser Handy zu nehmen und auf dieses eine Icon zu klicken … Falls du prüfen willst, wie automatisch du Social Media mittlerweile verwendest, empfehle ich dir den einfachen Trick, deine Apps auf deinem Homescreen neu zu arrangieren. Wenn du an einem einzigen Nachmittag geistesabwesend zwanzig Mal deine Taschenrechner-App öffnest, ohne dir überhaupt bewusst zu sein, dass du gerade Instagram geöffnet hättest … wird dir schnell ganz anders.

Und dann stellt sich noch die Frage, was mit uns passiert, während wir Social Media nutzen. Das ist nicht dieselbe Frage wie »Verbringen wir zu viel Zeit online?«, auch wenn die beiden oft in einen Topf geschmissen werden, womit man einige wichtige Aspekte dieser Thematik übergeht. In besagter Umfrage von Amnesty International gaben viele Jugendliche an, sich Sorgen über den Suchtfaktor von Social Media zu machen, aber auch negative oder angsteinflößende Dinge online erlebt zu haben. Wenn Statements wie »Social Media sind schlecht für unsere mentale Gesundheit« herumgeworfen werden, ist damit immer gemeint, diese Plattformen seien an und für sich schädlich; dabei wird nicht berücksichtigt, dass auch die Social-Media-Unternehmen selbst etwas gegen das Trolling, Online-Mobbing und die Verbreitung von Falschinformationen ausrichten könnten. Damit scheinen wir beinahe sagen zu wollen, dass alle negativen Aspekte von Social Media eben einfach dazugehören und nicht geändert werden können, aber dem stimme ich nicht zu.

Eine Zukunft, in der wir es geschafft haben, Social Media zu

»reparieren«, ist durchaus vorstellbar; wir nehmen einfach alles, was uns guttut, zum Beispiel die Community und den Zugang zu Informationen, und lassen das links liegen, was nicht funktioniert hat. Allerdings müssen wir dazu wissen, welche Teile denn schädlich sind … und diese Informationen werden wohl nicht immer bereitwillig geteilt. Eine Art Wendepunkt für unsere Sicht auf Social Media waren die Enthüllungen der Facebook-Whistleblowerin Frances Haugen im Jahr 2021. Sie verließ ihre Stelle als Product Managerin bei Facebook (noch vor dem Rebranding zu »Meta«) und nahm Zehntausende interne Dokumente mit[7], die unter anderem bewiesen, dass das Unternehmen wusste, wie schädlich ihre Produkte für die mentale Gesundheit von Jugendlichen waren, aber nichts dagegen unternahm.[8] Diese konkreten Beweise zeigten, dass die Plattformen Mitschuld trugen und jungen Menschen schadeten, woraufhin viele, bis heute anhaltende Debatten über unsere Nutzung dieser Apps entbrannten. (Das bereits erwähnte Rebranding folgte diesen Enthüllungen auf dem Fuße, da der Name »Facebook« immer mehr für Fake News, politische Kriege und mittlerweile auch schlechte mentale Gesundheit stand – manche Kritiker:innen vermuten, dass dieses Timing kein Zufall war.[9]) Gerade die Daten zu jungen Frauen waren besorgniserregend: Laut internen Dokumenten, die dem *Wall Street Journal* vorlagen, erklärten 32 Prozent der Teenagerinnen, dass, wenn sie ihren Körper ohnehin negativ sahen, Instagram dies nur verschlimmere.[10]

Vieles davon bringt uns wieder auf das Thema des letzten Kapitels: Vergleiche. Social Media bieten den perfekten Nährboden. Aus der Sicht von Emma Thomas, ehemals Geschäftsführerin der Charity Young Minds, können Social Media durchaus nützlich ein, sie verstärken aber auch den Druck, der durch Vergleiche entstehen kann: »Ständig von Bildern ›perfekter‹ Leben und scheinbar perfekter Körper umgeben zu sein, kann einen großen Einfluss darauf haben, wie man sein eigenes Leben und Aussehen empfindet, und es sehr schwer machen, sich nicht mit anderen zu vergleichen.«[11] Ganz genau so ist es. Und dieser Effekt beschränkt sich sicher nicht nur auf Jugendliche. Aber wenn wir uns so schlecht dabei fühlen, warum benutzen wir diese Plattformen weiterhin?

Warum machen Social Media so süchtig?

Vor ein paar Jahren machte ich bei einem »Digital Detox Day« mit. Ich schlug mich ziemlich gut – auch wenn mir auffiel, dass ich immer wieder automatisch nach meinem Handy griff –, bis ich nachmittags völlig geistesabwesend auf Instagram klickte und sofort den Post einer Freundin likte. Ich machte das sofort rückgängig und schloss die App, als würde ich mich leise aus einem Raum schleichen wollen, in dem ich nichts zu suchen hatte, bevor mich jemand bemerkte.

Als ich mit Zoe Sugg in meinem Podcast über das Leben online sprach, habe ich ihr auch diese Geschichte erzählt, denn sie war an der Werbung für diesen Aktionstag beteiligt, an dem man bewusst das Handy weglegen sollte. Zoe hatte eine ähnliche Erfahrung gemacht, und wir beide fanden es erschreckend, wie eine vermeintlich einfache Aufgabe (ein einziger Tag ohne Social Media!) so viel schwerer sein konnte als gedacht. Ich sehnte mich noch nicht einmal nach einem Instagram-Rausch – zumindest nicht bewusst –, aber mein Hirn ist es einfach gewohnt, Social Media zu checken, sodass es meine Entscheidung einfach überging, das an diesem Tag nicht zu tun.

Was passiert also bei all diesem unbewussten App-Geklicke? Auch wenn wir wissen, dass uns Social Media nicht guttun – wir sogar darüber sinnieren, während wir durch Content scrollen, der genau diesen negativen Effekt auf uns hat –, kommen wir immer und immer wieder darauf zurück, checken diese Apps so oft, ohne uns bewusst dafür entschieden zu haben. Welche Vorgänge in unserem Gehirn sorgen für dieses Verhalten?

Als ersten Verdächtigen müssen wir das Dopamin zum Verhör einladen. Dopamin bietet weit mehr als die Freude beim Anblick eines kunterbunten Pullis, denn es strahlt eine große Verführung und Anziehungskraft aus – unterschätze seine Macht auf eigene Gefahr. Im Gehirn hat Dopamin die Hände bei vielen Prozessen im Spiel, aber sein Herrschaftsgebiet sind unsere Belohnungszentren. Dieses hedonistische, als Neurotransmitter agierende Hormon flitzt umher und verpasst uns diese kleinen, angenehmen Schubser, damit wir uns immer weiter auf die Suche nach positiven Empfindungen machen.[12]

Im Laufe der Evolution waren Belohnungssysteme sehr wichtig. Sie unterstützten uns beim Überleben – und tun das gewissenermaßen heute noch –, weil sie uns ein Sternchen gaben, wenn unser Verhalten von Nutzen war und zum Erfolg der Spezies beitrug, indem wir beispielsweise aßen, Sex hatten oder Sport machten. So fühlten wir uns gut und lernten, diese Handlungen positiv zu beurteilen und zu wiederholen. Ob wir es mögen oder nicht, ist dieses sogenannte »Suchtverhalten« ein starker Motivationsfaktor für all unsere Aktivitäten.[13] Weil Dopamin als Neurotransmitter keine Urteile treffen kann, unterscheidet es nicht zwischen dem, was uns langfristig guttut, und dem, was uns nur auf die Schnelle ein wohliges Gefühl verleiht. Während es also für unsere Vorfahren aus Urzeiten sehr sinnvoll war, den Konsum kalorienreicher Snacks zu belohnen, weil Nahrung schwer aufzutreiben war, hat dieser glückliche kleine Rausch durch ein zucker- und fettreiches Nahrungsmittel heute nicht denselben Nutzen, weil wir an jeder Ecke Fast Food oder ein Mars kaufen können. (Auch wenn beides natürlich sehr lecker ist.) Genauso verhält es sich bei vielen weiteren Dingen, die in unserer fernen Vergangenheit kaum vorhanden waren, in der heutigen, auf Komfort ausgelegten Welt aber en masse.

Wir haben bereits die menschliche Veranlagung besprochen, uns zu vergleichen und Bestätigung durch unsere Gruppe zu suchen. Auch das war essenziell, als unser Stamm entscheidend zu unserem Überleben beitrug, doch in unserer hypervernetzten digitalen Welt kann das viele Probleme auslösen. Wenn wir einen Like, Follow oder Retweet kriegen, leuchten die Belohnungszentren in unserem Gehirn auf. *Bestätigung!* Grund dafür ist nicht Oberflächlichkeit oder Verzweiflung, sondern das Dopamin, das durch unser System kullert und wie ein echter Hedonist immer und immer mehr will. Es ist nicht einmal die Belohnung an sich, die diesen Dopamin-Kreislauf aufrechterhält, sondern das Erwarten der Belohnung – deshalb sind wir kaum zufriedenzustellen.

Hast du jemals von dem »Pawlowschen Reflex« oder dem »Pawlowschen Hund« gehört? Beides bezieht sich auf die Arbeit des russischen Forschers Iwan Pawlow[14], der im späten 19. und frühen 20. Jahrhundert mit Hunden experimentierte, indem er bei jeder Fütterung eine Glocke läutete. Irgendwann begannen die Hunde, die Glocke mit Fressen zu assoziieren, also lief ihnen schon beim Glockenläuten das Wasser im Mund zusammen, auch wenn kein Fressen in Sicht war. Ein bestimmtes Geräusch, das gespannte Erwartung auslöst, hmm … warum kommt mir das so bekannt vor? Wir verbringen so viel Zeit mit unseren Handys und erwarten ständig das Pingen von Benachrichtigungen, sodass die meisten von uns schon Phantom-Vibrationssyndrom und Phantom-Klingelsyndrom erlebt haben – wenn du also meinst, dein Handy in deiner Hosentasche gespürt oder gehört zu haben, es dir aber nur eingebildet hast. Bei einer Studie berichteten 83,5 Prozent der Teilnehmenden, dies schon erlebt zu haben[15], wobei ich mich frage, ob die anderen 16,5 Prozent ihr Handy einfach nicht lange genug beiseitelegen.

Facebook, Instagram, TikTok – alle üblichen Social-Media-Plattformen kennen sich mit Dopamin, Belohnungszentren und Konditionierung aus. Das tun sie, weil ihr Geschäftsmodell davon abhängt. Ihre Einnahmen entstehen durch Daten und Werbung, nicht durch Konsument:innen, die sich für bestimmte Produkte entscheiden und zahlen.[16] Apps wurden designt, damit wir ihnen auf den Leim gehen und so viel Zeit wie möglich damit verbringen, denn je länger wir sie nutzen, umso mehr Geld können sie mit ihrer Nutzerschaft machen. Als Pragmatikerin finde ich das grundsätzlich nicht verkehrt. Schließlich nutzen wir diese Apps – und finden sie insgesamt unterhaltsam – umsonst. Wir leben nun einmal in dieser Welt, und ich persönlich mache mir keine Illusionen, dass irgendeine zutiefst wohlwollende Person TikTok erschaffen hat, um uns wohlig-warme Verbindungen zu anderen Menschen zu ermöglichen.

Die Konzerne hinter den Apps sind darauf angewiesen, dass wir, die Konsument:innen, ihre Plattformen so oft und so lange wie möglich nutzen; es ist in ihrem Interesse – sogar entscheidend für ihr Überleben und Wachstum –, uns süchtig zu machen. Und das gilt nicht nur für Social Media. Du hast sicher schon mal den »Nächste Folge«-Button auf Netflix gesehen, der sich langsam füllt, bevor die Serie automatisch weitergeht? Der trieft vor Dopamin und trägt auch dazu bei, warum wir der nächsten Folge kaum widerstehen können (auch wenn wir schon lange schlafen sollten). Tristan Harris, ein ehemaliger Google-Produktmanager, vergleicht Smartphones mit Glücksspielautomaten. Dieses Bedürfnis, nach dem Handy zu greifen, um nach neuen Nachrichten, Likes, Erwähnungen zu schauen – also nach einer Belohnung –, entspricht dem Mechanismus, Münzen in einen Glücksspielautomaten zu werfen und den Hebel zu ziehen.[17] Auch das daraus entstehende Suchtverhalten kann ziemlich ähnlich sein …

Ich glaube, die meisten von uns wissen, dass Social-Media-Unternehmen ständig um den größtmöglichen Anteil unserer Aufmerksamkeit konkurrieren. Sicher liest niemand diesen Abschnitt und denkt sich: »Was für eine Verschwörungstheorie verbreitest du denn da, Gemma?!« Trotzdem sollten wir ganz bewusst reflektieren, wozu uns diese Apps auffordern, wie wir darauf reagieren und welche Gefühle das in uns auslöst. Wenn wir uns fragen »Was stimmt nicht mit mir?«, weil wir meinen, nicht so gut wie andere zu sein, keine Freunde zu haben, keine coolen Outfits, Autorität, Motivation… könnte das auch an Social Media liegen. Falls du dich schlecht fühlst, weil du ständig am Handy klebst und nicht aufhören kannst, durch die superschönen und exotischen Urlaubsfotos anderer Leute zu scrollen, bist du trotzdem kein furchtbarer Mensch. Auch wenn die Silicon-Valley-Unternehmen nur ungern darüber reden und erst recht nicht ins Detail gehen wollen, nutzen sie möglichst viele neurowissenschaftliche Studienergebnisse, damit wir ihnen an den Haken gehen.

Falls Social Media für dich ein größtenteils glücklicher und positiver Space sind – großartig. Das entspricht auch meiner Erfahrung, zumindest überwiegend. Aber wenn dem nicht so ist, solltest du dies im ersten Schritt einfach anerkennen, deine Handlungen und Gefühle urteilsfrei beobachten und dann über mögliche Veränderungen nachdenken. Und mit anderen reden. Denn mit großer Wahrscheinlichkeit machen andere Menschen in deinem Umfeld gerade ähnliche Erfahrungen oder haben sie schon durchlebt.

Social Media und mentale Gesundheit

Die Statistiken im ersten Kapitel haben uns gezeigt, dass die Fallzahlen von psychischen Erkrankungen steigen – und insbesondere die mentale Gesundheit junger Menschen sich in einem erschreckenden Tempo verschlechtert. Bisher resultierten Studien auf der ganzen Welt, die einen Zusammenhang zwischen Alter und Glück erforschten, in einem u-förmigen Diagramm: Die glücklichsten Menschen waren die jüngsten und die ältesten, im mittleren Alter waren wir am wenigsten glücklich.[18] Aber das scheint plötzlich nicht mehr der Fall zu sein.

Im Substack des Sozialpsychologen Jonathan Haidt, *After Babel*, argumentiert er, dass dieser Wandel mit dem Einzug von Smartphones einhergeht:

> Warum könnte das so sein? Welches Ereignis in den frühen 2010er-Jahren könnte die mentale Gesundheit von Jugendlichen weltweit so rapide verschlechtert haben? … Wir haben argumentiert, dass die plötzliche Verschiebung des Soziallebens von Teenager:innen von Klapphandys (die für Kommunikation designt waren) auf Smartphones (die kontinuierlichen Zugang zu Social Media und sehr viel höhere Levels an Handysucht ermöglichen) der Hauptgrund ist, wenn auch nicht der einzige. In jedem Land tragen spezifische Faktoren dazu bei, aber wir kennen keine alternative Antwort, die diese *synchrone, genderspezifische und weltweite Verschlechterung* der mentalen Gesundheit von Jugendlichen erklären kann.[19]

Die Forschung scheint darauf hinzuweisen, dass unsere mentale Gesundheit umso stärker in Mitleidenschaft gezogen wird, je früher wir Zugang zu Social Media haben. Im Mai 2023 veröffentlichte Sapien Labs einen Bericht, der die Verbindung zwischen dem Alter, in dem man sein erstes Smartphone erhielt, und der späteren mentalen Gesundheit beleuchtet. Laut diesen Daten verschlechtert sich die mentale Gesundheit der jüngeren Generationen immer weiter, was nicht nur die Auswirkungen der Smartphone-Nutzung auf junge Menschen zeigt, sondern eine scheinbar direkte Korrelation zwischen Smartphone-Besitz in jungem Alter und einem schlechten mentalen Zustand.[20] Im Prinzip kann man also sagen, dass du wahrscheinlich umso besser bei einem Test zum allgemeinen Wohlbefinden abschneiden würdest, je älter du warst, als du dein erstes Smartphone bekommen hast (verbunden mit all dem, was das mit sich bringt). Wie groß ist dieses Problem also? Wie jung sind denn die neuesten Smartphone-User:innen?

Ich fühle mich schon steinalt, wenn ich nur »Smartphone« sage. Denn in unserer heutigen Welt hat man entweder ein Smartphone, oder man kann einpacken. Und ziemlich smart sind unsere Handys doch mittlerweile alle! Wenn wir also ein Alter erreichen, indem wir vermehrt mit Freund:innen kommunizieren müssen – oder wahrscheinlich eher mit Elternfiguren, die es beruhigt, dass unsere wachsende Unabhängigkeit wenigstens auch bedeutet, uns ständig kontaktieren zu können –, öffnen wir uns für sehr viel mehr als nur Telefonate.

In der Studie »Children and Parents: Media Use and Attitudes Report 2022« veröffentlichte die britische Medienaufsichtsbehörde Ofcom Umfragedaten, laut denen ein Großteil britischer Kinder ihr erstes Handy im Alter von neun bis elf Jahren bekommt. Seit der letzten Umfrage im Vorjahr war der Anteil von Kindern, die ein Handy besaßen, von 44 auf 91 Prozent gestiegen.[21] Zugegebenermaßen hatte ich noch nie ein Kind in diesem Alter, fand das aber zunächst *sehr* jung – oder sehe nur ich das so? Laut diesem Bericht haben auch 17 Prozent der Kinder im Alter von *drei bis vier Jahren* ein eigenes Handy. Ich kann mir zwar nicht vorstellen, dass sie dasselbe damit anstellen wie Jugendliche, aber trotzdem hat mich diese Statistik überrascht. Fairerweise sollte ich erwähnen: Ich bekam mein erstes Handy mit elf oder zwölf, als ich auf die Highschool ging – aber ich bin auch ein Dinosaurier, und mein Nokia 3210 war definitiv kein Smartphone.

Wenn wir uns vernünftig über Social-Media-Nutzung unterhalten wollen, sollten wir vielleicht zuerst anerkennen, dass es für ältere Generationen, die ihre Jugend und frühen Erwachsenenjahre ohne Social Media durchlebt haben – am Rande dieser Altersgruppe sehe ich mich übrigens! –, schwer nachvollziehbar ist, was eine junge Person erlebt, deren Sozialleben zum Großteil auf oder mithilfe von Social Media stattfindet. Ich frage mich, ob sich viele dieser Gen Xer und Boomer wirklich die Zeit genommen haben, sich in diese Unterschiede hineinzudenken. Das soll kein Fingerzeig auf bestimmte Personen sein, aber wir machen es uns zu einfach, wenn wir die Verschlechterung der mentalen Gesundheit junger Menschen einfach nur auf Social Media schieben, weil diese Medien angeblich den Verstand, die Moralvorstellungen und Zukunftsaussichten dieser chronisch nervösen und abgelenkten Generationen ruinieren. Ja, manche Probleme scheinen sehr eng mit der heutigen Technik und Social Media zusammenzuhängen, aber was schließen wir daraus? Dass wir einfach alles abschaffen? Das ganze Zeug löschen? Wir müssen realistisch bleiben. Natürlich bin ich nicht der Meinung, dass alles auf diesen Apps total in Ordnung ist und es keinen Grund für Kritik gibt, aber laufen wir nicht Gefahr, junge Menschen einfach als Social-Media-Suchtis abzuschreiben, anstatt zu hinterfragen, was wir tun können und sollten, um diese Online-Räume sicherer und weniger schädlich für unsere mentale Gesundheit zu machen?

Wer sich wirklich für das Wohlbefinden von Social-Media-User:innen interessiert, erwähnt bei negativen Kommentaren normalerweise auch, welchen positiven Einfluss das Online-Sein für junge Menschen hat, wie viel Ermutigung sie dort erfahren können. In dem Ofcom-Bericht nutzten acht von zehn Kindern zwischen 13 und 17 Jahren »Online-Services, um sich Hilfe für ihr Wohlergehen zu suchen«, außerdem gaben sie mit größerer Wahrscheinlichkeit an, ihr Online-Leben insgesamt positiv zu bewerten. 53 Prozent sagten, online zu sein, tue ihrer mentalen Gesundheit gut.

Natürlich können Social Media unserer mentalen Gesundheit schaden, und natürlich sollten wir uns das bewusst machen, zu unserem Wohl, aber auch zum Wohl der anderen. Im nächsten Abschnitt will ich besprechen, welchen Effekt das auf unser Gehirn haben könnte. Aber bevor wir dazu kommen, würde ich mir gerne einen Augenblick nehmen, um anzuerkennen, dass die Online- und Offline-Welt faktisch keine unterschiedlichen Welten sind. Sie sind verbunden und prägen einander. Social Media können ein Ort voller Geschrei und Verwirrung sein – aber so fühlt sich auch unsere Gesellschaft heutzutage manchmal an. Depressionen, Angststörungen, niedriges Selbstwertgefühl, Probleme mit dem eigenen Körper – all das gab es schon vor dem Internet. Allerdings verbinden uns Social Media mit hilfreichen und inspirierenden Inhalten, verschaffen uns aber auch unbegrenzten Zugang zu dem, was uns nicht sonderlich guttut.

Sind wir chronisch online?

Welche Konsequenzen haben diese ganzen unmittelbaren Verbindungen, dieses ganze Gescrolle und das Brainhacking der Social-Media-Unternehmen? Könnte es, abgesehen von den Konsequenzen für unser mentales Wohlsein, auch langfristige Auswirkungen auf die Funktionsweise unseres Gehirns und unsere Gedanken haben? Diese Frage ist riesig und lässt sich aus verschiedenen Blickwinkeln betrachten. Im nächsten Kapitel werden wir uns damit befassen, wie das rasante Tempo der Online-Welt und die konstante Berichterstattung unsere Interaktionen beeinflussen. Aber jetzt bleiben wir erst mal bei unserem Gehirn.

Es gibt ständig neue Studien, die den Einfluss von Social Media und Smartphone-Technologien auf unser Gehirn betrachten wollen, aber, realistisch gesehen, sind wir noch ganz am Anfang. Auch wenn das komisch klingen mag, haben wir noch bis vor kurzer Zeit ohne Social Media gelebt. Als ich auf die Highschool kam, existierte keine dieser Plattformen. Facebook hat seine virtuellen Türen vor weniger als zwanzig Jahren geöffnet. Wissenschaftler:innen, die für Social-Media-Unternehmen erforschen, wie man die »User-Experience verbessern« könnte, steht mehr

Geld zur Verfügung als denjenigen, die die negativen Effekte dieser Plattformen erforschen wollen.

Diskussionen über die potenziellen Negativauswirkungen von Smartphones und Milliarden Apps drehen sich oft um unsere Konzentrationsfähigkeit. Das ist für mich als Person mit ADHS besonders relevant. In vielen Studien wurde beobachtet, dass Ablenkung zu unserem Normalzustand geworden ist – unsere Konzentration verschiebt sich von dem, was wir eigentlich tun sollten, auf unser Handy, vielleicht weil uns eine Freundin geschrieben hat, und sobald das Handy in unserer Hand ist, werden wir von der Erwiderung dieser Nachricht abgelenkt, zum Beispiel von Social-Media-Benachrichtigungen, oder weil wir plötzlich etwas googlen wollen, was unsere Freundin erwähnt hat, woraufhin wir in einem YouTube-Loch versinken ... und dann vergehen auf einmal 45 Minuten, wir scrollen ohne Aussicht auf ein Ende, die Arbeitsmail haben wir immer noch nicht geschrieben und wissen überhaupt nicht so genau, was gerade eigentlich passiert ist. Selbst Serien schauen wir kaum mehr, ohne nebenbei zu scrollen. Das Ganze macht uns an irgendeinem Punkt müde und unproduktiv, bevor es uns schlussendlich überwältigt. Ein Review-Paper drückt es so aus: »Eine der größten Herausforderungen der digitalen Welt ist die Überlastung der Aufmerksamkeit. Das geschieht, wenn das Umfeld so viel Aufmerksamkeit von einem Individuum fordert, dass dessen Aufmerksamkeitsressourcen überstiegen werden.«[22] Der Begriff »continuous partial attention« (was auf Deutsch so viel meint wie »kontinuierliche Teilaufmerksamkeit«, Anm. d. Übers.) wurde zuerst im Jahr 1998 von der Tech-Redakteurin Linda Stone verwendet.[23] Auch wenn wir meinen, dass wir gerade multitasken, werden wir eigentlich von unserer Hauptaufgabe abgelenkt, weil etwas anderes wichtiger zu sein scheint. Wir glauben dann zwar, dass wir viele Dinge auf einmal erledigen, aber eigentlich teilen wir unsere Konzentration nur auf und flattern zwischen allen Aufgaben hin und her. Im Großen und Ganzen sind sich Neurowissenschaftler:innen einig: Unser Gehirn kann nicht zwei Dinge bewusst gleichzeitig tun. Multitasking könnte bedeuten, du telefonierst, während du das Gemüse fürs Abendessen schnippelst, weil du beides gleichzeitig machen kannst. Zu einem gewissen Grad wechselt deine Aufmerksamkeit zwischen beiden Aufgaben, aber du kannst sie gleichzeitig erledigen, weil dein Gehirn zumindest die physische Aufgabe des Gemüseschneidens teilweise automatisiert hat. Wenn du mit einem Freund redest und auf eine DM antwortest, brauchst du für beides kognitive Kapazitäten und kannst dich auf keines von beiden richtig konzentrieren. Laut Linda Stone ist das nichts Schlimmes, wenn es nur selten passiert. Historisch betrachtet, sind wir gut darin, den Horizont nach Raubtieren abzusuchen, während wir unsere alltäglichen Aufgaben erledigen. Aber geschieht dies zu oft, kann ein »künstliches Gefühl der Krise« entstehen, das unseren »Kampf-oder-Flucht«-Mechanismus aktiviert, während wir die Umgebung absuchen und unsere Aufmerksamkeit ständig hin und her springt.

Mir kommt das alles ziemlich bekannt vor. Dieses einengende Gefühl der Angst und Panik, wenn ich zu lange gescrollt und/oder zwischen Apps hin und her gewechselt habe, könnte durchaus etwas mit meiner Amygdala und dem »Kampf-oder-Flucht«-Mechanismus zu tun haben. Oft sprechen wir von dem Bedürfnis, in einer Situation »präsent« zu sein, und wissen auch, wie sehr uns Handys davon abhalten. Aber auch dieser konstante »Ausschau halten«-Modus kann seinen Teil dazu beitragen, was ich sehr interessant finde. Wenn du jemals dein Handy ganz bewusst außer Reichweite gelegt hast und dich trotzdem nicht konzentrieren konntest, weißt du wahrscheinlich, dass man diesen Modus nur schwer abschalten kann. Ich sollte vielleicht auch anmerken, dass wir unsere Handys im Durchschnitt 85-mal am Tag checken.[24] Und falls du jetzt denkst: »Ehrlich gesagt, checke ich meins bestimmt noch öfter«, dann muss ich dir leider noch ein Ergebnis dieser Studie mitteilen ... Die meisten von uns *unter-schätzen*, wie oft wir unser Handy in die Hand nehmen.

Dabei könnten diese Daten auch gute Nachrichten sein, denn unsere Zerstreuung – auch wenn niemand mag, wie viel unserer Aufmerksamkeit für Handys, Tablets etc. draufgeht – ist vielleicht stärker natürlich veranlagt als bisher angenommen.

Einige Studien fanden heraus, dass »reizunabhängiges Denken«, also Gedanken abseits unserer aktuellen Beschäftigung, sogar der Standardmodus unseres Gehirns sein könnte.[25] In einer Studie aus dem Jahr 2010 fanden die beiden Harvard-Psychologen Matthew Killingsworth und Daniel Gilbert heraus, wie stark unsere Gedanken abschweifen – bis zu 47 Prozent unseres Wachzustands verbringen wir damit.[26] Irgendwie fühle ich mich mit diesem Wissen besser. Vielleicht rottet unser Gehirn nicht wegen Smartphones und Bildschirmen vor sich hin, sondern ließ sich schon früher gerne ablenken und tut es nun eben unter den jetzigen Umständen.

Ablenkungen sind also Teil der Funktionsweise unseres Gehirns, wirken sich aber trotzdem nicht positiv auf unsere Stimmung aus. Wir glauben zwar, dass uns Spiel und Spaß glücklich machen, doch Killingsworth und Gilbert fanden heraus, dass Aktivitäten nur für 4,6 Prozent unseres Glücks verantwortlich sind; 10,8 Prozent hängen davon ab, uns vollkommen auf unsere jeweilige Beschäftigung zu konzentrieren – im Moment zu leben trägt also doppelt so viel zu unserem Glück bei wie die Aktivität an sich. Killingsworth und Gilbert schließen ihr Paper mit den folgenden Worten: »Der menschliche Geist wandert, und ein wandernder Geist ist unglücklich. Dass wir Gedanken haben können, die sich nicht auf den aktuellen Moment beziehen, hat emotionale Kosten.« Faszinierend. Bei all den Diskussionen über Achtsamkeit und Im-Moment-Leben freut es mich, dass dies auch von kalten, harten Fakten gestützt wird. Wenn du meinst, unter all dieser Teilaufmerksamkeit zu leiden, dann versuche doch, ganz bewusst präsent zu sein (und wenn du nur beim Fernsehen dein Handy weglegst), und schaue, ob du einen Unterschied spürst.

Auch wenn sich viele Studien dem Thema Aufmerksamkeit widmen, ist es schwierig für sie, konkrete Ergebnisse zu erzielen – denn wie bei dem Großteil der Forschung hängt das von den Rahmenbedingungen und der Fragestellung ab. Außerdem kann Forschung problematisch sein, wenn sie bestimmte Absichten unterstützen soll. Nehmen wir zum Beispiel »digitale Amnesie« oder »digitale Demenz«, wie sie beängstigenderweise genannt wird. Damit bezeichnet man die Vorstellung, dass wir digitalen Geräten Unmengen an Wissen und Erinnerungsvermögen übergeben, weshalb unser Gehirn sehr viel weniger leisten muss als früher, was wiederum schädlich sein könnte. Es gibt auch den sogenannten »Google-Effekt«, laut dem wir uns nichts mehr merken, was wir sowieso jederzeit nachschauen könnten.[27] Natürlich mag darin ein Fünkchen Wahrheit stecken, aber diese Ergebnisse können auch als Grundlage für Panikmache dienen, wenn beispielsweise in Artikeln einige wenige Studien herangezogen werden, um eine Epidemie des Gedächtnisverlusts zu verkünden oder um zu behaupten, Technologie lasse uns alle verdummen.

Mich fasziniert das menschliche Gehirn, und deshalb beschäftige ich mich gerne mit der neuesten Forschung über unsere Interaktion mit und den Einfluss von Technik, die wir selbst erschaffen. Ich sehe das als ein riesiges Teil des großen »Was stimmt nicht mit mir?«-Puzzles. Aber wir sind an einem Punkt angekommen, an dem wir unsere Umgebung nachhaltig verändern können (sorry, liebe Erde), also trifft Darwins Theorie des »Überleben des Angepasstesten« nicht mehr wirklich auf uns zu. Stattdessen scheint es, als könnte die nächste Stufe unserer Weiterentwicklung, falls wir noch Teil der »Evolution« im ursprünglichen Wortsinn sind, von unseren eigenen Erfindungen abhängen.[28]

Das ist im Großen und Ganzen spannend, wenn auch etwas gruselig. Aber trotzdem müssen wir als einzelne Individuen tagtäglich bestimmen, wie wir in dieser Welt leben wollen, und zwar so bequem und authentisch wie möglich. Dazu müssen wir auch herausfinden, wie wir auf Social Media »leben« wollen. Und wie wir dabei glücklicher sein können.

Wie erwähnt finden unsere Online-Leben nicht in irgendeiner anderen Dimension statt. Vielleicht verändern Social Media unser Gehirn ein bisschen, aber selbst mit einem iPhone in der Hand sind wir immer noch Menschen mit all unseren chaotischen menschlichen Neigungen und beeindruckenden menschlichen Fähigkeiten... Wenn wir uns nur erlauben, das im richtigen Licht zu sehen. Im nächsten Kapitel betrachten wir, was uns entzweit. Aber wir sprechen auch über all die Möglichkeiten der heutigen Welt, Gutes zu tun und Positives zu unseren Communitys beizutragen, wie auch immer wir das definieren wollen. Es ist nicht alles schlecht, versprochen.

7

Warum kommen wir nicht miteinander klar?

Mir waren Konfrontationen noch nie sonderlich angenehm. Früher (und wohl auch heute immer noch manchmal) konnte ich mich ewig lang wegen einer leichten Meinungsverschiedenheit oder wegen ein bisschen unterschiedlicher Ansichten quälen. Ich bin ungern wütend – auch wenn ich in einer Situation mal das Recht dazu hätte, ich mag das Gefühl einfach nicht. Ich glaube, das rührt aus der Angst, dass ich, wenn ich diese Wut äußere, wie gerechtfertigt sie auch immer gewesen sein mag, damit einen Konflikt auslöse und andere Menschen dann auf mich sauer sind. Ich umging, als ich noch jünger war, um jeden Preis auch nur die kleinste Konfrontation. Je älter ich wurde, desto mehr merkte ich aber, dass man im Leben manchmal schwierige Gespräche miteinander führen muss, um zu verhindern, dass die Dinge sonst an einem nagen und auf lange Sicht nur schlimmer werden – aber das war ein Prozess. Seltsamerweise fällt mir das inzwischen bei Menschen, die mir nahestehen, leichter als bei Fremden, auch wenn es eigentlich logischer sein sollte, sich bei Letzteren weniger Sorgen zu machen, ob ich nerve oder missverstanden werden könnte. Es ist mir wichtig, was andere über mich denken, und ich werde sicherlich niemals zu den Leuten gehören, die ohne Angst vor Konsequenzen allen von ihren Gefühlen erzählen oder laut ihre Meinung als Tatsache hinstellen. Ich will nie behaupten, dass ich zu 100 Prozent bei etwas richtigläge und manchmal wünschte ich mir, ich hätte mehr Selbstbewusstsein.

Natürlich ist es etwas anderes, ob man ein schwieriges Gespräch mit einer Freundin oder einem Familienmitglied über eine Handlung führt, die dich sauer gemacht hat, oder ob man wütend auf etwas ist, das in der Welt passiert ist, oder auf die Meinung, die jemand auf Social Media gepostet hat. Ich finde es aber interessant, dass unsere Reaktionen auf all diese Situationen, die Emotionen, die dann hochkochen, und unsere körperlichen Reaktionen darauf doch ähnlich sind. Was also passiert mit und in uns, wenn wir uns irgendwie bedroht fühlen? Wie gut ist unser Gehirn (und somit auch unser Körper) in der Lage, die tatsächliche Gefahrenlage einschätzen? Anders formuliert: Können die Systeme in unserem Gehirn eine Meute Wölfe, die unsere Familie umkreist, von einer Meute Wutbürger:innen auf X (das noch Twitter hieß, als ich mit diesem Buch anfing – Hilfe), die sich auf das tagesaktuellste Thema stürzt, unterscheiden? Wie können wir versuchen zu verstehen, was uns voneinander trennt? Leben wir in einer wütenderen Welt als zuvor, oder sind wir uns der Konflikte und Auseinandersetzungen nur bewusster dank solcher Möglichkeiten wie Social Media und Nachrichten am laufenden Band?

Was ist Wut?

Das mag jetzt wie eine blöde Frage klingen, da selbst die entspanntesten Menschen zwischendurch mal wütend sind und wir alle wissen, wie es sich anfühlt. Aber es ist nicht so einfach zu beschreiben, nicht zuletzt, weil das, was die eine Person aus der Haut fahren lässt, von der anderen mit einem Achselzucken abgetan wird.

Wenn wir Psycholog:innen diese Frage stellen würden, würden sie antworten, dass Wut eins der »Grund- oder Universalgefühle« sei. Ihre tatsächliche Anzahl und die Grenzen zwischen ihnen sind jedoch nicht so klar definiert. Die meisten Forscher:innen und praktischen Ärzt:innen sind sich zumeist bei der Mindestanzahl fünf einig, während jedoch der US-amerikanische Psychologe Paul Ekman, der seit den 1950er-Jahren in diesem Feld arbeitet, von sieben Universalgefühlen ausgeht: Traurigkeit, Wut, Verachtung, Ekel, Freude, Angst und Überraschung.[1] Sein Beweis dafür ist teilweise darin begründet, dass die meisten von uns diese Gefühle in den Gesichtern anderer lesen können, trotz unterschiedlicher kultureller Backgrounds oder verschiedener Sprachen. (Ein weiterer Beweis ist der Pixar-Film *Alles steht Kopf*, den ich bereits im zweiten Kapitel kurz erwähnt habe und der eine wunderbar bezaubernde Darstellung des Kampfes der Grundemotionen gegeneinander im Kopf eines Kindes ist. Wenn du jetzt denkst, es sei unwissenschaftlich von mir, das einen »Beweis« zu nennen... dann hast du recht. Aber zu meiner Verteidigung: Paul Ekman hat ein Erklärvideo dieses Films auf seiner Website.)

Ekman erklärt, dass all diese Hauptfamilien der Gefühle verschiedene Abstufungen beinhalten. So schwanke, laut ihm, die Wutfamilie zwischen Unmut und Weißglut. Sie beinhaltet aber auch unterschiedliche Formen der Wut, wie »Groll, also die Art Wut, die aus einer Kränkung erwächst; Entrüstung und Empörung, also Wut über die falsche Behandlung von jemandem; Rache, die Wut, bei der man die Missetat eines anderen vergilt; Raserei, also Wut, die auf andere wie eine unkontrollierte Antwort wirkt, unangemessen für jedwede Provokation, und so weiter.«[2]

Es gibt also verschiedene Wutvarianten auf einer Art Skala. Darauf können wir uns meines Erachtens alle einigen. Noch weiter gehen manche Psycholog:innen, die zwischen primären und sekundären Gefühlen unterscheiden,[3] und einige denken, dass Wut beides sein könne. Eine primäre ist eine rohe Emotion, also die erste, instinktive Reaktion auf etwas – wie eine Welle der Traurigkeit, wenn dir etwas Liebgewonnenes kaputtgeht. Darauf kann Scham oder Verlegenheit folgen, weil es ein Geschenk von jemandem war, oder Wut über deine eigene Tollpatschigkeit. Sekundäre

Gefühle sind meist komplizierter, halten länger an und können ablenken oder verdecken oder uns vor der ersten Gefühlsreaktion beschützen.

Ich halte das für eine reizvolle Unterscheidung, die man im Kopf behalten sollte – vor allem der Punkt, dass uns die sekundären Gefühle vor uns selbst schützen sollen –, wie, wenn wir oder jemand anderes wütend sind, das auch zeigen, aber noch weitaus mehr hinter der Kulisse im Kopf passiert. Bei manchen von uns kann es eine wütende Reaktion auslösen, wenn wir uns schämen oder uns etwas peinlich ist, was sich wirklich nicht schön anfühlt. Oder warst du schon mal wütend auf jemanden, weil die Person dich »dazu gebracht hat«, dich schuldig zu fühlen? Manchmal ist es einfacher, wütend zu werden und das nach außen zu tragen, anstatt uns mit den unbehaglichen oder verwirrenden Gefühlen in uns drin auseinanderzusetzen.

Ach, hallo noch mal, liebe Amygdala

Lass uns einen Moment speziell bei der Beziehung zwischen Angst und Wut bleiben. Ich glaube, wir erkennen alle instinktiv die Verbindung der beiden Gefühle an, sowie die Wahrscheinlichkeit, dass ein weiterer Anstieg des Levels der Uneinigkeit und Abkopplung voneinander einen Einfluss auf uns haben wird. Ganz einfach ausgedrückt, sind Wut und Angst Reaktionen auf etwas, das uns in irgendeiner Form bedroht. Sie beide lassen uns unsere Aufmerksamkeit auf etwas lenken (manchmal ein wenig *zu* fokussiert) und darauf reagieren. Angst lässt uns gern mal weglaufen; Wut führt eher dazu, dass wir der »Bedrohung« entgegentreten oder ihr etwas entgegensetzen wollen.

Wie wir bereits wissen, ist die Amygdala die Schnellfeuermaschine unter den Gehirnarealen und für unsere erste emotionale Reaktion zuständig. Sie muss es irgendwann mit dem präfrontalen Kortex besprechen, aber kann bereits vorher diverse physische Antworten lostreten. So kann sie die Freisetzung von Stresshormonen (auch Neurotransmitter genannt) auslösen, wie Adrenalin, Noradrenalin und Kortisol. Ob das nun in dem Moment gebraucht wird oder nicht, Adrenalin erhöht unseren Herzschlag und somit auch den Blutfluss zu unseren Muskeln sowie die zur Verfügung stehende Energie. Das ist super, wenn dich ein Säbelzahntiger außerhalb deiner Höhle überrascht, aber weniger hilfreich, wenn du vorm Schlafen noch ziemlich stressige Kommentare unter einem Post liest. Leider können unsere Amygdala und ihre Stresshormon-Messenger das nicht so wahnsinnig gut voneinander unterscheiden, und sie reagieren eher einheitlich auf alles.

Ich spiele hier natürlich auf die berühmte »Kampf-oder-Flucht«-Reaktion an. Es gibt jedoch noch weitere Optionen, auf Stresstrigger zu reagieren – wie das »Einfrieren«, wenn wir uns für einen Augenblick wie paralysiert fühlen, als würden wir an der Stelle kleben, während wir einen Hyperfokus auf die »Bedrohung« haben und alles andere völlig ausblenden. Ein weniger bekannter Teil von »Flucht oder Kampf« ist die »Unterwerfung« (im Englischen *Fight-flight-fawn*, Anm. d. Übers.), bei der wir, wenn alle anderen Möglichkeiten nicht funktionieren oder wir zumindest davon ausgehen, besonders entgegenkommend oder schmeichelhaft reagieren, um die Bedrohung zu neutralisieren.[4] Das erleben diejenigen unter uns, die traumatische Erfahrungen mit Menschen gemacht haben, von denen sie nicht wegkamen, wie missbräuchliche Elternteile oder Partner:innen. Beim Masking (wenn neurodivergente Menschen das Verhalten neurotypischer Menschen nachahmen, um in sozialen Situationen akzeptiert zu werden) kann es sich auch um eine Form der Unterwerfung handeln, weil so auf den Stress dieser Situation reagiert wird.[5]

Um aber wieder zu Angst und Wut sowie primären und sekundären Gefühlen zurückzukommen: Es ist nützlich, wenn man sich dieser Aspekte bewusst ist, weil es uns dabei hilft, unsere eigenen Gefühle und Reaktionen zu verstehen, und somit potenziell auch das Verhalten anderer. Emotionen sind so ein wichtiger Teil des Menschen und werden zudem von unserer evolutionären Vergangenheit beeinflusst – sie haben uns vor Gefahren bewahrt und uns zu positiven Dingen ermutigt, die uns beim Überleben geholfen haben, wie das Eingehen von Beziehungen zu anderen. Wut und Angst sind nicht per se etwas »Schlechtes«, und wir können sie nicht vermeiden. Allerdings hängt es stark von unseren Erfahrungen ab, wie wir Emotionen verarbeiten, denn sie bestimmen, wie wir bei unseren sekundären Gefühlen ankommen, wenn also der präfrontale Kortex und andere Teile unseres Gehirns sich einschalten. Darüber haben wir mehr Kontrolle als über unsere Erstreaktion auf irgendetwas, aber, wie ich bereits erwähnt habe, die sekundären Gefühle können weitaus komplizierter und verwirrender sein.

Echokammern

Was ist der Unterschied zwischen einer starken Online-Community Gleichgesinnter und einer Echokammer? Ich wünschte, ich wüsste die Pointe. In Wirklichkeit können uns nämlich Plattformen, die so wirkungsvoll positive Räume schaffen, auch isolieren. Vielleicht fällt es uns letztlich deswegen schwerer, mit unterschiedlichen Meinungen klarzukommen. Die Kultur von Social Media, untermauert von den Algorithmen, die uns per Design mehr von dem zeigen, was wir wahrscheinlich eh schon mögen, bedeutet für uns, dass wir weitaus eher solche Meinungen zu hören bekommen, mit denen wir übereinstimmen, als solche, wo das nicht der Fall ist. Wir können bei anderen Meinungen auf Social Media oft das Gefühl bekommen, dass alle, die nicht unsere Ansichten teilen, extrem und intolerant sind – das liegt daran, wie wenig Platz es in einem Post oder Tweet für Nuancen gibt, und dass der Algorithmus eher dramatische oder kontroverse Statements mag, die viel Aufmerksamkeit generieren. Aber ist es wirklich so, dass alle anderen extrem und intolerant sind? Und welchen Effekt hat das auf unsere Sicht der Welt und unseren Umgang mit anderen?

Ich glaube nicht, dass dies schlimmer wird, weil wir *gewollt* mehr Zeit online verbringen, sondern ich denke, dass die jüngsten gesellschaftlichen Veränderungen uns die Orte weggenommen haben, wo wir sonst Menschen begegnet sind, mit denen wir privat nicht abhängen würden. Ein ganz offensichtlicher Fall ist das Homeoffice, ohne das sonst viele von uns pendeln und fünf Tage die Woche in Büros verbringen würden, anstatt wie jetzt nur noch ein paar Tage die Woche oder gar nicht mehr. Und auch wenn diese Art der Flexibilität viele Vorteile mit sich bringt, so gibt es doch wenig, das so sehr von einem abverlangt, mit allen Formen der Menschheit umzugehen, wie ein vollgestopfter Wagen der Londoner Tube ...! Und das dann noch mit der Tatsache kombiniert, dass wir inzwischen fast alles nach Hause bestellen, statt es im Geschäft zu kaufen, und dass die Preise im Allgemeinen steigen und die Leute weniger weggehen, um Geld zu sparen. Reisen waren stets ein guter Weg, um aus der eigenen »Normalität« auszubrechen und zu lernen, dass die Menschen überall auf der Welt eigentlich gleich sind. Auch wenn es schon immer ein Privileg war, so ist es jetzt doch für allzu viele unerschwinglich geworden. Es ist leider nicht so, dass wir irgendwas davon auf die Schnelle ändern könnten. Ich erwähne das alles, weil es meiner Meinung nach gut ist, uns dessen gewahr zu sein, wie Echokammern und ihre Auswirkungen auf uns auch von Offlinefaktoren verstärkt werden können. Zudem finde ich es frustrierend, wenn die Kommentator:innen traditioneller Medien es immer wieder so darstellen, als würden die jungen Leute nur über Social Media kommunizieren *wollen* – obwohl es sich manchmal eher so anfühlt, als seien alle anderen Optionen eingeschränkt worden. Ey, Leute, ihr gebt all das Geld aus, wir versuchen hier nur unser Bestes.

Wie also können wir gegen die Tendenz steuern, unter Gleichgesinnten zu bleiben, wenn so viel in uns und in unseren Kommunikationssystemen darauf ausgelegt ist, uns nicht zu verändern? Eine vereinfachte Antwort wäre ein Diversifizierung der verschiedenen Meinungen, mit denen wir uns umgeben. Wenn man das aber versucht, indem man beispielsweise einem Account oder Menschen mit anderen Ansichten folgt, kann das von den Leuten in der eigenen Peergroup mit einem Stirnrunzeln betrachtet werden, weil es wie ein Zeichen der Bestätigung oder Unterstützung aufgefasst werden kann.

Ich hatte darüber eine zum Nachdenken anregende Diskussion mit der Antirassismusverfechterin Marie Beecham in einer Folge meines Podcasts. (Marie hat einen eigenen Podcast, *Know Better, Do Better*, in dem sie soziale Probleme, Race und Gleichstellung bespricht. Wärmste Empfehlung, nicht zuletzt, weil sie ein reizender Mensch ist.) Wir diskutierten darüber, wie man auf praktische Weise aus seiner gemütlichen Echokammer ausbrechen kann und wie uns das tatsächlich dabei helfen kann, unseren eigenen Standpunkt kommunikativ besser zu vertreten. Eines ihrer Beispiele war das Lesen von Büchern von Autor:innen, bei denen man davon ausgeht, dass man ihnen widersprechen würde. Und ja, das geht einem potenziell ein wenig an die Nerven, und noch mal ja, es kann gut sein, dass du das Buch im Bus eher verstecken willst, aber wir hatten es bereits: Wie kann man davon ausgehen, dass man effektiv mit jemandem diskutieren kann, wenn man nicht weiß, wie diese Person zu dieser Meinung gekommen ist?

Die Empathielücke

Denk mal kurz an das dritte Kapitel zurück, in dem ich über den kognitiven Bias und seine diversen Ausprägungen gesprochen habe. Eine weitere, und zwar eine, über die wir oft stolpern und die eine Spaltung und ein fehlendes Verständnis hervorrufen kann, ist die sogenannte »Empathielücke«.[6] Sie ist eng verwandt mit dem egozentrischen Bias, bei dem wir in unserer Perspektive auf die Welt gefangen sein können. Sie führt bei Menschen dazu, dass sie sich nur schwer Menschen vorstellen oder sich in sie hineinversetzen können, deren Geisteszustand anders als der ihrige zum gegebenen Zeitpunkt ist. Das kann bedeuten, dass du die Reaktion einer Person in einer bestimmten Situation nicht nachvollziehen kannst oder nicht mitbedenkst, dass deren Gefühle oder Standpunkte ihre Handlungen beeinflusst haben.

Das fällt besonders in Online-Kommentarspalten auf. Wenn dir so eine Aufgabe Spaß macht, dann versuch doch mal bei einem Post, auf den die Leute negativ reagieren, jene Antworten herauszufiltern, bei denen eventuell eine Empathielücke das Schreiben befeuerte, wo jemand die Handlung von einer oder einem anderen nur durch die eigenen Gefühle betrachtet hat, ohne auch nur den Versuch, zu verstehen, wie die Gefühle und Erfahrungen dieser Person sie hierhin gebracht haben. Ich mache das ziemlich oft, und auch wenn es das Königreich der Korinthenkackerei nicht weniger frustrierend macht, so stellt es doch für mich eine gewinnbringendere Lesart der Kommentare dar. So hilfreich und beruhigend es auch sein kann, etwas über unser Gehirn und unsere Vorurteile zu lernen, um unsere Sicht auf die Welt besser zu verstehen, so groß ist eben auch der potenzielle Nutzen, wenn wir diese Erkenntnisse auf andere Menschen anwenden und unsere unvermeidlichen Urteile über sie um eine weitere Perspektive erweitern. Es ist meist viel einfacher, Menschen aus freundlichen Augen zu betrachten, auch wenn uns nicht gefällt, was sie sagen, wenn wir tun können, was sie *nicht* tun, und versuchen, aufzudröseln, warum sie vielleicht so denken. Wir müssen hasserfüllten Menschen keine Empathie entgegenbringen, aber es kann dennoch helfen, wenn man sich bewusst macht, dass ihr hasserfülltes Verhalten vielleicht von einem Ort der Isolation, Einsamkeit, des Schmerzes und Traumas herrührt. Das entschuldigt ihr Verhalten nicht, und ich glaube auch nicht, dass du jemanden mit diesen Gedanken irgendetwas zugestehst. Es könnte aber deiner geistigen Gesundheit helfen und deine Empathiemuskeln trainieren.

Bezüglich der bereits erwähnten selbstbewussten Gefühle läuft viel davon darauf hinaus, dass wir wirklich einfach nur gemocht werden wollen. Das ist gut auf evolutionärer Ebene, wie wir bereits besprochen haben, aber es gibt einen Unterschied zwischen gemocht werden wollen und dem *Bedürfnis*, gemocht zu werden – und genau da fallen manche von uns hin. Wenn wir uns Gedanken über die Gefühle machen, die mit der frustrierten Frage »Was stimmt nicht mit mir?« einhergehen, denkst du dann sofort darüber nach, welche Gefühle du gerade über dich hast... oder darüber, wie du von anderen wahrgenommen wirst?

Mithilfe der Empathielücke kann man sogar erklären, warum wir auf unsere eigenen Handlungen zurückblicken und uns dann über uns selbst ärgern. Wenn du dich an deine Handlungsweisen in der Vergangenheit erinnerst und dabei denkst: »Ich kann nicht glauben, dass ich das echt gemacht hab«, »Warum fand ich das bloß so schwierig?« oder »Wie konnte ich jemals glauben, das sei okay?«, dann könntest du einen Bias gegenüber deinem jetzigen Zustand empfinden und Mühe haben, deinem vergangenen Ich Empathie entgegenzubringen.[7] Krasser, krasser »Was stimmt nicht mit mir?«-Modus. Ich würde behaupten, das ist ziemlich häufig bei Menschen so, die schon mit ihrer mentalen Gesundheit zu kämpfen hatten – wenn du dich aus einem besonders tiefen Loch herausgekämpft oder maßgebliche Verbesserungen in der mentalen Gesundheit erlebt hast, kann es schwierig sein, in der Retrospektive die Person, die du damals warst, noch wiederzuerkennen oder die damaligen Handlungen dieser Person nachvollziehen zu können. Ähnlich wie auch bei den Menschen, die noch nie Probleme mit ihrer mentalen Gesundheit hatten, ist es tricky, auf das Vergangenheits-Ich zu schauen und zu verstehen, dass duschen eine schier unmögliche Aufgabe war, auch wenn du weißt, dass das nun mal leider damals so war. Die Erinnerung an schlechte Zeiten mag kein sonderlich gutes Gefühl auslösen, aber gleichzeitig ist sie ein Teil von dir, und sie hilft dir, wenn du anderen, die vielleicht gerade strugglen, Mitgefühl und Verständnis entgegenbringen solltest.

Ein besonders emotionales und eventuell extremes Beispiel dieses Mangels an Empathie lässt sich in Diskussionen rund um Suizid finden. In meiner Erinnerung gab es immer ein Wort, das in allen diesen Gesprächen aufploppte, wenn Menschen über Suizide sprachen: »egoistisch«. Inzwischen, zumindest in den letzten Jahren, gibt es immer mehr Menschen, die dieses Narrativ infrage stellen und erklären, dass es eben *keine* egoistische Handlung sei. Es ist einfach so viel komplizierter als dieses eine Wort. Dennoch hielt sich das sehr lange, und ich glaube, dass die Empathielücke gut zu einer möglichen Erklärung beitragen kann. Menschen, die noch nie Selbstmordgedanken gehegt haben, oder vielleicht sogar jene, die sich davon wieder frei machen konnten – denn man kann sich durchaus von diesen Gedanken lösen –, kann es schwerfallen, sich in den emotionalen Zustand von Selbstmörder:innen hineinzuversetzen, sich vorzustellen, was starke Depressionen oder andere Formen psychischer Erkrankungen einem einreden können. Ich, als jemand, die schon suizidale Gedanken hatte, finde es einfacher, diesen Teil der Empathielücke zu überwinden und zu verstehen, wie jemand so denken kann. Dennoch schätze selbst ich, mit ähnlichen Gedanken in der Vergangenheit, es *immer noch* als schwierig ein, es vollständig zu begreifen – ich kann es also nachvollziehen, warum es anderen so dermaßen schwerfällt, halte es aber gleichzeitig für ebenso wichtig, dass wir es versuchen.

Empathie für unsere Mitmenschen ist ein so wichtiger Kleber in unserem Beziehungsgefüge und hilft uns durch Konflikte hindurch. Es ist aber ein verzwicktes und auch irgendwie schwer fassbares Thema, und es gibt viele Gründe, warum wir solche Probleme damit haben, selbst wenn wir eigentlich Empathie empfinden wollen. Ein Paper mit dem Titel »The Science of Empathy«[8] definierte es wie folgt: »Empathie ist eine komplexe Fähigkeit, die es Individuen ermöglicht, den emotionalen Zustand anderer zu verstehen und nachzufühlen, was in teilnahmsvollem Verhalten resultiert. Empathie braucht kognitive, emotionale, verhaltensbezogene und moralische Fähigkeiten, um das Leiden anderer verstehen und darauf reagieren zu können.« Das Paper führt weiter aus, dass sie von Nervenbahnen in den emotionalen, motorischen und sensorischen Teilen des Gehirns abhängt – was auch erklärt, warum wir manchmal zusammenzucken, wenn sich jemand wehtut, als wäre es uns selbst passiert, während wir uns gleichzeitig schlecht wegen ihrer Schmerzen fühlen. Und dennoch »nimmt die Fähigkeit zur Empathie ab, wenn wir uns emotional überlastet, überfordert, ausgebeutet oder ausgebrannt fühlen«, weil wir die nötige emotionale Arbeit für das Fühlen und Verarbeiten dieses komplizierten Gefühls dann nicht leisten können.

Du hast vielleicht schon mal von den Begriffen der »Mitgefühlsmüdigkeit« oder dem »emotionalen Burn-out« gehört. Mitgefühl ist so ähnlich, aber nicht das Gleiche wie Empathie; wo Letzteres auf unsere *Fähigkeit* zum Verständnis oder zum Nachempfinden der Gefühle einer anderen Person anspielt, wird Mitgefühl als Gefühl der Fürsorge charakterisiert, das von einem Bedürfnis motiviert ist, das Leiden anderer zu mildern. Mit dem Wort Mitgefühlsmüdigkeit wird auf die negativen Auswirkungen des Erleidens von wiederholtem sekundärem Trauma hingewiesen – das heißt, dass man es oft mit den schrecklichen Erlebnissen anderer Menschen zu tun hat. Menschen im Not- oder Bereitschaftsdienst, Krankenpfleger:innen, Therapeut:innen und Sozialarbeiter:innen haben Jobs, bei denen sie anderen in ihren schlimmsten Momenten beistehen müssen, und das tagtäglich. (Ich weiß, dass es noch zig andere Beispiele dafür gibt.) Ohne eine ausreichende Unterstützung erleiden sie Symptome wie Gefühle der Taubheit oder Dissoziation, Motivationsmangel und übermäßige Wachsamkeit.[9] Das ist, als sei ihr Empathievermögen aufgebraucht, was bei manchen sogar Scham auslösen kann, wenn sie, sagen wir, mitfühlende Personen sind, die sich einen fürsorgenden Beruf ausgewählt haben.

Es ist einfach, sich vorzustellen, wie diese Menschen, die an vorderster Front arbeiten, davon betroffen sind, was sie aus erster Hand sehen und hören. Jedoch haben Studien nahegelegt, dass weitaus mehr von uns von der Mitgefühlsmüdigkeit belastet werden; bereits im Jahr 1996 stellte das Forschungspaper »Compassion Fatigue: Communication and Burnout toward Social Problems« fest, dass Erwachsene, wenn sie dank Medien bezüglich Krisen »overnewsed« sind, mitgefühlsmüde werden können.[10] Und jetzt denk mal darüber nach, wie sehr sich die Medienlandschaft seit 1996 gewandelt hat. Wir müssen uns nonstop Nachrichten und Social Media stellen, die uns mit Updates über alle schlimmen Ereignisse auf der ganzen Welt informieren, und das mit einer vorher nie erlebten Häufigkeit – für die wir, offen gestanden, gar nicht ausgelegt sind.

Falls du dich jemals nach einer schlechten Nachricht in den News taub gefühlt hast, während deine Freund:innen wütend oder traurig wurden oder sich dann für etwas engagieren wollten, könnte es einen guten Grund dafür gegeben haben. Musstest du davor mit anderen stressigen Situationen in deinem Leben klarkommen? Hast du rund um die Uhr und stundenlang Nachrichten konsumiert? Ist dein »emotional cup«, dein Kelch an Emotionen, ganz schön leer? Das heißt nicht gleich, dass bei dir etwas schiefläuft oder dass du ein schlechter Mensch bist. Es ist viel wahrscheinlicher, dass dein Gehirn Probleme hat, mit der Arbeit mitzuhalten, die es für dein Empathievermögen leisten muss. Als – eine meiner Meinung nach im Zusammenhang damit stehende – Randbemerkung: Psycholog:innen haben bemerkt, dass man keine Empathie besitzen muss, um Richtig von Falsch zu unterscheiden. So fällt es manchen Autist:innen schwer, die Gefühle anderer Menschen zu erkennen, aber sie können dennoch einen starken Moralkodex haben und Ungerechtigkeiten trennscharf erkennen. Sie kommen da nur über einen anderen Weg hin – beispielsweise durch Schlussfolgerungen und Logik. Es ist also nicht so, dass du kein guter Mensch sein kannst, wenn du nicht im großen Stil auf deine Mitmenschen empathisch reagieren kannst. Die Forschung legt nahe, dass Menschen, die eine Mitgefühlsmüdigkeit dank Social Media entwickeln, Symptome ähnlich denen der PTBS zeigen können, unter anderem Persönlichkeitsveränderungen oder Stimmungsschwankungen, schlechten Schlaf und emotionale Taubheit – was zu einer Desensibilisierung gegenüber den Erfahrungen anderer führt.[11]

Das Schwierige an dieser Erkenntnis ist, dass es keine leichte Hilfe dagegen gibt. Wir können uns nicht einfach… vor den Ereignissen dieser Welt verschließen, oder doch? Es ist leider auch ein enormes Privileg, sich beim Anblick von Nachrichten über weit entferntes Leid emotional ausgelaugt zu fühlen. Die direkt Betroffenen können das, was wir nur als Nachrichten hören oder auf Social Media sehen, nicht einfach abschalten, und so fühlt es sich wie eine moralische Verpflichtung an, ihren Schmerz wenigstens zu bezeugen.

Das ist ein besonders gefühlsgeladenes Thema, weil es einfach furchtbar klingt, wenn wir sagen, dass wir von etwas so Intuitivem wie der Fürsorge ausgelaugt seien. Ich glaube, dass der Begriff »Mitgefühlsmüdigkeit« oft wörtlich genommen wird – als wäre man es müde, Mitgefühl zu zeigen, als wolle man nicht mehr –, aber ich glaube wieder nicht, dass es sich in den meisten Fällen so zeigt. Wir hören nicht auf, mitzufühlen, sondern die Menge unseres bisherigen (und weiter vorhandenen) Mitgefühls bremst uns aus. Wie können wir also die Mitgefühlsmüdigkeit vermeiden, ohne auch noch von unseren Schuldgefühlen, die uns die Erkenntnis unseres Privilegs bringt, außer Gefecht gesetzt zu werden?

Ein Paper aus dem Jahr 2021, das im Journal *Journalism and Media* erschien, untersuchte, wie die Darstellung von Individuen in den Medien dazu genutzt werden kann, um »soziale Empathie« zu fördern, und wie das wiederum gegen die Mitgefühlsmüdigkeit helfen könnte.[12] Beispiele des Instagram-Accounts »Humans of New York«[13] aufgreifend, hob die Studie hervor, dass die Kommentator:innen unter den Posts sich sozial orientierter und positiver fühlten, weil sie von »Nachbar:innen oder Gruppen, die sie kennen oder verstehen könnten, erfuhren«, und zwar im Licht menschlicher Belange wie Karrieren oder Liebesbeziehungen. Eine andere Studie untersuchte den menschenorientierten Berichterstattungsstil des *New-York-Times*-Kolumnisten Nicholas Kristof (der versucht, mit dem Stil aktiv die Mitgefühlsmüdigkeit zu überwinden), und die Ergebnisse zeigten jedoch überraschenderweise, dass eher die Themen und die geografische Nähe der Geschichten das Engagement der Leser:innen beeinflussten als der Erzählstil.[14] Das Problem der Mitgefühlsmüdigkeit lässt sich anscheinend nicht einfach mit ein paar Anpassungen der journalistischen Herangehensweise beheben. Aber wenn wir diese emotionale Erschöpfung schon nicht ganz vermeiden können, gibt es dann wenigstens mögliche Abhilfe?

Die Forschung in diesem Bereich ist noch recht jung, aber eine Studie aus dem Jahr 2022, die sich auf Berater:innen während der Covid-19-Zeit konzentriert, untersuchte die »Mitgefühlspraxis« als Gegenmittel zur Mitgefühlsmüdigkeit.[15] Mithilfe eines Fokus auf Achtsamkeit, Selbstmitgefühl und mithilfe angemessener

Erwartungen daran, was Menschen in schwierigen Zeiten wirklich leisten können, konnten die Teilnehmer:innen viel besser ihre empathischen Reaktionen auf andere aufrechterhalten. Praktische Ratschläge für Menschen wie dich und mich, die sich überfordert fühlen könnten, beinhalteten: den Nachrichtenkonsum einschränken, lieber feste Zeiten dafür festlegen, statt sich dem Doomscrolling hinzugeben, eine gute Selbstfürsorge betreiben und das zwischenmenschliche Gefühl stärken, indem man sich mit der eigenen Community über die Themen und Probleme austauscht, die einen beschäftigen.[16]

Meines Erachtens fällt das alles wieder auf die Empathielücke zurück. Wenn wir das Gefühl haben, dass wir uns mit anderen identifizieren können, dann können wir ihnen gegenüber auch mehr Mitgefühl empfinden – und das schließt eben auch ein, dass wir uns selbst Pausen gönnen sollten, wenn es uns mal nicht so gut geht. Später werfen wir noch einen Blick auf die »Sauerstoffmasken-Theorie«, bei der wir sicherstellen, dass es erst uns gut geht, bevor wir anderen helfen. Unsere kognitiven Werkseinstellungen erschweren uns das zwar sehr, aber der Versuch, uns bewusst gegen emotionale Ermüdung zu wappnen, kann dabei behilflich sein, ein gewisses Maß an Mitgefühl für andere Menschen aufrechtzuerhalten, was uns zu effektiveren, sozial aktiven Weltbürger:innen macht.

Polarisierung

Die »Ingroup-Kontakthypothese« wurde das erste Mal vom US-amerikanischen Psychologen Gordon Allport in den 1950er-Jahren vorgeschlagen. Sie legt nahe, dass der Kontakt zwischen Gruppen von Menschen, die sich normalerweise nicht über den Weg laufen würden, das gegenseitige Verständnis verbessert und Vorurteile abbaut. Das ergibt Sinn, oder? Wenn Menschen zusammenfinden und dabei feststellen, dass diejenigen, die sie als andersartig empfunden hatten, auch einfach vernünftige Menschen sind, mit denen sie einen gemeinsamen Nenner finden können, selbst wenn sie nicht bei allem gleicher Meinung sind, so klingt das nach einer ziemlich guten Sache. Allerdings umriss Allport vier nötige Grundvoraussetzungen, damit dies funktionieren kann: Alle Mitglieder der Gruppe müssen beim Zusammentreffen auf gleicher Statusebene sein, die Gruppe muss gemeinsame Ziele haben, braucht einen Grund und Motivation zur Kooperation sowie eine Art Unterstützung von einer externen Instanz.[17] Diese Theorie wurde seit den 1950er-Jahren weiterentwickelt und auf verschiedene Weisen benutzt, aber ich glaube, wir erkennen alle, dass es schwierig ist, diese optimalen Bedingungen in unserer oft polarisierten Online-Welt zu finden.

Ich werde mich an dieser Stelle jetzt nicht wieder auf die Algorithmen und die moralische Lage der Techunternehmen einschießen, aber jenseits deren Absichten spornt uns die riesige Menge an Informationen und Meinungen auf Social Media zu einer immer größeren Spaltung an. Forschung aus dem Jahr 2021 fand heraus, dass unsere Lernkurve abflacht (!), sich aber unser Polarisierungsgrad verstärkt, wenn die Anzahl der Posts, die wir gezeigt bekommen, ansteigt und wir uns nicht sicher sein können, wie akkurat und richtig sie sind. Polarisierung, vor allem beim Thema Politik, bedeutet, dass Menschen von moderaten Ansichten abkommen und sich eher bei einer von zwei gegensätzlichen ideologischen Extremen versammeln. Menschen ziehen, wenn sie sich mit einer überwältigenden Menge an Informationen konfrontiert sehen, Beiträge vor, die ihren bestehenden Überzeugungen am nächsten kommen, um ihre Unsicherheit über den Zustand der Welt zu reduzieren.[18] Erinnerst du dich noch an den Bestätigungsfehler, den *Confirmation Bias*, den ich bereits erwähnt hatte? Tada! Hier sehen wir die Konsequenzen.

Die Information, dass Social Media eine »Wir gegen sie«-Mentalität stützen, wird dich eher weniger erschrecken, aber es kann schon aufrütteln, wenn man einen Schritt zurücktritt und realisiert, wie sehr es auch auf einen selbst zutrifft. Lass uns einem Moment der Diskussion zuliebe davon ausgehen, dass du halbwegs »links« bist, du also eher sozialliberale Ansichten hegst. Wenn du dann das Wort »Polarisierung« hörst, ist es einfach, es gleich auf die anderen zu schieben; du denkst vielleicht sofort an extremistisch rechte Ansichten und verdrehst entnervt die Augen. Es ist wichtig, dass wir uns immer wieder bewusst machen, dass wir alle nicht dagegen immun sind: jemand mit einem gegensätzlichen Standpunkt denkt wahrscheinlich dasselbe über dich.

Eine systematische Recherche hat mal rausgefunden, dass es, auch wenn die Forschung zur Rolle von Social Media in Bezug auf Polarisierung in den letzten zehn Jahren zugenommen hat, sowohl einen starken Fokus auf X (vormals bekannt als Twitter) und US-amerikanische Stichproben (auf Kosten der Erforschung anderer Orte und Plattformen) gibt, als auch einen eindeutigen Mangel an Forschung bezüglich der Frage, ob und wie Social Media bei der *De*polarisierung helfen könnten.[19] Letztlich hat sich das Feld also wirklich auf das Thema Polarisierung eingeschossen, könnte aber gut und gern die eigene Sicht auf die Dinge noch ein wenig ausweiten.

Mich interessiert wirklich, wo die Linie zwischen »etwas über andersgeartete Meinungen erfahren« und »sich selbst dazu zwingen, Menschen zuzuhören, die man richtig widerlich findet« verläuft. Natürlich wird das bei allen etwas anders ausfallen. Ich glaube nicht, dass irgendwer das Gefühl haben sollte, dass sie oder er sich ununterbrochen mit den gesellschaftlichen Missständen auseinandersetzen müsse. Wenn du von Instagram primär Katzenvideos und Memes gezeigt bekommen möchtest, dann gönne dir das. Du musst nicht dort deine Nachrichten beziehen. Viele von uns wünschen sich einen netten, freundlichen Ort, wo sie sich mit Gleichgesinnten mit ähnlichen Interessen verbinden können.

Das ist völlig okay – und in Anbetracht unserer Learnings im fünften Kapitel, gemäß unserem Wissen über unsere evolutionäre Verdrahtung im Gehirn: Wir fühlen uns in einer Gruppe Gleichgesinnter schlicht wohler. Ähnlich wie bei der Mitgefühlsmüdigkeit können wir nicht zu den positiven Aspekten beitragen, wenn unsere mentale Gesundheit angeschlagen ist, weil wir uns zu viel mit den Vorurteilen und der Engstirnigkeit anderer Menschen befasst haben.

Allerdings haben wir auch hier ein ähnliches Problem wie vorhin: dass es ein ungemeines Privileg und ein wenig entgegen unserer menschlichen Natur ist, wenn man sich hier »ausklinkt«. Ich denke, dass sich manche schuldig fühlen, wenn sie wissen, wie viele Möglichkeiten ihnen sofort offenstehen, dann aber lernen, wie die Erfahrungen anderer weit außerhalb ihrer Bubble sind. Wenn du dir wie ich sehr bewusst bist, was für ein privilegiertes Leben du führst im Vergleich zu vielen anderen auf der Welt, dann fühlt es sich manchmal so an, als wäre es das Mindeste, wenigstens etwas über die Erfahrungen anderer zu erfahren. Aber wo fängt man an? Und wie bekommt man all das Wissen an Bord?

Eventuell überfordern uns die ganzen aktuellen Geschehnisse und die sich darum drehenden Debatten so sehr, dass wir abschalten. Wir brauchen dann vielleicht eine Pause von den Nachrichten, was völlig in Ordnung ist. Allerdings kann dieses Abschalten auch dazu führen, dass man sich gänzlich gegen die Blickwinkel jener versperrt, die nicht der eigenen Meinung sind, oder dass man sofort alle als »toxisch« brandmarkt, weil deren Ansichten sich von deinen unterscheiden. Natürlich sind manche Meinungen furchtbar, aber wenn wir anfangen, den Menschen Label zu verpassen – »Snowflake«, »woke«, »antiwoke« –, machen wir dann noch unseren Standpunkt deutlich, oder verwehren wir uns damit jeglichem Gespräch? Manchmal haben wir einfach nicht die Kraft für solche Unterhaltungen. Es ist eine rein persönliche

Angelegenheit, wie resilient wir sind oder wie wir uns Resilienz aufbauen. Allerdings bin ich der Überzeugung, dass diese Frage einen tieferen, aktiven Blick verdient.

Toxisch, ein Trigger oder doch nur ein »Das mag ich nicht«?

Apropos »toxisch«: Das ist eins der Beispiele aus dem Therapiesprech, das den Weg in unsere täglichen Gespräche gefunden hat. Wir reden von »Grenzen setzen« und »Coping-Mechanismen«, wir sehen uns Videos darüber an, wie man »Narzisst:innen« und »Gaslighting« erkennt. Geläufige Beispiele wie das »innere Kind« kann man bis zu Freud zurückführen. In den letzten Jahren ist das Wort »Trigger« so omnipräsent geworden, dass es ironischerweise die Rechten triggert, die die These haben, dass »man nichts mehr sagen darf«, weil dann ja irgendeine »Snowflake« sich angegriffen fühlen würde. Und ja, wir sind jetzt alle Veteran:innen der Kulturkämpfe!

In der Psychologie wird ein »Traumatrigger« als Reiz angesehen, der Erinnerungen an ein traumatisches Erlebnis auf zutiefst emotionale und verstörende Weise wieder hervorruft. Es wird vor allem mit PTBS in Verbindung gebracht. Wenn du also mal an einem Regentag in einen Autounfall verwickelt warst, erinnerst du dich vielleicht daran, wenn du wieder einmal irgendwohin fährst und das Wetter schlecht ist. Ein solcher Trigger kann genauso gut ein ansonsten harmloser Geruch oder Sinneseindruck sein, wie der Geruch dieses ganz bestimmten Duftbäumchens im Auto damals. Ich finde das verständlich, dass es manche inzwischen frustriert, dass »triggern« zum Synonym für »ärgerlich« oder »etwas, was ich nicht hören will« hergenommen wird, weil es in seinem ursprünglichen Kontext ganz anders benutzt wurde. Allerdings habe ich auch schon Menschen mit PTBS sagen hören, dass sie dieses »Abgleiten« der Bedeutung nicht störe, weil sie es eher als hilfreich erachteten, dass das Wort seinen Weg in den allgemeinen Sprachgebrauch gefunden habe und somit Menschen möglicherweise aufzeige, wie Wörter und Bilder Menschen beeinflussen können, was anderen, die diese ganz zwanglos benutzten, nicht bewusst sei.

Falls du dich jemals gefragt hast, wo Triggerwarnungen herkommen: Sie scheinen auf feministischen Websites in den frühen 2000er-Jahren ihren Ursprung gefunden zu haben, mit der Absicht, auf potenziell das Publikum verstörende Inhalte (meist in Bezug auf sexuellen Missbrauch oder Gewalt) hinzuweisen. Danach tauchten sie in akademischen Kreisen auf, vor allem in Bezug auf bestimmte Themen in der vorgeschriebenen Studienlektüre, die auf die Student:innen potenziell verstörend wirken könnten, was, wie manche glaubten, eventuell das Lernen beeinträchtigen könnte. In einem *New-Yorker*-Artikel über Trigger wird die Philosophin Kate Manne zitiert, die 2015 geschrieben hatte, dass es, wenn man Student:innen nicht vorwarnte, vergleichbar sei mit der Idee, »bisweilen einen Menschen mit Arachnophobie mit einer Spinne zu bewerfen«.[20] Als Arachnophobin kann ich nur bestätigen, dass das wirklich nicht cool wäre, aber viele haben die Analogie bereits infrage gestellt – teilweise, weil eine Liste an Triggern potenziell unendlich wäre. Wir können niemals wissen, welche traumatischen Erlebnisse jemand womöglich hatte und daher auch nicht, was die Person als verstörend empfinden würde – sie könnte es selbst nicht wissen, bis es passiert. Und teilweise, weil die nachfolgende Forschung herausgefunden hat, dass Triggerwarnungen nicht wirklich helfen. Manche haben argumentiert, dass ein großes »WARNUNG« auf etwas eher wie ein Nocebo wirken würde – man bekommt also ein negatives Ergebnis, weil man damit rechnet. Das ist letztlich das Gegenteil des Placebos, bei dem wir einen positiven Effekt erfahren, weil uns gesagt wurde, dass dieser eintreten wird.

Ich weiß nicht, was ich davon halten soll. Auf der einen Seite könnte man sagen, dass Triggerwarnungen ein Zeichen dafür sind, dass wir als Gesellschaft uns der individuellen mentalen Gesundheit bewusster werden und uns mehr auf sie einstellen wollen. Man könnte es aber auch auf der anderen Seite, ähnlich wie die eine Sicht auf das »Impostor-Syndrom«, so sehen, dass damit etwas auf die individuelle Ebene verschoben wird, dass Menschen nun das Gefühl gegeben würde, sie hätten das Problem, obwohl wir letztlich alle, zu unterschiedlichen Zeiten und auf unterschiedliche Weisen, die Folgen der gesellschaftlichen Probleme tragen müssen. Ich würde es definitiv gutheißen, wenn es Menschen verboten würde, riesige Hausspinnen in ihren Instagram-Storys zu posten. (Es graut mir aus diesem Grund immer vor dem September.) Diese Regeln lassen sich allerdings nur schwer durchsetzen.

Auf welcher Seite stehst du?

In den Jahren, seit ich auf Social Media aktiv bin, sind mir zwei große Veränderungen besonders aufgefallen: die gesteigerte Geschwindigkeit, mit der Menschen jetzt auf Sachen reagieren sollen, und der immense Druck, dass man anscheinend zu allem eine öffentliche Meinung haben muss. Immer, wenn etwas den Weg in die Schlagzeilen findet oder irgendeiner Kontroverse Bahn gebrochen wird, schwelt eine Erwartungshaltung im Raum, dass wir alle unsere Position dazu posten, eine Seite auswählen, unsere Stimme nutzen werden. Und zwar sofort.

Ich weiß, dass ich aufgrund meiner Erfahrungen mit Social Media meinen ganz eigenen Blickwinkel darauf habe. Ich bin mir der Privilegien meiner Plattform überaus bewusst – es ist, offen gesagt, ziemlich krass, wenn man zehn Millionen Menschen am anderen Ende der App-Leitung hat –, aber gleichzeitig heißt das, dass ich sehr vorsichtig geworden bin und darauf achte, das richtig zu nutzen, statt aus Versehen etwas zu dem Höllenfeuer der Fehlinformationen online beizutragen. Wenn ich das Gefühl habe, dass ich weiß, wovon ich rede, und dass meine Stimme sicher produktiv zu einem Gespräch beitragen kann, dann bin ich dabei, dann spreche ich, bin an Bord und fühle mich mental gut auf die Konsequenzen (lies: wütende PMs) vorbereitet.

Ich verstehe tatsächlich meine Gefühle viel besser, seit ich mit ADHS diagnostiziert wurde. Ein häufig auftretendes Symptom (jedoch nicht bei allen und auch nicht nur bei ADHSler:innen) ist die sogenannte Zurückweisungsempfindlichkeit (*rejection sensitivity dysphoria*; RSD). Dabei kann jemand einen heftigen emotionalen Schmerz verspüren als Reaktion auf ein Scheitern, eine Zurückweisung oder Kritik – und ehrlicherweise ergaben einige meiner Online-Erfahrungen plötzlich sehr viel Sinn, als ich das las. Ich habe es als unfassbar erschütternd für mich erlebt, wenn mir auffiel, dass ich zum Beispiel mal einen Post geteilt habe, der eine ungenaue Information auf dem fünften Slide beinhaltete, wegen der dann jemand wütend auf mich war. Vielleicht wäre das bei ein oder zwei Menschen halb so wild, aber wenn dann gleich eine ganze Hooooorde Nachrichten im Postfach auf einen wartet? Ich bin buchstäblich in Tränen ausgebrochen, und mich hat die Panik ergriffen, dass mich nun alle auf der Welt hassen würden. Das ist wirklich das Schlimmste: dass RSD eine so starke und unangenehme emotionale Reaktion hervorruft, selbst bei völlig legitimer Kritik.

Und weil ich mir jetzt Gedanken darüber mache, was du nun von mir denken könntest (siehe oben), lass mich an dieser Stelle bitte noch betonen, dass es mir weder um Ausreden noch um Sympathiepunkte geht. Das war kein »Schluchzischluchz, Menschen schreien mich an«. Das ist einer der Gründe, weshalb ich nur sehr bewusst Dinge teile, aber ein anderer Grund bringt uns zurück zu einem der kognitiven Bias, die ich bereits erwähnte –

zum Dunning-Kruger-Effekt. Dieser eingebaute Fehler im System bedeutet, dass wir nur schwer erfassen können, wie wenig wir wissen, und daher tendenziell eher übertrieben selbstbewusst sind, was sogar unsere Fähigkeit zum rationalen Denken einschränken kann.[21]

Ich befürchte, dass es in meinem Fall eher eine Überreaktion auf das Wissen um den Dunning-Kruger-Effekt ist. Wenn das das übertriebene Selbstbewusstsein in die eigene Fähigkeit oder das Wissen beschreibt, dann habe ich ... ein untertriebenes Selbstbewusstsein. Wie schon Shakespeare schrieb: »Der Narr hält sich für weise, aber der Weise weiß, daß [sic] er ein Narr ist.«[22] Ich habe eine solche Paranoia, etwas Falsches zu machen oder negativ zu etwas beizutragen, dass ich völlig einfriere und nicht weiß, was ich machen soll. Bin ich die *weaponised incompetence* auf zwei Beinen? O Gott, ich *bin ja* chronisch online.

Egal, nun genug über mich und meine persönlichen Ängste. Natürlich bin ich nicht die einzige Person auf der Welt, die mit diesem Druck, alles immer richtig machen zu müssen, umgehen muss oder jegliche Empörung vermeiden will. Ich bin mir auch nicht sicher, wie wir an diesen Punkt gekommen sind, an dem man, wenn man nicht sofort und ohne Vorbehalt ein Team auswählt oder wenn man auch nur versucht, eine etwas differenziertere Meinung zu einem Thema beizutragen, sofort vorgeworfen bekommt, dass man genau die andere (extrem gegensätzliche) Meinung unterstützen würde oder es einem schlicht egal sei.

Es stimmt, dass wir heutzutage anscheinend generell immer öfter um unsere Meinung gebeten werden. Wir werden immer wieder gefragt, ob wir nicht das eine bewerten oder das andere besprechen könnten, sei es die Qualität eines WhatsApp-Anrufs, unsere Banking-App oder die Sandwichbar, die erst letzten Dienstag eröffnet wurde. All das schüttet natürlich immer mehr Benzin in das Datenfeuer unserer heutigen Welt und der es am Laufen haltenden Algorithmen. (Ich weiß, dass ich mich zum Beispiel immer etwas blind fühle, sobald ich etwas ohne Bewertungen kaufen soll.) Ist das so eine gute Sache, wenn wir zu unseren Hot Takes … ich sage hier mal … *genötigt* werden?

Wie ich bereits angeschnitten habe, fühlt sich das Tempo – dank der nonstop laufenden Nachrichten und der Geschwindigkeit, in der sich die Nachrichten sowohl auf Social Media als auch in den traditionellen Medien entwickeln und dort auseinandergenommen werden – der aktuellen Geschehnisse extrem schnell an. In meiner Kindheit bekamen die Erwachsenen ihre Nachrichten mit der Zeitung am Morgen, die spät am vorherigen Abend in den Druck gegangen war, und von ein paar Frühstücksnachrichten im Radio. Im Laufe des Tages gab es stündliche Radioberichte bei privaten Radiosendern und der BBC, und die allgemeinen Nachrichten wurden um 13, 18 und 21 Uhr verlesen, je nach der eigenen Senderpräferenz – oooh, und natürlich der Teletext, den sich meine Großeltern immer angesehen haben und an den ich mich noch lebhaft erinnere. (Wenn du unter dreißig bist, musst du das wohl googlen.) Das war's. Sky News, der erste rund um die Uhr laufende Nachrichtensender in Großbritannien, ging 1989 an den Start, aber die wenigsten hatten damals Sky.

Zeitraffer, Schnitt zu heute: Es gibt jede Menge Nachrichtensender zur Auswahl, zudem sind auch alle Zeitungen inzwischen online unterwegs. Es war noch nie so einfach, sich basierend auf der eigenen politischen Einstellung etwas auszusuchen, sodass du dich jetzt noch mehr von einem Moderator oder einer Moderatorin hochpeitschen lassen kannst, weil die genau wissen, wie sie die Menschen mit ihrer Meinung provozieren. Vielleicht hast du sogar zwei oder drei verschiedene News-Apps auf deinem Handy, die dich im Laufe des Tages über die »neuesten« Nachrichten informieren (auch wenn die Dringlichkeit bei vielem meiner Meinung nach eher fragwürdig ist). Abseits dieser speziell dafür vorgesehenen Apps verbringst du sicherlich auch eine ganze Menge Zeit auf Social Media, wo Nachrichten mit eingestreut sind, völlig dissonant zwischen all den Outfit-auf-dem-roten-Teppich-Analysen oder einer Zaunstreichaktion.

Ein Teil des Problems »Nachrichten vs. unser Gehirn« ist, dass wir das Gefühl haben, wir hätten alles mehr unter Kontrolle, je mehr Wissen wir anhäufen und je mehr Antworten wir sammeln. Das ist aber oft nicht der Fall. Der Psychologe Markus Brauer, der eine Studie über die emotionalen Auswirkungen des »Informationssammelns« und des Konsums von Nachrichtenmedien während der Pandemie durchgeführt hat, erklärt, dass die Ungewissheit »ein schwieriger psychologischer Zustand für uns« sei.[23] Es sei also natürlich, dass wir Antworten finden wollten, aber in dieser Zeit der absoluten Ungewissheit wirkten sich die Nachrichten im Fernsehen und generell Social Media nachteilig auf unsere Psyche aus. Brauer und seine Kolleg:innen hielten fest, dass dies beispiellose Zeiten gewesen seien, wenn man aber bedenkt, wie schnell wir bei der Suche nach Antworten auf eine ebenso komplexe wie sich weiterhin entwickelnde Situation im Internettreibsand verschwinden, dann war dies meiner Meinung nach keine einmalige Sache während der Pandemie.[24]

Google das halt mal!

Eine geläufige Antwort auf einen schnellen Repost oder eine Anmerkung wie »Ich kenne den Hintergrund dessen nicht und verstehe es nicht« lautet gern: »Na ja, dann google das halt und BILDE dich weiter!« Ja, klar, zu einem bestimmten Grad mag das stimmen. Niemand möchte als unwissend oder ignorant gelten, vor allem nicht, wenn wir so viele Möglichkeiten wie noch nie zuvor haben, um zu lernen und um Menschen mit Erfahrungen aus erster Hand zuzuhören – juchu! Weltbürger:innen, Baby! Und es ist ebenso frustrierend, die Ignoranz anderer Menschen abzubekommen. Aber ich glaube dennoch, dass es gut ist, sich daran zu erinnern, dass Ignoranz nicht dasselbe ist wie *vorsätzliche* Ignoranz, was nicht mit Vorurteilen verwechselt werden sollte. Und der reflexhaften Reaktion zu widerstehen, Menschen gleichermaßen dafür zu beschimpfen.

Ich weiß nicht, ob ich das meinem Background als Lehrerin zu verdanken habe, aber ich glaube sehr fest daran, dass wir nicht wissen, was wir alles nicht lernen. Wir werden als Klumpen Ton geboren, als unbeschriebene Blätter, und wir bekommen allen möglichen Kram in unserem Leben beigebracht. Die Empathielücke und unsere ganzen verworrenen Bias erschweren es uns, innezuhalten und uns daran zu erinnern, dass andere Menschen nicht dieselben Erfahrungen im Leben gemacht haben wie wir, seien sie nun mehr oder weniger versiert bei einem bestimmten Thema, also sind wir ganz ungläubig und frustriert, wenn wir uns mit ihnen unterhalten wollen, aber zwischen uns ein Krater voller Desinformationen oder nicht fundierter Meinungen liegt. Ich will damit nicht behaupten, ich stünde über diesen Dingen – je nach Diskussion kann es einen wirklich zerrütten oder völlig aus der Bahn werfen, wenn man Menschen dabei beobachtet, wie sie Meinungen teilen, von denen man instinktiv weiß, dass sie falsch sind.

Mein größtes Problem mit dieser ganzen »Google das halt mal!«-Sache ist ja, dass es meiner Meinung nach einen gegenteiligen Effekt hat. Es ist eine Phrase, mit der man Menschen einfach tadeln und bestrafen will, statt sie *wirklich* dazu zu bringen, sich weiterzubilden. »Du liest dich da echt besser mal ein, denn jetzt gerade bist du mega dumm; ich gebe dir dafür fünf Minuten Zeit, und du solltest echt todsicher danach meiner Meinung sein, sonst ist hier die Hölle los.« Ich würde sogar mit meiner These so weit gehen, dass es Menschen eher den Anreiz zum Lernen nimmt – ist dir je aufgefallen, wer den meisten Gegenwind für das Eintreten für soziale Gerechtigkeit, Klimaschutz oder andere gefühlsgeladene Themen bekommt? Es sind meist die Menschen, die wenigstens ein Interesse daran haben und sich am Gespräch beteiligen wollen. Von anderen, die lieber bei »sicheren« Themen bleiben oder sich fernhalten von allem im Ansatz potenziell Politischem, wird gar nicht erst erwartet, dass sie es kommentieren, also tun sie es auch nicht – dieser sich wiederholende Kreislauf hält sie davon ab, sich sicher zu fühlen, und somit auch von der eigenen Beteiligung. Ich glaube – oder hoffe zumindest –, dass eigentlich alle ein Interesse daran haben, dass sich möglichst viele an Themen und Problemen beteiligen, Wissen anhäufen und sich darin üben, Mitgefühl ihren Mitmenschen gegenüber zeigen zu können. Ich glaube jedoch nicht, dass wir in dieser Hinsicht immer einen so wahnsinnig guten Job machen.

Wir können einfach nicht alles wissen. Wir können sicherlich unserer Wege gehen und uns mehr Wissen aneignen wollen, aber das dauert seine Zeit und, wie wir bereits gesehen haben, kann die Forderung nach »Wie stehst du dazu?« vehement und sofort kommen. »Sag mir, was du darüber denkst, damit ich weiß, ob du gut oder böse bist.« Ein gewisser Grad an Nachsicht ist von Vorteil, um die Menschen nicht von Bildung auszuschließen und um die Interaktion auch für dich weniger konfrontativ wirken zu lassen. Willst du sofort jemanden shamen, oder könntest du der Person helfen, wirklich etwas zu lernen? Basiert deine Meinung darüber, was sie meinen oder denken könnte, auf deinen Bias? Wir gehen gleich noch näher auf primäre und sekundäre Reaktionen ein – würdest du lieber den sofortigen, reaktiven, hinausgeblökten Hot Take von jemandem hören wollen, oder doch lieber das, was die Person darüber denkt, sobald sie das Gesamtbild für sich erfasst hat? Realistisch betrachtet sind manche von uns mit Erfahrungen aus erster Hand groß geworden oder haben zu einem bestimmten Thema etwas gelernt, andere aber nicht. Und es kann eine Weile dauern, bis man die eigenen blinden Flecken entdeckt. Wenn du zum Beispiel in einer Familie oder an einem Ort aufgewachsen bist, wo dir kontinuierlich eingebläut wurde, dass der Klimawandel sinnloses Geschwafel von Sorgenliesln mit einer politischen Agenda sei, dann wirst du Informationen über das Thema wohl nicht völlig neutral aufnehmen. Und zwecks eines etwas persönlicheren Themas: Wenn du oder jemand in deinem Dunstkreis nie mit Depressionen kämpfen mussten, dann hast du vielleicht ungewollt etwas von dem Stigma aufgeschnappt, das seit Jahren in der Gesellschaft seine Runden dreht. Na ja, selbst wenn du an einer psychischen Krankheit wie dieser gelitten haben solltest, kannst du trotzdem einige der Vorurteile verinnerlicht haben – Stigmatisierung ist allgegenwärtig! Pädagog:innen im antirassistischen Kontext versuchen seit Jahren, uns genau das zu vermitteln. Es ist weniger hilfreich, durch die Gegend zu laufen und sich selbst als antirassistisch zu deklarieren, wichtiger wäre es, sich die Tatsache bewusst zu machen, dass wir alle in einer rassistischen, biaslastigen Gesellschaft aufgewachsen sind, die nicht wirklich aktiv etwas gegen Rassismus getan hat.

Also ja, google das, bilde dich weiter. Schließlich wollen wir alle doch genau das, oder? Es mag gerade viel in der Welt los sein, was, gelinde gesagt, Ängste in uns auslöst, aber es gibt auch immer noch so viel Zauberhaftes. Unser Gehirn will Antworten, aber es will auch nicht überrollt werden oder sich bedroht fühlen, und die meisten von uns brauchen Zeit, um etwas zu verarbeiten und nachzudenken. Es ist nicht immer sofort ersichtlich, was dir an Informationen fehlt und, seien wir mal ehrlich, man lernt nie aus. Wir können nicht von uns (oder von anderen) erwarten, dass sie bei allen Themen innerhalb von Minuten ausgemachte Expert:innen sind – das kannst du auch nicht, obwohl der Planet und der Nachrichtenzyklus sich rund um die Uhr weiterdrehen.

Warum bist du wirklich wütend?

Um den Bogen wieder zu dem Warum zu schlagen: Ich bemühe mich, den Menschen gegenüber Mitgefühl zu zeigen, und das schließt auch diejenigen mit ein, die so hitzig Stellungnahmen fordern. Wo kommt ihre Wut her? Ich glaube, ich verstehe es bis zu einem gewissen Grad sogar. Es gibt so viel, das jenseits unserer Kontrolle und angsteinflößend ist, auf das unsere Handys sofort unsere Nase stoßen, es ist also nur natürlich, dass wir uns manchmal hilflos fühlen. Und Hilflosigkeit kann uns ab und zu Angst machen. In einer Zeit, in der viele das Vertrauen in die Politik verloren haben und in der sich die Welt anfühlt, als würde sie graduell immer schlimmer werden, können Social Media ein Ventil für Frustration, Schmerz und Angst sein.

Der Nobelpreisgewinner und Verhaltensökonom Daniel Kahneman hat ein inzwischen sehr berühmtes Buch veröffentlicht: *Schnelles Denken, langsames Denken*.[25] Darin beschreibt er, dass unser Gehirn in zwei Modi arbeiten könne; ich bezeichne diese gern als unsere primären und sekundären Reaktionen. Das Denken des ersten Systems ist schnell und fühlt sich instinktiv an. Wir verlassen uns darauf, wenn es um sofortige Entscheidungen und Reaktionen geht. Allerdings ist es auch durchzogen von Bias und baut gern stark auf eine emotionale Reaktion auf. Das zweite System ist langsamer und kostet bewusstere Mühe, aber es ermöglicht uns auch die logische Analyse, Problemlösung und Herangehensweise an Fragen. Wenn wir unter Strom stehen, fallen wir viel öfter eher auf das erste System zurück, weil wir uns unter Druck gesetzt fühlen, sofort zu reagieren. Das kann das Denken des zweiten Systems blockieren und bedeuten, dass wir uns niemals rational der Frage nähern werden.

Es ist nicht schlimm, wenn man wütend wird – in der Vergangenheit führte die Wut der Menschen oft dazu, dass Ungerechtigkeiten angeprangert und Veränderungen herbeigeführt wurden.

Es ist völlig natürlich, Angst zu haben, und es ist schwer, sich nicht überwältigen zu lassen, vor allem wenn uns die Dopaminspirale der Social-Media-Algorithmen so laut immer wieder ans Display ruft. Wir müssen aber anerkennen, dass wir, so wie wir gepolt sind, bei Angst und Sorgen emotional und impulsiv reagieren, dass wir also um uns schlagen oder uns zurückziehen und uns nicht mehr damit beschäftigen. Kampf oder Flucht – anders ausgedrückt: Wir werden geflutet von Kortisol und Adrenalin. Unsere emotionalen Reaktionen lösen weitere emotionale Reaktionen in anderen aus, die sich dann angegriffen fühlen und/oder so, als würde ihnen niemand zuhören. Und das ergibt dann X. (Spaß. Also fast.)

Auch wenn es an Wut per se nichts auszusetzen gibt – wir können sie wertschätzen; wir können all unseren Gefühlen Raum geben –, glaube ich doch nicht, dass wir damit die Geschichte enden lassen wollen. Wir können uns stattdessen eher anschauen, was die Ursache für die Wut ist – haben wir Angst, sind wir verwirrt, fühlen wir uns bedroht, suchen wir verzweifelt nach einem Ventil? Wie wollen wir damit umgehen? Wenn wir nie als Folge dieser Selbstbeobachtung handeln oder nicht versuchen, mehr Mitgefühl zu entwickeln, wie können wir dann jemals erwarten, dass wir miteinander klarkommen?

8

Wie kann ich etwas bewirken?

Die meisten von uns wollen zum Allgemeinwohl beitragen. Wir wollen anderen helfen und die Welt verbessern, auf welche Weise auch immer. Richtig? Aber erleben wir ständig, wie viele Dinge schieflaufen, wie unfair und sogar gruselig die Welt sein kann, lässt sich Überwältigung nur schwer vermeiden. Scheinbar herrscht der Konsens, dass man wählen muss, ob man sich »egoistisch« (in riesigen Anführungszeichen!) verhält, weil man die großen Probleme ignoriert und sich um seine mentale Gesundheit kümmert, oder sich stattdessen gleich mehreren weltpolitischen Angelegenheiten auf einmal widmen sollte. Aber wie bei so vielen binären Entscheidungen müsste dieses Dilemma aus meiner Sicht gar nicht existieren. Du musst dich nicht zwischen einem dieser beiden Extreme entscheiden. Allerdings ist es sehr schwer, Gutes zu tun und an wichtigen Diskussionen teilzuhaben, wenn du mit deiner mentalen Gesundheit kämpfst – oder wenn dich deine Trauer über die Weltgeschehnisse lähmt.

»Etwas bewirken« ist eine sehr schwammige Formulierung. Das kann schnell oberflächlich klingen, wie eine inhaltsleere Floskel. Außerdem verstehen alle etwas anderes darunter, aber was ich hier meine, ist ziemlich einfach: Wie können wir auf die Ereignisse in unserem Umfeld reagieren und Möglichkeiten ergreifen, um zu helfen, positiven Einfluss zu nehmen und andere zu unterstützen? Von Tag zu Tag müssen wir uns unweigerlich mit Negativität auseinandersetzen, aber wie können wir uns davor schützen, in Pessimismus zu versinken und aufzugeben? Was geschieht dabei in unserem Gehirn, und wäre es hilfreich, über diese Prozesse Bescheid zu wissen?

Manchmal bewirken wir Gutes als Teil einer größeren Bewegung, indem wir beispielsweise bei einer Kampagne mitmachen, Geld für einen guten Zweck sammeln, uns für Veränderung starkmachen. Aber ich finde es wichtig, auch die vielen kleinen Unterstützungsmöglichkeiten im Alltag im Blick zu haben, beispielsweise unseren Mitmenschen zu helfen und Teil einer positiv gestimmten Community zu sein. Wenn wir für Freund:innen da sind, mag das wie eine winzige Geste erscheinen, überhaupt keine große Sache, aber es macht einen riesigen Unterschied für die Person, die unsere Fürsorge und Aufmerksamkeit in diesem Augenblick wirklich gebraucht hat.

Bevor wir weitermachen, will ich dir unbedingt Folgendes sagen: Du bist schon jetzt genug. Auch wenn du keine Kampagnen leitest oder ganze Erdbeben an Veränderungen verursachst, falls du kein:e Aktivist:in bist oder keine lange Liste an »beeindruckenden« Referenzen abspulen kannst… Wenn du nicht die Person in deinem Freundeskreis bist, bei der alle Hilfe suchen, wenn du vergesslich bist oder überwältigt, wenn du gerne mehr tun würdest, aber so, so müde bist – auch dann bist du ein vollwertiger Mensch, der Anstand und Respekt verdient hat. Wenn du dich gerne für Veränderungen starkmachen würdest, aber schon mit den vielen Dingen in deinem Alltag Probleme hast, dann lass dir gesagt sein: Oft können wir am besten positiv zur Gesellschaft beitragen, indem wir zuerst gut auf uns selbst aufpassen. Bei all diesen Statistiken über die Verschlechterung der mentalen Gesundheit kann es manchmal die radikalste Tat sein, einfach auf dich zu achten.

Die Sauerstoffmasken-Theorie

Hast du im Zusammenhang mit demThema Self-Care schon einmal von der »Sauerstoffmasken-Regel« gehört? Dabei dienen die Sicherheitsanweisungen in einem Flugzeug als Metapher, weil man im Notfall schließlich erst die eigene Sauerstoffmaske aufsetzen sollte, bevor man anderen hilft – du bist also keine große Hilfe, wenn dir selbst die Luft ausgeht! Auf mentale Gesundheit angewendet, bedeutet das, du solltest dich zuerst um deine eigenen Bedürfnisse kümmern, wenn es dir schlecht geht, weil es sonst viel schwerer ist, deine Mitmenschen oder Community zu unterstützen.

Natürlich ist das ein vernünftiger, logischer Ratschlag, der dich daran erinnern soll, innezuhalten und auf dein eigenes Wohlbefinden zu achten, wenn du deine Freundschaften oder dein Leben nicht mehr so ausleben kannst, wie du möchtest. Du solltest dich also nicht niedermachen und dir immer mehr Aufgaben aufladen, sondern dich vielmehr fragen, ob du etwas Zeit für dich brauchst, um deine mentale Gesundheit zu verbessern. Allerdings sollten wir auch anerkennen, dass es nicht für alle immer so einfach ist. Wenn du Elternteil kleiner Kinder bist oder andere Pflichten hast, die keine Pause zulassen, wenn du in der Pflege arbeitest oder dich ausgebrannt fühlst – oder einfach eine super stressige Zeit auf der Arbeit hast –, können die üblichen Ratschläge zur Achtsamkeit, beispielsweise ein Schaumbad oder eine Runde Meditation, lachhaft und vollkommen unpraktisch wirken. Vielleicht denkst du dir eher: »Ich habe noch nicht mal meine eigene Sauerstoffmaske parat!« Trifft das auf dich zu, hoffe ich inständig, dass dir die Menschen in deinem Umfeld Hilfe anbieten und du sie annehmen kannst. (Auch dazu gibt es eine Episode meines Podcasts, in der ich mit dem Psychologen und Traumaspezialisten Dr. Sam Akbar über Stress und Resilienz gesprochen habe, falls dir eine ausgiebige Diskussion dieses Themas helfen könnte.)

Dies scheint mir eine gute Stelle zu sein, um über Burn-out zu sprechen. Dieser Begriff hat sich in den letzten Jahren scheinbar sehr tief in unseren Wortschatz zum Thema Wohlbefinden eingegraben, weil viele sich überwältigt fühlen und struggeln, auch wenn er nicht immer im richtigen Kontext verwendet wird. Als ich von Mitgefühlsmüdigkeit sprach, habe ich auch den alternativen Begriff »emotionales Burn-out« erwähnt, weil sich damit viele identifizieren können, aber der Begriff Burn-out an sich wird recht spezifisch definiert und bezieht sich immer auf einen Arbeitskontext. So definiert ihn beispielsweise die Weltgesundheitsorganisation:

> Das Konzept des Burn-out-Syndroms resultiert aus chronischem Stress am Arbeitsplatz, der nicht erfolgreich bewältigt wurde. Es gibt drei charakterisierende Dimensionen:
>
> - Gefühle von Energiedepletion und Erschöpfung,
> - steigende mentale Distanz zum eigenen Job oder das Aufkommen negativer, zynischer Gefühle über den Job, und
> - reduzierte berufliche Effizienz.
>
> Burn-out bezieht sich spezifisch auf Phänomene im beruflichen Kontext und sollte nicht benutzt werden, um Erfahrungen in anderen Lebensbereichen zu beschreiben.[1]

Ganz egal, ob wir diesen Begriff nun ganz akkurat nutzen oder nicht, scheint Burn-out ein Zustand zu sein, von dem sich viele Menschen angesprochen fühlen – und das sagt einiges darüber aus, wie wir kollektiv die Anforderungen bewältigen, mit denen wir konfrontiert werden. Laut Nachforschungen des Future Forum haben zwei Gesellschaftsgruppen ein größeres Risiko, Burn-out zu erleben: Frauen und Personen unter dreißig.[2] Dabei sollten wir im Hinterkopf behalten, dass sich die Symptome von Depression und Burn-out stark ähneln können.[3] Falls dich also dein gesamtes Leben erschöpft, nicht nur die Arbeit, ist es genauso wichtig, dir Hilfe zu suchen.

Betrachten wir all das, wirkt die Sauerstoffmasken-Theorie relevanter denn je. Manchmal sind deine emotionalen Kapazitäten schlichtweg aufgebraucht, weshalb du dich auf dich selbst konzentrieren musst. Aber bedenke auch, dass diese Form der Selbstfürsorge genauso bedeuten kann, anderen zu helfen. Allein das Miterleben von Wohlwollen und fürsorglichem Verhalten reduziert Stress nachgewiesenermaßen[4], während selbst vollbrachte wohlwollende Gesten sogar die eigenen Symptome von Depressionen und Angststörung mildern können.[5] Fühlst du dich machtlos, kann es dir einen Energieschub versetzen, dich einer aktivistischen Gruppe anzuschließen. Verlierst du dich in deinen eigenen Gedanken, kann es beruhigend wirken, etwas für eine andere Person zu tun. Damit will ich nicht sagen, dass du dein Burn-out heilen solltest, indem du dir noch mehr aufhalst, wenn du schon genug um die Ohren hast. Aber aus meiner Sicht ist es nicht zwangsweise der richtige Weg, sich ausschließlich auf sich selbst zu konzentrieren, wenn wir Isolation und Zynismus empfinden. Natürlich brauchen wir Sauerstoff zum Überleben, aber zu wissen, dass wir nicht alleine im Flugzeug sind, kann eine große Hilfe sein.

Die Nachrichten und der Negativitätsbias

Wenn du dich vom Gewicht all der schlechten Nachrichten erdrückt fühlst oder so, als wärst du unter einem undichten Regenschirm gefangen, solltest du dir einige Faktoren bewusst machen, die dazu beitragen können. Zuerst einmal gibt es den sogenannten Negativitätsbias. Unser Gehirn funktioniert evolutionsbedingt nun einmal so, und das haben auch Studien bewiesen, dass wir Negatives viel eher wahrnehmen als Positives und es für wichtiger halten. Deshalb erinnern wir uns eher an Beleidigungen als an Komplimente, und deshalb kann ein einziger mieser Augenblick den ganzen wunderbaren Tag ruinieren.

Mit Blick auf die Evolution ist das verständlich. Für unsere steinzeitlichen Vorfahren war es zwar ganz reizend, leckere Beeren in irgendeinem Gebüsch zu entdecken, aber dabei ging es nicht um Leben und Tod, wie das beim Anblick von Spuren eines Säbelzahntigers hingegen der Fall ist. (Langsam habe ich die Analogie vom Höhlenmenschen und dem Tiger wohl zu oft benutzt. Bestimmt hatten prähistorische Menschen auch mit anderen Problemen und nicht ganz ungefährlichen Raubtieren zu kämpfen, aber mit diesem Beispiel kann ich so einiges gut visualisieren.) Wie bei so vielen Mechanismen, die früher zu unserem Schutz dienten und nun weiter in unserem Gehirn leben, passt auch dieser nicht recht in die heutige Welt – auch wenn viele Aspekte des menschlichen Verhaltens weiterhin davon beeinflusst werden. Zum Beispiel motiviert uns die Möglichkeit eines Verlusts sehr viel stärker als der Ausblick auf einen zusätzlichen Gewinn.[6]

Das ist nicht nur relevant, weil wir gefühlt ständig mit negativen Nachrichten konfrontiert werden – auf unser Leben, aber auch auf die ganze Welt bezogen – und uns deshalb tendenziell weniger trauen, Veränderungen herbeizuführen, sondern es hat auch Auswirkungen auf die Nachrichten selbst und wie sie uns präsentiert werden. Für ein 2023 veröffentlichtes Paper im Fachmagazin *Natural Human Behaviour* betrachteten Forscher:innen die Klickraten von Nachrichtenartikeln auf der Website *Upworthy* zwischen 2012 und 2015 und kamen zu dem Ergebnis, dass »negative Worte in Nachrichtenschlagzeilen zu gesteigerten Konsumquoten der Artikel führen (und positive Worte zu abnehmenden Konsumquoten)«.[7] Also kommen wir gar nicht umhin, uns mit dem ganzen negativen Kram auseinanderzusetzen, und je negativer es klingt, umso besser: »Bei einer durchschnittlich langen Schlagzeile erhöhte jedes zusätzliche negative Wort die Klickrate um 2,3 Prozent.« Dabei sollten wir bedenken, dass *Upworthy* mit der Absicht gegründet wurde, sich auf gute Nachrichten zu konzentrieren. Anders gesagt, User:innen besuchten eine positive Nachrichtenseite und klickten trotzdem eher auf Headlines mit negativen Schlagworten.

Mit unserem Wissen über den Negativitätsbias ergibt das zwar Sinn, aber ein noch viel größeres Problem entsteht durch dieses fast schon mystische Ungeheuer, über das wir in Kapitel sechs gesprochen haben: den Algorithmus. Die Algorithmen der verschiedenen Plattformen wollen uns dazu bringen, immer weiter zu klicken; je häufiger wir also mit größerer Wahrscheinlichkeit auf negative Schlagzeilen klicken, und immer weiter klicken, desto mehr derselben Inhalte kriegen wir serviert… Na ja, du kannst dir ja selbst denken, was dann passiert. Doomscrolling. Alle geraten in Aufruhr. Resigniertes Seufzen.

Hot Takes und spontane Reaktionen

Bevor wir uns anschauen, *wie* wir etwas bewirken können, will ich noch auf einen Faktor hinweisen, der dieses Bedürfnis (oder diese Fähigkeit) beeinflussen könnte. Als ich für meinen Podcast mit Lucy Blakiston sprach, der Mitgründerin des beliebten News-Accounts *Shit You Should Care About*, ging es uns auch darum, wie stark wir unter Druck gesetzt werden können, weil wir uns sofort eine eigene Meinung zu allem bilden sollen. Auch wenn ich im letzten Kapitel kurz darauf eingegangen bin, sollten wir uns bewusst machen, dass Zeitungsredaktionen ebenfalls unter diesem Druck stehen, weshalb die ersten Artikel zu Eilmeldungen oft nicht sehr gründlich recherchiert wurden. (Wenigstens lernen Journalist:innen in ihrer Ausbildung, eine ausgeglichene Sichtweise zu vermitteln, auch wenn ihr Arbeitgeber dann später eigene politische Ansichten vertreten mag.) Social Media können uns zwar Augenzeugenberichte und Graswurzel-Journalismus zugänglich machen, was vor allem dort von entscheidender Bedeutung ist, wo die Berichterstattung unter politischem Einfluss steht, aber in diesem Bereich herrschen absolut keine Regeln. Und trotzdem fand die Ofcom 2023 in einem Bericht über Nachrichtenkonsum heraus[8], dass beinahe die Hälfte der britischen Erwachsenen Nachrichten auf Social Media liest. Bei jungen Erwachsenen (16 bis 24 Jahre) steigt diese Zahl auf 71 Prozent, unter Jugendlichen (12 bis 15 Jahre) gibt eine:r von zehn an, TikTok als Hauptquelle für Nachrichten zu nutzen. Im Vergleich zu allen Personen ab 16 Jahren haben junge Erwachsene allerdings eine andere Motivation für ihren Nachrichtenkonsum. Im Gegensatz zu den anderen Altersgruppen geschieht dies bei ihnen weniger aus Gewohnheit oder Interesse an lokalen Ereignissen, sondern weil sie gelangweilt sind oder bei der Arbeit beziehungsweise im Studium kompetent wirken wollen.

Mich macht das sehr nachdenklich, weil es zu vielen Aspekten passt, die wir bereits besprochen haben: Wir haben das Gefühl, dass alle Augen ständig auf uns gerichtet sind und wir immerzu über die neuesten Nachrichten Bescheid wissen müssen. Dass so viele junge Erwachsene als Hauptmotivation für ihren Nachrichtenkonsum angeben, kompetent und sachkundig wirken zu wollen, und diese Motivation eine ganz andere ist als *tatsächliches Interesse an den Inhalten* … das scheint mir eine sehr wichtige Unterscheidung zu sein.

Wenden wir uns wieder den Anbietern von Social News zu, denn ich finde gerade *Shit You Should Care About* erfrischend. Das Team stellt sich nicht als Autorität oder Expert:innengruppe dar, aber will sich mit aktuellen Nachrichten auseinandersetzen, und zwar neugierig und unvoreingenommen. Dass hinter dieser Plattform echte Menschen stehen, stellt eine entscheidende Besonderheit dar, in der aktuellen Ära von Social-Media-News-Brands und traditionellen, nationalen Nachrichtenanbietern.

Lucy erklärte, einige der Artikel für den Newsletter und Podcast von *Shit You Should Care About* hätten sie zum Weinen gebracht, und trotzdem bleibt sie enthusiastisch und überzeugt von der Bedeutung ihrer Arbeit.

Wir sprachen auch über ihre Recherche zu viralen Meldungen – die teilweise sogar von Politiker:innen geteilt werden –, bei der sie herausfand, dass nicht alle auf belegbaren Fakten basieren. Auch deshalb können Hot Takes und spontane Reaktionen bedeutsame Gespräche zu diesen Themen unterbinden. Nicht weil ganz bewusst Meldungen erfunden und »Fake News« beworben werden, sondern weil es einfach Zeit braucht, Geschehnissen auf den Grund zu gehen und zu verstehen, was eigentlich gerade los ist.

Auf mich wirkt es, als würde dieses Problem allmählich mehr Anerkennung finden, auch bei Social-News-Plattformen, selbst wenn sie sich damit nur (sagt meine zynische Seite) den Rücken freihalten wollen. Mir fallen immer mehr Hinweise unter Infografiken auf, beispielsweise dass diese Meldung gerade erst aufgekommen ist oder die Quellen noch nicht überprüft werden konnten, etwas, was ich vor wenigen Jahren noch nicht gesehen habe. Traditionellen Nachrichtenanbietern wird oft vorgeworfen, sie seien zu langsam oder voreingenommen, aber wir verstehen doch sicher die logischen Gründe, warum Redaktionen eine Meldung vor der Veröffentlichung überprüfen müssen. Diese zusätzliche Recherche gibt es bei Social News nicht immer, aber mittlerweile wurden schon so viele Meldungen zurückgezogen, dass sich wohl eine Veränderung anbahnt.

Mit all dem will ich sagen: Es ist völlig in Ordnung und manchmal sogar besser, nicht sofort eine eigene Meinung zu haben. Vor allem wenn etwas gerade eben erst passiert ist. Ein unreflektierter Kommentar kann stark beeinflussen, wie eine Meldung wahrgenommen wird. Und auch wenn du dir schon etwas Wissen angeeignet hast, kannst du trotzdem sagen: »Ich bin mir noch nicht sicher.« Wie wir gesehen haben, sind Angst und Machtlosigkeit im Anblick der beunruhigenden Geschehnisse auf der ganzen Welt völlig natürlich, aber trotzdem sollten wir uns unsere Neugier bewahren und die Nuancen des jeweiligen Themas zu verstehen versuchen, bevor wir ins kalte Wasser springen.

Virtue Signalling und Slacktivism

Erlaube mir bitte ein Zitat aus einem Wörterbuch. Laut dem *Oxford English Dictionary* bezieht sich »Slacktivism« auf »Handlungen, die über das Internet zur Unterstützung eines politischen oder sozialen Anliegens ausgeführt werden (z. B. das Unterzeichnen einer Online-Petition), aber dadurch gekennzeichnet sind, dass sie wenig Zeit, Mühe oder Engagement erfordern oder stärker der persönlichen Genugtuung dienen als dem gesamtgesellschaftlichen Effekt«.[9]

Manche behaupten, Slacktivism – eine Zusammensetzung aus »slacker« (Faulpelz, Nichtsnutz) und »activism« (Aktivismus) – sei zunächst positiv konnotiert gewesen und habe einfach kleine Taten bezeichnet, die ein Individuum auf persönlicher Ebene durchführen könne. Beispielsweise einen Baum zu pflanzen oder herumliegenden Müll aufzuheben[10], also Beiträge zum Allgemeinwohl, so klein sie auch sein mochten. Dafür erwartet man zwar kein großes Lob, empfindet aber trotzdem eine gewisse Genugtuung. Offensichtlich wird der Begriff mittlerweile benutzt, um sehr kleine Taten zu verurteilen – zum Beispiel das Teilen eines Posts –, die beinahe keinen Aufwand benötigen, der Person jedoch fälschlicherweise das Gefühl verleihen, einen unverhältnismäßig großen Beitrag geleistet zu haben.

Hier gibt es gleich mehrere Faktoren, die wir berücksichtigen sollten. Zunächst verfügen nicht alle über die Mittel – im Sinne von Zeit oder Geld –, um die Anliegen zu unterstützen, die ihnen am Herzen liegen. Für andere kann das Liken eines Posts der erste Schritt auf einer langen Reise sein, auf der sie sich beispielsweise einer politischen Kampagne anschließen, offline wie online. Ich persönlich bin vielen Menschen dankbar, die Posts zu Themen geteilt haben, die ich vorher überhaupt nicht auf dem Schirm hatte. Ich finde es also überhaupt nicht gerechtfertigt, jegliche Aktivitäten auf Social Media gleich als faulen »Slacktivism« abzuschreiben. Trotzdem sollten wir mehr tun, als einen Post zu liken, den wir nicht einmal ganz gelesen haben ...

Ein Beispiel für schädlichen Slacktivism gab es im Sommer 2020. Der Mord an George Floyd lenkte unsere Aufmerksamkeit auf die weltweite Gleichberechtigung rassifizierter Menschen, was dringend nötig war, und auch die Black-Lives-Matter-Bewegung erhielt in kurzer Zeit viel Aufmerksamkeit. An einem als »Blackout Tuesday« bezeichneten Tag posteten Millionen Menschen schwarze Quadrate auf Instagram; Brianna Agyemang und Jamila Thomas hatten zunächst innerhalb der Musikindustrie zu dieser Aktion aufgerufen, und dann wuchs sie lawinenartig.[11] Es ist ganz egal, was du von dieser bestimmten Welle des Slacktivism halten magst, doch sie sorgte für ganz praktische Probleme: Aktivist:innen und Organisator:innen nutzten Hashtags wie #BLM, um Informationen zu Demos, Spendenaktionen und zu Sicherheitshinweisen zu teilen, aber all diese Infos wurden schnell von den Posts mit schwarzen Quadraten überrollt. Rasch wurde den Postenden »Performative Allyship« vorgeworfen, womit gemeint ist, dass »eine Person aus einer nicht marginalisierten Gruppe ihre Unterstützung und Solidarität mit einer marginalisierten Gruppe auf eine nicht konstruktive Art ausdrückt«.[12]

Sicher können wir hier einige Lektionen über die Macht, Grenzen und Fallstricke von Social Media lernen, wenn es darum geht, Aufmerksamkeit zu schaffen und Veränderungen herbeizuführen. Viele waren sehr frustriert davon, dass eine solche Vielzahl von Menschen dachte, sie könne einfach ein schwarzes Quadrat posten und damit ein Häkchen unter all ihre antirassistische Arbeit setzen.

Der Begriff »Virtue Signalling« existiert seit mindestens 2004, auch wenn er ab 2015 an Beliebtheit gewann; den Mainstream erreichte er dann im Jahr 2020, vor allem wegen des gerade erwähnten Vorfalls. Wenn ein Wort schnell aufgegriffen und scheinbar überall genutzt wird, sowohl in traditionellen Medien als auch online, erfüllt dies oft ein gemeinschaftliches Bedürfnis, irgendein neues Phänomen des kulturellen Diskurses zu benennen. Auch hier können wir von »Virtue Signalling« sprechen, vor allem aus Sicht der Menschen, die Erfahrungen mit Offline-Aktivismus haben und viel Arbeit investieren, um der Öffentlichkeit bestimmte Belange näherzubringen und die nötigen – legalen, sozialen oder legislativen – Veränderungen herbeizuführen. Ich kann gut verstehen, warum es ihnen aufstößt, wenn eine Person behauptet, sie habe für ein bestimmtes Thema sensibilisiert, obwohl sie außer ein paar Posts oder Tweets nicht viel getan hat.

Eines der ersten Google-Suchergebnisse für »Virtue Signalling« ist die Definition von Oxford Languages (tut mir leid, aber eine kommt noch) – »die öffentliche Bekundung von Meinungen oder Haltungen, um die eigene Charakterstärke zu demonstrieren« –, dabei ist dieser Begriff als »abwertend« markiert. Uns ist also klar, dass wir die moralischen Taten einer Person damit nicht wertschätzen oder anerkennen, sondern deren Verhalten schlechtmachen oder kritisieren wollen.

Ich komme nicht um den Gedanken herum, dass wir so doch einigen unserer grundlegenden menschlichen Bedürfnisse widersprechen. Wir wollen zwar gemocht und gelobt werden, weil Erfolg in Communitys entscheidend für unser Überleben ist, aber wenn wir uns daran versuchen … kann das bei einigen Leuten auf Abneigung stoßen. Durch zwischenmenschliche Beziehungen zu navigieren, kann manchmal ganz schön schwer sein. Abgesehen davon können wir uns sicher alle einigen, dass es Schlecht mit großem S ist, wenn wir uns nur zu bestimmten Problemen äußern, um cool zu wirken. Definitiv nicht cool. Aber können wir das auch mit der Tatsache übereinbringen, dass wir uns jetzt an etwas versuchen, das früher anders ablief?

Zunächst einmal kennen wir nie die Gefühle und Intentionen einer anderen Person – nur unsere eigenen (und wenn wir ganz ehrlich sind, ist es schon schwer genug, die auseinanderzuklamüsern). Außerdem gibt es durchaus Situationen, in denen eine Person Aufmerksamkeit für ein Thema schaffen will, das ihr wichtig ist, und im Rahmen dessen sogar möchte, dass ihre Posts geteilt werden. Wenn mich jemand bittet, etwas zu teilen, und ich die Thematik wichtig und interessant finde, soll ich diesen Post dann etwa nicht teilen, weil jemand *vermuten* könnte, dass ich es nur tue, um »gut dazustehen« oder weil ich mit einem »Trendthema« in Verbindung gebracht werden möchte? Wenn wir vom Gegenteil ausgehen – mir könnte dieses Thema nicht egaler sein, und ich teile den Post nur, weil es ein gutes Licht auf mich wirft –, dann wäre das Resultat trotzdem oft dasselbe: Die Nachricht wird verbreitet, und somit hat die Person, die mich ums Teilen des Posts bat, ihr Ziel erreicht. Natürlich entstehen in der echten Welt oft Situationen, in denen Personen mit öffentlichen Profilen und/oder einer großen Follower:innenzahl dem Diskurs zu einem bestimmten Problem schaden können; und falls du denkst, es gibt auch nur ein Thema auf der ganzen Welt, zu dem man auf Social Media nichts als Lob und Bestätigung erhält, wirst du leider bitter enttäuscht werden.

Klare Antworten gibt es in diesem Bereich kaum, also reizen wir unser Gedankenexperiment noch etwas weiter aus. Als ich jünger war (ja, jetzt kommt schon wieder so eine Geschichtsstunde aus meiner Jugend), spendeten viele Menschen zum britischen Volkstrauertag im November und trugen eine Mohnblume am Revers, wie sie es auch jetzt noch tun. (Wenn im November eine Fernsehmoderation den Mohn-Anstecker vergisst, erntet sie

dafür selbst heutzutage landesweiten Spott und Kopfschütteln.)
Oder man warf sein Wechselgeld in einen Spendeneimer vor dem
Supermarkt und bekam dafür einen Sticker, den man den ganzen
Tag lang stolz trug. Auch in der vorherigen Generation trugen
Leute Buttons und Aufnäher zur nuklearen Abrüstung, beispiels-
weise mit der Aufschrift »Ban the Bomb«. Vielleicht war ihnen
dieses Thema wirklich wichtig, aber vielleicht wollten sie auch
einfach Symbole der Gegenkultur tragen und den entsprechen-
den Ruf absahnen. Würden wir das alles rückblickend als »Virtue
Signalling« bezeichnen?

Wenn ich heutzutage online für eine Wohltätigkeitsorganisation spende, sollte ich dann den »Auf Social Media teilen«-Button
verwenden? »Ich habe gerade gespendet.« Warum fühlt sich das
so eklig an? Liegt das nur an mir? Die Organisation will sicherlich, dass ich diesen Button nutze, um so viel Aufmerksamkeit
wie möglich für ihr Thema zu generieren und vielleicht sogar eine
weitere Person zum Spenden zu bewegen. Wenn ich den Button
also nicht nutze und später auf Social Media ohne die Erwäh-
nung meiner Spende darüber poste, könnte jemand annehmen,
ich hätte außer dem Post nichts getan. Auch wenn ich selbst weiß,
dass ich (zumindest) gespendet habe, aber mich zu ... wie gefühlt
habe? War es mir zu peinlich, meine Spende öffentlich bekannt
zu machen? Ja, diesen »Teilen«-Button zu verwenden, kann einen
komischen Beigeschmack haben, aber warum ist es so etwas anderes, den ganzen Tag lang einen Sticker vom Supermarktparkplatz
auf dem Pulli zu tragen? Weil sich Social Media so viel öffent-
licher anfühlen? Weil die Macht dieses potenziell unendlichen,
aber unsichtbaren Online-Publikums uns hemmt, auch wenn wir
immer noch nicht genau verstehen, wie und warum? Oder weil
man online so schnell verurteilt wird, dass unser Gehirn dem
ständig zuvorkommen will? Zu versuchen, unsere Handlungen
so zu gestalten, dass niemand sie je kritisieren kann, ist unmöglich und nutzt schlussendlich niemandem.

Wo kann ich etwas bewirken?

Uns steht eine riesige Menge an Informationen zur Verfügung, sowohl zu allen negativen Ereignissen, aber auch zu allen positiven Gegenansätzen. Wie sollen wir uns da entscheiden, worauf wir Energie und Ressourcen (beispielsweise unser Geld, Zeit, Verständnis) verwenden? Hoffentlich war der Hinweis auf die Sauerstoffmasken-Theorie und den Negativitätsbias eine gute Erinnerung, dass du dich nicht mit allen Problemen auf der Welt beschäftigen kannst, weil dich das schnell ermüden und überwältigen könnte. Was können wir also tatsächlich tun?

Natürlich hängt deine persönliche Antwort auf diese Frage von deinen Lebensumständen ab – die ich nicht kenne! –, aber trotzdem lässt sich das Ganze aus verschiedenen Blickwinkeln betrachten. Wollen wir uns einbringen, sollten wir unbedingt berücksichtigen, dass wir instinktiv zwar denken mögen: »Unglaublich, dass diese schreckliche Sache überhaupt passieren darf! Ich muss sofort eine Kampagne/Gruppe/Hashtag-Aktion starten, um allen zu zeigen, wie verkehrt das ist«, aber es oft Menschen gibt, die genau diese Arbeit tun oder bereits getan haben, bevor wir uns darauf stürzen. Wäre es nicht nützlicher, diese Menschen zu finden und sie zu unterstützen, zumindest zum Einstieg? Sollten wir uns vielleicht Zeit nehmen, um mehr über dieses Thema und die effektivsten Handlungsstrategien zu lernen? Sicherlich wollten sich einige der Menschen, die am 2. Juni 2020 schwarze Quadrate mit #BLM posteten, aufrichtig für die Bewegung einsetzen. Rückblickend können wir uns fragen, ob es für dieses Thema und unsere Allgemeinbildung nicht nützlicher gewesen wäre, wenn sie sich Zeit genommen hätten, um die Ereignisse und Grundlagen der Kampagne zu recherchieren. Bei diesem Beispiel lautet die Antwort mit ziemlicher Sicherheit: ja.

Wir sind aktivistische Kampagnen und die Bitte, »mehr Aufmerksamkeit zu schaffen«, auf Social Media gewohnt, dementsprechend halten wir es schnell für den ersten sinnvollen Schritt, online zu sein und über die Veränderungen zu reden, die wir bezwecken möchten. Wenn du viel auf Social Media unterwegs bist, ist dieser Gedankengang absolut natürlich, und außerdem zeigen zahlreiche Beispiele, wie viel Social Media bewirken können. Aber wir sollten auch die Alternativen in Betracht ziehen. Könntest du etwas Praktisches tun, um in deiner Umgebung Änderungen zu bewirken, sei es in deiner Community, Schule, Branche oder Stadt? Wenn wir Aufmerksamkeit für ein Problem schaffen, kann das zwar viele Menschen erreichen, aber sich nur minimal auf sie auswirken. Doch unzählige Projekte und Organisationen haben gezeigt, dass es genauso effektiv oder sogar noch effektiver sein kann, einen größeren Einfluss auf eine kleine Personengruppe zu nehmen. Außerdem sagt niemand, du könntest nicht beides probieren!

Nehmen wir beispielsweise an, du machst dir Sorgen um die Vereinsamung älterer Menschen. Auf Social Media könntest du deine Follower:innen dazu aufrufen, sich bei ihren älteren Nachbar:innen zu melden, oder du könntest Kampagnen von Wohltätigkeitsorganisationen teilen. Natürlich ist das eine Möglichkeit. Aber gibt es in deiner Gegend nicht auch ehrenamtliche Gruppen, denen du dich, im Rahmen deiner Zeit- und Energiereserven, anschließen könntest? Oder gibt es in deiner Nähe Graswurzelbewegungen, die sich über eine direkte Spende freuen würden, wenn dir das lieber ist? So viele Menschen erledigen die »unglamourösen« Aufgaben, die für die meisten unsichtbar bleiben. Das ist eine große Inspirationsquelle und hat einen riesigen Einfluss auf diejenigen, die davon profitieren, doch auf Social Media übersehen wir das gerne.

Tatsächlich empfehlen einige Psycholog:innen sogar, sich eine Aufgabe zu suchen, die so praktisch wie nur möglich ist, weil das gegen »Media Overload« hilft.[13] Ständiges Gescrolle durch Nachrichten kann erwiesenermaßen zu sogenannter »erlernter Hilflosigkeit« führen, wenn wir also mehrfach mit negativen Situationen konfrontiert werden und einen starken Kontrollverlust spüren, der uns resignieren lässt, obwohl wir darunter leiden.[14] Doch dagegen kann wohl helfen, uns dort positiv und proaktiv einzubringen, wo die Hauptgründe unserer Sorgen liegen, so klein und nischig diese Bereiche auch sein mögen. Diverse Studien zeigen, dass ehrenamtliche Tätigkeiten positive Auswirkungen auf Individuen haben können, beispielsweise den Blutdruck senken, für eine stärkere Zufriedenheit mit dem eigenen Leben sorgen und sogar zu einer höheren Lebenserwartung beitragen können.[15] Diese Option mag nicht für alle infrage kommen, aber trotzdem ist es gut zu wissen, dass sich die Effekte einer greifbaren, praktischen Tätigkeit in einer Community voll Gleichgesinnter wissenschaftlich beweisen lassen.

Mit Blick auf den Alltag verstehe ich darunter eher, andere Personen zu unterstützen, anstatt selbst in den »Senden«-Modus zu schalten, und zwar sofort und beinahe zwanghaft, um etwas zu bewirken. Ich will damit nicht sagen, dass deine Wut über Ungerechtigkeiten fehl am Platz ist oder du *immer* warten solltest, bis jemand anderes die Initiative ergreift. Entscheidend ist stattdessen, dir bewusst zu machen, warum du handeln willst und woher dieses Bedürfnis stammt. Der Begriff »Virtue Signalling« wird mir nie gefallen, doch diese Anschuldigung wiegt besonders schwer, wenn sie unser Ego trifft, weil unser Bedürfnis nach Gehör größer ist als unsere Hilfsbereitschaft und als unser Wille zum Wandel.

Es kann einsam und schwer sein, dich aktivistisch zu betätigen und Gespräche über wichtige Themen zu führen. Vor allem weil wir wissen, wie schnell man sich auf Social Media zu weit aus dem Fenster lehnt. Wenn dich also eine Person, der du folgst, inspiriert und/oder du viel von ihr gelernt hast, könnte eine DM oder ein aufmerksamer Kommentar über ihre Arbeit viel wert sein. Man weiß ja nie, ob diese Person genau an diesem Tag etwas Zuspruch gut gebrauchen kann.

Auch kleine, aber umso bedeutsamere Veränderungen in unseren Familien oder Freundeskreisen liegen im Bereich des Möglichen. Nehmen wir beispielsweise an, deine Freundinnen und du glauben an Body Positivity, und eigentlich stärkt ihr euch immer den Rücken, aber trotzdem fallen gelegentlich negative Kommentare über das Aussehen bestimmter Personen. Könnt ihr irgendwie ein Gespräch zu diesem Thema anstoßen und euch schwören, dass ihr ab jetzt immer positiv über eure Körper sprechen wollt? Dass ihr euch gegenseitig auffangt und beschwingt an diesen Pakt erinnert, wenn sich patriarchaler Krach über Körperbilder in eure Chats einschleicht? So fühlt ihr euch alle aufgefangen und ein kleines bisschen besser, und vielleicht sickert diese Einstellung sogar zu den jüngeren Frauen oder Kindern in eurem Leben durch.

Im Einklang mit deinen Werten leben

Diesen Ausdruck hast du wahrscheinlich schon mal gehört. Es wurden ganze Bücher darüber geschrieben, wie man seine eigenen Werte identifiziert und im Einklang mit ihnen lebt, also werde ich an dieser Stelle gar nicht erst versuchen, tief in das Thema einzutauchen. Aber wenn wir uns damit befassen, wie wir Veränderungen für uns und andere bewirken können, ist dieses Konzept durchaus relevant.

Der Begriff » Werte « wurde sowohl von der Business-Community als auch der Wellness-Industrie eingenommen, weshalb du ihn – je nachdem, welcher Typ Mensch du bist – vielleicht für Corporate Bullshit oder abgehobenes Gelaber halten magst. Auch wenn ich genauso misstrauisch bin, was die Kommerzialisierung von Gedankengut angeht, das schon den Großteil der Menschheitsgeschichte überdauert hat – damit meine ich die Philosophie, denn dort wurde doch schon immer diskutiert, welche Aspekte unseres Lebens am bedeutsamsten sein sollten, oder? –, gibt es hier tatsächlich wissenschaftliche Beweise. Zum Beispiel zeigte eine Studie der US-amerikanischen Carnegie Mellon University aus dem Jahr 2013, dass Studierende ihr Stressniveau reduzieren und Probleme besser lösen konnten, indem sie ihre Werte identifizierten und sich auf sie fokussierten.[16] 2019 konnte bei einer Studie in Südkorea nachgewiesen werden, dass Menschen mit starken intrinsischen Werten (also aus dem eigenen Inneren kommenden Werten, beispielsweise der Priorisierung von Familie oder Freund:innen) nachweislich glücklicher waren als Menschen mit starken extrinsischen Werten (also aus dem Außen kommenden Werten, wie beispielsweise ein bestimmtes Gehalt oder Karriereerfolge).[17]

Was wir im Internet »Living Your Truth« oder »Lebe deine Wahrheit« nennen würden, bezeichnen Psycholog:innen als »wertegetriebene Handlungen, die aus persönlichen und sozialen Zielen entstehen«.[18] Oder etwas allgemeiner ausgedrückt: Die meisten Leute würden sicher darin übereinstimmen, dass sich Entscheidungen leichter treffen und eine Richtung einfacher festlegen lässt, wenn man ungefähr weiß, wo man zum Schluss landen möchte. Das macht Sinn, aber es gibt einen Haken, denn das Ganze ist ein ständiger Prozess, weshalb wir anerkennen müssen, dass sich unsere Prioritäten und wir uns selbst im Laufe unseres Lebens wandeln werden.

Wenn wir uns an der Bestimmung unserer Werte versuchen, wollen wir eigentlich herausfinden, was uns wirklich wichtig ist. Was macht dich glücklich, was bedeutet dir etwas? Vielleicht sind es die Aspekte deines Lebens, die dich wirklich zufriedenstellen, dank derer du dich wie du selbst fühlst, wenn sie gut laufen. Das könnten auch deine Familie oder Freundeskreise sein. Oder abstrakte Konzepte wie Freiheit oder Fairness – auch wenn du in diesem Fall genau definieren solltest, was sie für dich meinen. Hast du das getan, werden aus diesen Werten Kompasse oder Maßstäbe, die du immer wieder heranziehen kannst, wenn du eine Entscheidung oder ein Urteil treffen musst.

Sehr oft haben kleine Kinder ein besonders scharfes Gefühl für Gerechtigkeit und Fairness. Das ist großartig, und wir sollten auch als Erwachsene versuchen, uns dies zu erhalten. Doch wenn wir aufwachsen und verstehen, wie kompliziert und herausfordernd diese Welt ist, kann das sehr schwer werden. So können wir im Zustand der »erlernten Hilflosigkeit« enden, die Reaktion also, die Nachrichten aus Social Media und traditionellen Medien bei uns auslösen können. Haben wir aber unsere grundlegenden Werte bewusst identifiziert, schätzen wir eventuell viel positiver ein, was wir bewirken können und wie viel Macht wir haben. Sei das nun in unserem direkten Umfeld, in einer größeren Community oder irgendwo da draußen (*gestikuliert vage*) auf der Welt.

»Sei kein Arsch« – kann die Lösung denn so einfach sein?

Manchmal frage ich mich, ob ein Social-Media-Verhaltenskodex einen Unterschied machen würde. Um diesen Kodex zu verabschieden, hätten wir uns alle versammelt und beschlossen: »Das hier ist die offizielle Etikette, dementsprechend sollten wir das hier vernünftigerweise voneinander online erwarten.« Ich weiß nicht, ob Verstöße bestraft werden müssten, aber mir gefällt der Gedanke einer einfachen Vereinbarung über gute Online-Manieren, denn das würde doch schon reichen. Schließlich würdest du dich aus gutem Grund nie trauen, im echten Leben eine gesamte Warteschlange zu überspringen – denn dann würden die anderen Wartenden dir wohl klarmachen, dass Warteschlangen so nicht funktionieren, weil sie alle dasselbe Verständnis für diesen Prozess haben. Dann wäre dir klar, dass du gegen einen sozialen Kodex verstoßen hättest, und du würdest brav zum Ende der Schlange trotten. (Was für ein britisches Beispiel.)

Doch ich zögere etwas. Geht das zu weit, kontrollieren wir so das Verhalten anderer Menschen? Einerseits glaube ich aus tiefstem Herzen, dass ein grundlegendes Niveau an zwischenmenschlichem Respekt sehr wichtig ist. Man kann sich auch respektvoll widersprechen und trotzdem zu seiner eigenen Meinung stehen. Außerdem steckt unsere Geschichte voller Beispiele von Menschen, die Veränderungen bewirken und tiefe Wunden zwischen verschiedenen Gruppen heilen konnten, indem sie höflich das Gespräch mit ihrem Gegenüber suchten, auch wenn ihnen sicherlich Mitglieder aus den eigenen Reihen hinterherschrien, dass die andere Seite keinerlei Rücksicht verdient habe.

Im Kontext dieses Buchs, also eines Raums, in dem du dich bewusst aufhältst und mir großzügig deine Aufmerksamkeit schenkst, damit ich meine Gedankengänge erklären kann, wie schätzt du da eine Aussage ein wie »Lasst uns online alle respektvoll miteinander umgehen«? Klingt das in Ordnung? Würden manche wohl denken, dass ich sie auffordere, nett zu Trolls zu sein, wenn ich diese Aussage online treffe? Dass ich sie bitte, freundlich zu einer Person zu sein, die diskriminiert und nicht zuhören will? Klingt es nach Tone Policing, wenn ich mich so ausdrücke: »Ich finde, wir sollten uns auch bei Online-Interaktionen immer an guten Manieren versuchen, insbesondere bei emotional aufreibenden Themen«? Ganz abgesehen davon, wie subjektiv unser Verständnis von »guten Manieren« ist. Würden sich die Leute über diese Aussage aufregen, weil man es auch so verstehen könnte, dass sich alle so benehmen sollen, wie ich es für richtig und akzeptabel halte?

Vielleicht denkst du jetzt, dass ich viel zu sensibel reagiere. »Seid halt höflich! Na gut! Was ist daran bitte kontrovers?« Oder vielleicht hast du schon erlebt, wie du etwas Positives und völlig Unkontroverses sagen wolltest, aber damit auf empörte Reaktionen gestoßen bist. Ich führe dieses Szenario hier auf, weil Social Media, wie schon erwähnt, durchaus Raum bieten, wichtige Gespräche zu führen und Veränderungen einzuleiten, auch wenn wir mit etwas gesundem Menschenverstand nicht erwarten sollten, dass wir durch ein paar Likes eine Revolution vom Zaun brechen. Aber welche Auswirkung hat das auf unser potenzielles Engagement, wenn wir uns ständig niederschreien und hinter jeder Aussage das Schlimmste vermuten? Ich befürchte, dass sich daraufhin diejenigen zurückziehen, die ohnehin keine Freude an Online-Konfrontationen haben und lieber ihre mentale Gesundheit schützen wollen, und umso mehr Platz für die Menschen bleibt, die ihre Ansichten laut und bestimmt herausschreien, ohne sich im Geringsten für die Meinungen anderer zu interessieren. Ich habe mich definitiv schon ausgeklinkt, wenn mir Social-Media-Diskussionen zu laut wurden, auch wenn mir die Angelegenheit wirklich wichtig war und ich etwas zu sagen gehabt hätte. Und ich habe mich definitiv auch schon vor Kommentaren zu bestimmten Themen gedrückt, auch wenn ich in vielen Nachrichten darum gebeten wurde und eigentlich dazu bereit gewesen wäre, aber zu diesem Zeitpunkt einfach nicht in der richtigen Verfassung war, um mit den ganzen wütenden Rückmeldungen umzugehen, weil meine Meinung manchen Leuten nicht gefallen würde. Ich bin nicht stolz darauf, aber so ist es nun mal.

Was können wir also dagegen tun? Realistisch gesehen, wird es nie einen Social-Media-Verhaltenskodex geben, denn wie locker der auch sein mag, werden sich auf keinen Fall alle darauf einigen können. Und vielleicht ist das auch in Ordnung so. Aber was wäre, wenn wir alle unsere eigenen Verhaltensregeln hätten? Vielleicht trifft hier wieder der Satz zu: »Sei selbst die Veränderung, die du dir wünschst.« Bestimmt ist es eine gute Übung, sich klarzumachen, welche Etikette und welches Verhalten wir idealerweise von anderen erwarten – und dementsprechend auch von uns selbst. Denn wir haben keine Kontrolle über die Reaktionen der anderen, nur über unsere eigene. Natürlich verdient ein Troll nicht unbedingt Wohlwollen. Aber sind wir es uns nicht selbst schuldig – wie schon erwähnt –, im Einklang mit unseren Werten zu leben?

Wir haben also die Möglichkeit, unser Gehirn proaktiv anzuschmeißen und zu entscheiden, was wir online in Ordnung finden und was nicht, und auch, was wir zukünftig tun wollen, wenn diese Grenzen überschritten werden, um entweder unsere mentale Gesundheit zu schützen oder einer Reaktion vorzubeugen, auf die wir im Nachhinein nicht stolz sein werden. Du kannst völlig frei beschließen, wie dein eigener, innerlicher »Social-Media-Verhaltenskodex« aussehen könnte. Vielleicht denkst du, dass es so etwas gar nicht braucht. Auch das ist in Ordnung. Meine Version wäre eine Reihe von Fragen statt Anweisungen, die ich mir stellen würde, während ich das Handy kurz beiseitelege und tief durchatme, um herauszubekommen, was gerade in meinem Körper und Gehirn geschieht und ob ich das in Ordnung finde ...

- Führt uns dieses Gespräch irgendwohin?
- Lernt irgendjemand irgendetwas daraus?
- Trage ich hilfreiche Informationen bei oder weise ich mein Gegenüber nur auf seinen Fehler oder seine schlechte Wortwahl hin, um mich bei anderen beliebt zu machen?
- Glaube ich wirklich noch daran, dass am anderen Ende dieses Gesprächs eine echte Person existiert, selbst wenn wir nicht einer Meinung sind? (Oder vielleicht eher: *erst recht*, wenn wir nicht ...)
- Würde ich mich mit dieser Person unterhalten wollen, wenn sie mir gegenübersäße?
- Muss ich wirklich sofort reagieren und mir eine Meinung bilden, oder glaube ich das nur wegen des Tempos und dem Druck des Social-Media-Algorithmus?
- Wie fühle ich mich eigentlich? Zittrig, irgendwie hyperfokussiert, hoher Puls? Wahrscheinlich ist das der Effekt

von Kortisol und Adrenalin, weil meine »Kampf-oder-Flucht«-Reaktion aktiviert wurde. In diesem Zustand treffe ich wahrscheinlich keine guten Entscheidungen.

Es ist ein schmaler Grat, einerseits zu glauben, dass alle ihr Leben leben sollten, wie es ihnen gefällt, damit sie ihr Glück und ihr wahres Selbst finden ... wir andererseits aber dringend »Sei kein Arsch« in unsere Etikette aufnehmen wollen. Bedeutet »Sei kein Arsch«, dass wir das Verhalten anderer kontrollieren wollen? Sollten wir in diesem Fall nicht eine winzig kleine Ausnahme machen?

Intellektuelle Demut

Das folgende Konzept könnte dir helfen, wenn du diesen ganzen Text über Selbstermächtigung und Veränderungswillen liest und dir nur denkst: »Aber ich weiß doch gar nicht, was überhaupt auf der Welt los ist! Woher wissen das denn alle, dieses ganze Zeug?!«

Mit intellektueller Demut ist nicht mehr gemeint als anzuerkennen, was du nicht weißt – und das ist etwas Gutes. Es ist sogar das beste Mittel, sich gegen all diese Bias zu schützen, denen wir immer wieder begegnen. Ein Review-Artikel in der *Nature Reviews Psychology* drückt es so aus: »Forschungsergebnisse deuten darauf hin, dass intellektuelle Demut sowohl Polarisierung, Extremismus und die Anfälligkeit für Verschwörungstheorien reduzieren, als auch Lernprozesse und Erkenntnisse verstärken kann, genauso wie wissenschaftliche Glaubwürdigkeit.«[19] Das klingt doch ziemlich gut, oder?

Um es kurz zusammenzufassen: Wir haben alle verschiedene Bias. Auch wenn manchmal über sie gesprochen wird, als wären wir deshalb schlechte Menschen, kann man sie eigentlich nicht vermeiden. Wir haben schließlich gesehen, dass unser Gehirn nun mal so funktioniert, wie es funktioniert. Es muss Abkürzungen nehmen, sonst würden unsere Gedankengänge ewig dauern und wir würden nie irgendetwas schaffen. Intellektuelle Demut lässt uns diese Bias hinterfragen. Das ist umso wichtiger, wenn wir in bestimmten Situationen Gefahr laufen, an unseren Überzeugungen festzuhalten, obwohl wir mit Gegenbeweisen oder auch nur anderen Meinungen konfrontiert werden. Intellektuelle Demut ähnelt Aufgeschlossenheit, meint aber vor allem, die möglichen Grenzen unserer Kenntnisse und Glaubenssätze zu erkennen.

Ob wir nun also etwas in unserem eigenen Leben oder in der gesamten Welt bewirken wollen, wir sollten uns nicht von fehlendem Wissen oder Unsicherheit abhalten lassen. Stattdessen haben wir so die Möglichkeit, mehr zu lernen, Fragen zu stellen und uns weiterzuentwickeln. Und das ist viel besser als das gegenteilige Szenario, wenn du also Hintergründe nicht mehr infrage stellst oder dich nicht auf deine eigenen Meinungen verlassen kannst. Es ist in Ordnung, etwas nicht zu wissen – solange du gewillt bist zu lernen. Bist du davon überzeugt, schon über alles im Bilde zu sein, verpasst du wahrscheinlich Chancen, dein Wissen zu vertiefen.

Im letzten Kapitel – sogar in den letzten beiden – musste ich leider über die eher negativen und schwierigen Aspekte unserer zwischenmenschlichen Interaktionen schreiben, um die Frage zu beantworten: »Was stimmt nicht mit mir?« Aber hoffentlich konnte ich dir zeigen, dass wir alle gelegentlich unsicher sind, und es völlig nachvollziehbar ist, wenn dich die Nachrichten überwältigen und traurig machen. Trotzdem steht es in unser aller Macht, etwas zu bewirken.

Wie wir gesehen haben, sind wir Menschen nur so weit gekommen, weil wir die Fähigkeit erlangt haben, zu kooperieren und unser kognitives Vermögen mit unseren emotionalen Reaktionen ins Gleichgewicht zu bringen. Auch weiterhin kommen Menschen auf der ganzen Welt zusammen, um bedeutende Gespräche zu führen, übereinander zu lernen und etwas zu bewirken, auf vielen unterschiedlichen Wegen. Wir dürfen nur nicht vergessen, dass alles mit Neugierde beginnt, mit dem Willen, unsere Wissenslücken anzuerkennen und aufeinander aufzupassen. Selbst – oder erst recht –, wenn es schwer wird.

9

Kann ich mein Gehirn verändern?

Ich hoffe, dass all das Gerede darüber, was unser Gehirn so treibt, aufschlussreich und beruhigend statt, nun ja, besorgniserregend war. Wie bereits am Anfang gesagt, fand ich es wahnsinnig hilfreich, mehr über die Prozesse, die mein Denken und meine Reaktionen prägen, zu erfahren, um damit eine objektive Sicht auf das zu bekommen, was im Oberstübchen so passiert – und warum. Es erinnert mich daran, dass ich keine irrationale Idiotin bin (ja, okay, an manchen Tagen bin ich das ein wenig; das ist in Ordnung, das sind wir alle) – es gibt Gründe und Erklärungen dafür, was in meinem Kopf so abgeht. Die meiste Zeit – wenn ich beim Anblick einer Spinne überreagiere oder etwas aus Gewohnheit tue – basiert das auf einer ganz schön fest verankerten evolutionären Entwicklung, die mich beschützen will. Es stimmt, dass mich mein ADHS-Gehirn immer wieder zur Verzweiflung getrieben hat, weil es nicht das tat, was ich von ihm wollte, aber ich möchte mich dennoch bei diesem brillanten, komischen, einzigartigen Organ bedanken, weil es *mich* ausmacht. Tatsächlich sollte ich wohl aufhören, davon zu sprechen, als seien wir zwei verschiedene Wesen; auch wenn das in diesem Absatz geholfen hat, um das rüberzubringen, was ich sagen wollte, so sind wir doch natürlich ein und dasselbe Lebewesen. Wir sind ich.

Wie fühlst du dich also jetzt gerade bezüglich deines Gehirns? Hat es dir geholfen, mehr darüber zu erfahren, was da drin so abgeht? Bist du dir in Zukunft deiner Gedankenprozesse und

Reaktionen bewusster als zuvor – oder sogar vielleicht der anderer?

Ich weiß, dass wir hier eine ganze Menge abgedeckt haben: vom präfrontalen Kortex zu parasozialen Beziehungen, vom Rampenlichteffekt zu Serotonin. Und es gibt noch so viel mehr, was wir uns anschauen könnten. Ich hätte noch in größerem Umfang vom Thema abkommen können (und hätte es auch fast getan – danke, Wortanzahlbegrenzung!). Es gibt immer noch mehr zu lernen – sowohl für uns Neugierige als auch für Neurowissenschaftler:innen. Einer der Punkte, der mich bei meiner Recherche am meisten verblüfft hat, war die Tatsache, wie regelmäßig die renommiertesten Expert:innen sich über Details uneinig sind. Das lässt mich voller Vorfreude auf die ganzen neuen Theorien und Entdeckungen in der Zukunft schauen, die ohne Zweifel in den nächsten Jahren noch kommen und klarstellen werden, was wir auf der einen Seite bereits wissen und auf der anderen noch über uns selbst lernen können.

In der Zwischenzeit möchte ich jedoch gern das Buch damit beenden, dass wir uns ein paar interessante Beispiele dessen anschauen, wie die Wissenschaften uns, den ahnungslosen Kleinkindern im Besitz so krasser Maschinen, zeigen, wie wir die erstaunliche Kraft unseres Gehirns nutzen können, um noch öfter das zu machen, was wir wollen, statt das, was wir nicht wollen. In dem Sinne, dass es zwar super ist, wenn wir unser Gehirn besser verstehen – aber was heißt das für uns? Können wir unser Gehirn verändern?

Dein Gehirn aus Knetgummi

Das wissenschaftliche Wort für die Veränderungsfähigkeit unseres Gehirns lautet neuronale Plastizität. Sie ermöglicht uns das Lernen und die Anpassung an unsere Umwelt, was aber auch heißt, dass wir unser Gehirn mithilfe unseres Verhaltens verändern können. Natürlich ist unser Gehirn in unserer Kindheit mega »plastisch« – was einfach heißt, dass eine Struktur von äußeren Einflüssen geformt werden kann. Man dachte lange, dass unser Gehirn, sobald wir das Erwachsenenalter erreichen, fertig sei, fertig gekocht, und sich dann nicht mehr verändern würde. Das stimmt aber nicht. Wir verändern uns weiter, organisieren unsere neuronalen Netzwerke um, lassen neue wachsen – einfach, indem wir etwas Neues lernen. Wenn wir eine Verletzung an einem bestimmten Teil unseres Gehirns erleiden, kann manchmal ein anderer dessen Funktion übernehmen.[1]

Die tatsächlichen Mechanismen dahinter sind (natürlich) kompliziert und laufen auf unterschiedliche Arten ab – wie bei der Entstehung neuer Synapsen (die Verbindungen zwischen Neuronen, den Nervenzellen, die Nachrichten verschicken), der sogenannten »Synaptogenese«, oder der Stärkung bereits vorhandener. Wie wir bereits gesehen haben, entwickeln sich viel benutzte Nervenbahnen auf eine solche Weise... etablierte Fußwege, so stelle ich sie mir vor, wie so ein Trampelpfad über ein Feld. Die ungenutzten Synapsen werden irgendwann dann von unserem Gehirn entfernt, bei der sogenannten »Synapseneliminierung«.

Jedes Neuron (lies: Hirnzelle) kann irgendwas zwischen einer Handvoll bis zu Hunderttausenden Synapsen haben, die Verbindungen zu sich selbst, zu benachbarten Neuronen oder sogar zu Neuronen in anderen Bereichen des Gehirns herstellen.[2] Die Synapseneliminierung ist letztlich der Prozess des Gehirns hin zu mehr Effizienz, indem es Verbindungen loswird, die wir nicht brauchen oder benutzen. Die schnellste Eliminierung (sieht hier auch noch jemand einen Auftragskiller mit schallgedämpfter Pistole vor sich, oder bin ich der einzige Krimifan?) findet grob im Alter zwischen zwei und sechzehn Jahren statt; am Anfang wird es zum Großteil von den Genen beeinflusst, danach dann von den gemachten Erfahrungen.[3] Das ist einer der Gründe, weshalb die geistige Förderung so wichtig für Kinder ist, denn dies nutzt ihre sich entwickelnden synaptischen Verbindungen, was diesen eine Permanenz gibt, statt sie ungenutzt eliminieren zu lassen.

Die Forschung legt nahe, dass Probleme bei diesem »Eliminierungsprozess« zu einer ganzen Reihe mentaler Probleme, die in der Adoleszenz aufkommen, führen können,[4] während andere Studien zudem herausgefunden haben, dass die Eliminierung zum Großteil im Schlaf stattfindet.[5] Das könnte gut erklären, warum Schlafmangel zu kognitiven Beeinträchtigungen führen kann.[6] (Darf ich jegliche Fehler in diesem Buch meinem Neugeborenen in die Schuhe schieben? Wahrscheinlich nicht, oder?) Wissenschaftler:innen dachten früher, dass dieser Prozess im frühen Erwachsenenalter spätestens aufhöre, aber in letzter Zeit konnte gezeigt werden, dass er tatsächlich auch im erwachsenen Gehirn fortgeführt wird.[7]

Falls du mal Bock auf einen Frühjahrsputz in deinem Cerebellum hast, dann hat eine Studie aus dem Jahr 2022 einige Beweise für dich in petto, dass motorisches Lernen diesen Prozess unterstützen kann.[8] Das passiert, wenn wir neue körperliche Fähigkeiten erlernen, wie das Werfen von Bällen, das Schneiden von Gemüse oder das Tippen auf Keyboards – auch bekannt als »Muskelgedächtnis«. Hier eine Werbeanzeige: Mach einen Töpferkurs und drehe ein wenig überschüssigen Ton in deinem Gehirn ab!

Es geht dabei natürlich auch nicht nur darum, unbenutzte Verbindungen loszuwerden, sondern auch manchmal um die Bildung neuer. Um es jetzt hier mal möglichst einfach zu formulieren: Es gibt zwei Hauptarten der Neuroplastizität – die funktionelle und die strukturelle. Erstere ist die Fähigkeit des Gehirns, sich selbst umzusortieren. Wenn zum Beispiel ein Teil des Gehirns beschädigt wurde, dann können dessen Funktionen auf einen anderen, unbeschädigten Teil übertragen werden, damit wir die Fähigkeit beibehalten können. Strukturelle Neuroplastizität wiederum ist die Fähigkeit des Gehirns, seine eigene physikalische Struktur, die Verbindungen, mithilfe des Lernprozesses zu verändern.[9]

Der bewusste Einsatz von Techniken, mit denen wir unseren Fokus und unsere Aufmerksamkeit darauf lenken, unser Gehirn »neu zu verdrahten«, wird oft als »selbstgesteuerte Neuroplastizität« bezeichnet, wie wenn man etwas immer und immer wieder übt, wie beim Jonglieren, so als einfaches, offensichtliches Beispiel. Sie kann sich aber auch auf so Sachen wie positives Denken ausweiten. Unser Gehirn lernt von Wiederholungen, je öfter wir also etwas tun – sei es ein Kartentrick oder der gezielte Fokus auf die guten statt die schlechten Aspekte des Lebens –, desto öfter stärken wir diese Nervenbahnen in unserem Gehirn und desto besser werden wir in etwas. Vielleicht sind die Neurowissenschaften doch nicht so irre kompliziert...

Aber ich möchte an dieser Stelle noch hinzufügen, dass Neuroplastizität – meiner bescheidenen Meinung nach – zwar faszinierend, aber keine Magie und kein Mittel gegen alles ist. Ich erwähne das, weil dieses wissenschaftliche Konzept und einige der dazugehörigen Forschungen von diversen Selbsthilfetrends gekapert wurden als Beweis, dass man sich nur das richtige Buch kaufen oder dem richtigen Gelehrten folgen müsse, um das eigene Denken zu verändern, das Gehirn zu modifizieren und daher alles erreichen könne, was man nur wolle, oder in der Lage wäre, jedes mögliche Problem anzugehen. Das mag zwar für diejenigen, die diese Bücher verkaufen oder diese Gelehrten vermarkten, praktisch sein, kommt aber natürlich auch mit einer schwierigen Kehrseite: Denn wenn du dein Ziel nicht erreichst/keine Heilung findest/dein Problem nicht überwindest... na ja, dann liegt das wohl an dir beziehungsweise deinem Gehirn, und du hast eindeutig nicht hart genug daran gearbeitet. An dieser Stelle müssen zwei wichtige Punkte angemerkt werden: 1) Das ist keinesfalls das, was die Forschung um Neuroplastizität nahelegt, und 2) wächst die

Selbsthilfeindustrie kontinuierlich weiter und wird, zum Schreibzeitpunkt dieses Buchs, auf einen jährlichen Wert von 14 Milliarden US-Dollar bis 2025 geschätzt. Das ist ein lukratives Geschäft, das darauf baut, uns einzurichtern, dass etwas falsch an uns sei und dass der Kauf eines bestimmten Produkts das ändern könne. Siehst du das Problem dahinter?

Möchtest du mal ein wenig Spiel und Spaß mit der Neuroplastizität haben? So wie du vielleicht Gewichte hebst, um deine tatsächlichen Muskeln zu trainieren, so können einfache Handlungen effektiv dein Gehirn trainieren, was dann beispielsweise deine Fähigkeit zur emotionalen Regulation und dein Gedächtnis verbessern kann. Der Schlüssel hier ist die Neuheit. Du kennst das Gefühl, wenn du etwas zum ersten Mal machst – sagen wir mal, rudern. Wenn du damit loslegst, fühlt es sich komisch und plump an, aber wenn du dich daran gewöhnst, geht dir die Handlung natürlicher von der Hand, und du kannst voraussehen, in welche Richtung sich das Boot bewegen wird, wenn du ein Ruder stärker ziehst als das andere. Herausforderungen wie auch neue Erfahrungen können die kognitiven Funktionen steigern.

Du hast heute keinen Bock aufs Bootfahren? Also gut, meinetwegen. Wie wär's dann damit, die Zähne mit der anderen Hand als sonst zu bürsten? Oder dir mit dieser ein Getränk einzuschütten oder die Maus zu bedienen? Auch das fühlt sich komisch an, oder? Es zwingt dich aber dazu, aktiv darüber nachzudenken, was du tust, sodass es nicht mehr eine automatische, passive Handlung ist, du benutzt so Nervenbahnen, die du normalerweise nicht benutzen würdest,[10] und bildest sogar vielleicht neue! Forscher:innen haben zudem herausgefunden, dass beide Gehirnhälften angeregt werden, wenn man mal die nicht dominante Hand benutzt. Eine Studie mit Musiker:innen, die beide Hände für ihr Instrument brauchen, hat herausgefunden, dass deren Corpus callosum, also der Teil, der die zwei Hirnhälften miteinander verbindet, 9 Prozent größer ist als bei anderen Menschen.[11] Abgesehen von einer anderen Ausführung regelmäßiger Aktivitäten kann man ähnliche Vorteile mithilfe neuer Erfahrungen erzielen, die ganz einfach in den Tag eingebaut werden können wie eine andere Route zur Arbeit oder ein neues Café für den morgendlichen Kaffee.

Mit Meditation zur Regulation

Eine Aktivität, die im Zusammenhang mit Neuroplastizität wirklich exzessiv untersucht wurde, ist die Meditation. Wohin würdest du gehen, wenn du sie untersuchen und dafür die hingebungsvollsten Meditationspraktiker:innen der Welt finden wolltest? Tibetische Mönche – bingo. Glücklicherweise konnten viele von ihnen für mehrjährige Studien zu Gehirnaufnahmen im Waisman Laboratory for Brain Imaging and Behavior der University of Wisconsin-Madison gewonnen werden. Die Forscher:innen fanden bei dieser etwas extremen Probandenauswahl heraus, dass die Mönche tatsächlich im Laufe der Zehntausenden Stunden ihrer Meditationspraxis ihre Gehirnstruktur und -funktionalität verändert hatten.[12] Mithilfe von fMRI-Scans der Gehirne von Meditationsanfänger:innen und -expert:innen konnten Veränderungen in den Mustern der Gehirnfunktionen festgestellt werden. So wurden beispielsweise die Amygdalas Letzterer weniger angeregt, wenn sie vom Forschungsbericht als »emotionale Klänge« bezeichnete Geräusche vernahmen. Mit anderen, wenn auch höchst unwissenschaftlichen Worten: Es wirkt so, als wären die Gehirne der meditationserfahrenen Mönche durch ihre lange Praxis funktionell entspannter geworden.

Die meisten der teilnehmenden Mönche praktizierten eine Meditationsart namens Vipassana. Dabei geht es im Wesentlichen um Nicht-Reaktivität; man nutzt seine Sinne, um im Moment bewusst anwesend zu sein, ohne jedoch auf das Wahrgenommene oder das Gefühlte zu reagieren. In der alten indischen Sprache Pāli bedeutet Vipassana »Introspektion, durchdringende Vision, Beobachtung und Verständnis der Realität so, wie sie ist«. Einfacher und praktischer ausgedrückt: Wenn du eine Stunde lang im Schneidersitz meditierst, stellst du vielleicht steife Knie und einen schmerzenden Rücken fest, aber es ist dein Ziel, nicht auf diese Empfindungen anzuspringen. Wenn man diese Fähigkeit über längere Zeit übt, trainiert man theoretisch, weniger stark auf die Höhen und Tiefen des Lebens zu reagieren.

Andere Studien zur Meditation konnten neben der Beeinflussung der chemischen Bahnen im Gehirn einen Zusammenhang zwischen langfristiger Praxis und positiven Auswirkungen auf das Darmmikrobiom feststellen (auch hier wurden tibetisch-buddhistische Mönche als Probanden genutzt – was für eine Gruppe, die gehen wirklich großzügig mit ihrer Zeit/ihrem Gehirn/ihrem Darm um).[13] Im Vergleich zu Kontrollpersonen wiesen die Proben der Mönche einen besonders hohen Gehalt an bestimmten Bakterien auf, darunter *Bacteroidetes*, *Prevotella*, *Megamonas* und *Faecalibacterium*, die laut dem Forschungsteam »mit der Linderung psychischer Erkrankungen in Verbindung gebracht werden, was darauf hindeutet, dass Meditation bestimmte Bakterien beeinflussen kann, was möglicherweise eine Rolle für die mentale Gesundheit spielen kann«. Abgesehen von der Betrachtung des Trainings der eigenen Denkmuster bietet diese Studie eine alternative Erklärung für die Auswirkungen der Meditation auf die mentale Gesundheit durch Vorgänge: inzwischen als sogenannte Mikrobiota-Darm-Hirn-Achse bekannt. Ich muss sagen, dass mir hier Zweifel an Ursache und Wirkung durch den Kopf schießen. Es kann, wie bereits erwähnt, schwierig sein, alle Faktoren voneinander zu trennen und eine Korrelation auf ihre Ursache zurückzuführen… In dieser Studie wurden jedoch Kontrollpersonen eingesetzt, und ich muss sagen, dass ich hoffe, dass sich dieser Forschungsweg als genauso aufregend erweist, wie er derzeit klingt. Die Frage lautet also wohl: Ändert man seine Meditationsgewohnheiten, um seine Därme zu verändern, um sein Gehirn zu verändern?

Ich finde es super spannend, dass Wissenschaftler:innen die Gründe hinter Phänomenen untersuchen, die wir als Menschen schon seit Jahrhunderten verstanden haben. Oder die wenigstens manche Kulturen verstanden haben. Die tibetisch-buddhistische Meditation entstammt dem Ayurveda, einer mehr als 3000 Jahre alten indischen Heilkunst. Meditation wurde in der westlichen Welt erst wirklich ernstgenommen, als sich in den 1960er-Jahren Wissenschaftler:innen einschalteten und anfingen, deren Auswirkungen zu »beweisen« – und das, obwohl die Praxis eventuell so alt ist wie die menschliche Zivilisation und in verschiedenen Formen im Laufe der Jahrhunderte an unterschiedlichen Orten und in diversen Religionen immer wieder auftauchte. Man könnte also glatt behaupten, dass die Wissenschaft jetzt wohl etwas zeigte, was manche Menschen schon seit Ewigkeiten wussten, ohne das Bedürfnis nach einer Studie gehabt zu haben. Meditation kann zu langwährenden Veränderungen des Gehirns führen, wie einer Verbesserung der kognitiven Funktionen und einer Reduktion des altersbedingten Gehirnabbaus.[14] Es könnte zudem ein gutes Tool für die Verhinderung von Krankheiten sein, die in eine Beziehung zu Letzterem gebracht wurden, wie Demenz und Alzheimer[15], auch wenn die Forschung hier noch läuft.

Shinrin Yoku

Ich habe das Gefühl, ich muss an dieser Stelle kurz betonen, dass du nicht völlig gaga sein musst, um daran zu glauben, dass es noch andere Wege als wissenschaftliche Forschung gibt, um die Welt zu verstehen und den Wert von etwas einschätzen zu können. Natürlich nicht. Ich liebe die Wissenschaften, und ich akzeptiere auch deren Erklärungen am einfachsten, aber ich bin nicht so arrogant, davon auszugehen, dass nur das möglich ist, was ich auch verstehen kann. Wenn du das Gefühl hast, dass dir Yoga mehr innere Ruhe verschafft im Kopf, du schon mal ein »Runner's High« erlebt hast (ganz ehrlich, bin super neidisch) oder du einfach ein warmes Gefühl im Bauch bekommst, wenn deine Bücher nach Farbe und Größe im Regal sortiert sind, dann brauchst du vielleicht auch einfach keine wissenschaftliche Forschung zu all diesen Gefühlen. Und das ist absolut in Ordnung.

Manchmal stelle ich jedoch fest, dass ich eher bereit bin, etwas auszuprobieren, wenn ich mehr über die Wissenschaft hinter einem Phänomen oder einer Idee erfahre. Natürlich bin ich für Achtsamkeit und Selbstfürsorge, aber in einer Welt, in der diese Konzepte so sehr zur Ware geworden sind und scheinbar auf alles angewendet werden, dass sie schon Gefahr laufen, bedeutungslos zu werden, bin ich mehr am Start, wenn ich ein wenig über das Warum und das Wie weiß.

Auch wenn es unwahrscheinlich ist, dass ich dir verraten muss, dass »Zeit in der Natur verbringen = Gute Gehirn-Vibes« bedeutet, möchte ich dir hier doch ein wenig über *Shinrin Yoku* (ein japanischer Begriff, den wir in der westlichen Welt als »Waldbaden« übersetzen) erzählen, da es ein weiteres Beispiel dafür ist, wie die modernen Wissenschaften alte Lebensweisheiten untersuchen. Die Praxis ist seit jeher verwurzelt in der japanischen Kultur und darüber hinaus, aber der Begriff *Shinrin Yoku* wurde tatsächlich vom japanischen Amt für Umwelt, Forstwirtschaft und Fischerei geprägt, um die Menschen zu motivieren, mehr Zeit in der Natur zu verbringen und dort die Aura des Waldes in sich aufzunehmen (teils gegen den Stress, den der damalige Technik-Boom auslöste, und auch aus umwelttechnischer Sicht, weil man hoffte, Menschen würden dann den Wald mehr schützen wollen).[16] Es ist ja nicht so, als wäre es eine radikal neue Idee, dass Zeit in der Natur das eigene Wohlbefinden verbessert. In den 1990er-Jahren wurden dann die physiologischen Vorteile des Waldbadens erforscht, um diese, derer wir uns instinktiv bewusst sind, zu quantifizieren – vielleicht auch, weil die Aktivität nun einen konkreten Namen hatte.

In einer Studie wurde den 155 Teilnehmer:innen vor und nach dem ganztägigen Waldbaden der Blutdruck, der Puls und das »Stimmungsprofil« gemessen. Die Gruppe war aufgeteilt in »jene mit depressiven Tendenzen« (ah, mein Volk) und jene ohne. Beide Gruppen zeigten Verbesserungen in den untersuchten Bereichen, aber vor allem die Gruppe mit den depressiven Tendenzen wies am Ende des Tages Messwerte nahe denen der anderen Gruppe auf.[17] Weitere Studien haben auch einen messbaren positiven Effekt auf den Blutdruck und das Immunsystem gezeigt sowie Vorteile für die schlecht schlafenden Menschen unter uns.

Zwei Gründe für diese gesundheitlichen Vorteile scheinen die höhere Sauerstoffkonzentration im bewaldeten Umfeld und die Pflanzenchemikalie Phytonzid (eine Art Öl, welches ein Teil des pflanzlichen Abwehrsystems gegen Pathogene wie Bakterien und Pilze ist und das anscheinend den Menschen guttut, wenn es eingeatmet wird) zu sein. Jenseits des Waldes kann allein schon reines Spazierengehen vorteilhaft sein für die eigene Entspannung: Tatsächlich ist daraus eine eigene Therapieform erwachsen. Die Eye Movement Desensitization and Reprocessing-, kurz EMDR-Therapie ist eine Form der Psychotherapie, die es Menschen erlaubt, ihre negativen Erfahrungen in der Vergangenheit zu verarbeiten und hinter sich zu lassen.[18] Sie wurde 1987 von Dr. Francine Shapiro entwickelt und nutzt Bewegungen der Augen, die beim Zurückerinnern an schwierige Situationen unwillkürlich passieren, was besonders bei Patient:innen mit PTBS und Angststörungen gute Dienste leistet. Mithilfe der automatisch ablaufenden Augenbewegungen zu den Seiten (oder des »optischen Flusses«), wenn wir uns durch den Raum bewegen und die vorbeiziehenden Objekte wahrnehmen, können wir ein

Entspannungsgefühl im Gehirn erzeugen.[19] Außerhalb der therapeutischen Räumlichkeiten können wir diese einfache Praxis ausführen, indem wir gehen (oder uns anderweitig vorwärtsbewegen, wie in einem Rollstuhl), um so ein Gefühl der Ruhe zu erzeugen. Ich brauche bitte eine Überweisung für einen Spaziergang im Wald, und zwar sofort.

Power of Wow

Wie also verändert es unser Gehirn, wenn wir Zeit in der Natur verbringen? Oder zumindest unsere Gefühlslage für eine Zeit lang? Kann man es quantifizieren oder erklären, dieses »Aaaaah«-Entspannungsgefühl, das einen überkommt bei einem besonders schönen Spaziergang? Wir wissen instinktiv, dass manche Umgebungen eine andere »Energie« mit sich bringen als andere oder sich besser für unsere mentale Gesundheit anfühlen. Wie kommt es dazu?

Eine mögliche Erklärung nennt sich die »Theorie der Wiederherstellung der Aufmerksamkeitsfähigkeit« (Attention Restoration Theory, ART). Diese wurde zum ersten Mal in den späten 1980er-Jahren aufgestellt und legt nahe, dass wir in unseren städtischen Umgebungen viel öfter aktiv unsere Aufmerksamkeit lenken müssen, um nach etwas Ausschau zu halten, das wir wollen oder sehen müssen (nach Freund:innen, mit denen wir verabredet sind, nach Autos, die auf uns zufahren, nach Werbung an allen Ecken usw.).[20] Wenn wir uns aber in der Natur aufhalten, müssen wir weniger bewusst rausfiltern, was letztlich bedeutet, dass wir die Umgebung mehr genießen können. Das kann uns dann mehr geistige Kraft oder Raum im Kopf geben, die wir für die sogenannten »Prozesse der Selbstregulation« brauchen – also im Grunde für die aktive Kontrolle über unsere Gedanken und Gefühle, statt am laufenden Band nach E-Scootern, die den

Gehweg entlanggerast kommen, oder Fremden, die einem das Handy klauen wollen, zu schauen. Wenn du also zu den Menschen gehörst, die sich beim Tingeln durch die Landschaft entspannen, dann klingt das für dich jetzt wohl nach einer realistischen Einschätzung.

Eine weitere Theorie darüber, wie unser Gehirn von der Situation, der wir es aussetzen, beeinflusst werden kann, könnte man den »Ehrfurchtsfaktor« nennen. Eine Definition der Ehrfurcht aus einer psychologischen Studie von 2015 besagt: »eine emotionale Reaktion auf enorme Reize, die unseren aktuellen Bezugsrahmen überschreiten«.[21] Ich rede hier von diesem »Oha«-Gefühl, wenn einem plötzlich bewusst wird, dass etwas viel größer ist als man selbst. Das Gefühl ist eine Mischung aus Respekt und Erstaunen, das einem einen Sinn für Relationen vermittelt und daran erinnert, dass man doch nur ein kleiner Mensch auf einem großen, verblüffenden Planeten ist. Als gutes Beispiel dienen hier riesige Naturschauspiele wie der Grand Canyon oder die Mosi-oa-Tunya (die Victoriafälle).

In der Studie von 2015 fanden die Forscher:innen heraus, dass die Teilnehmer:innen, die eine Minute lang einen riesigen Baum anschauten, einen höheren Wert auf der »Ehrfurcht«-Skala erreichten als andere, die ein Gebäude mit ähnlicher Höhe betrachteten. Bäume schneiden echt sehr gut ab in diesem Kapitel. Auch – wie wir noch sehen werden – wenn dieser Effekt nicht nur von der Natur ausgelöst wird. Vielleicht bist du schon ehrfürchtig geworden, weil du Teil eines großen Events warst, etwa einer Menschenmenge in einem Stadion (Ich habe genau das schon erlebt!).

Das ist an dieser Stelle relevant, weil gezeigt werden konnte, dass diese emotionale Reaktion positive Auswirkungen auf einige unserer Verhaltensweisen hat, nachdem wir sie gefühlt haben. Wie die Forschung, die ich bereits genannt habe, gezeigt hat, ist Ehrfurcht verknüpft mit einem Anstieg des prosozialen Verhaltens – anders ausgedrückt, Sachen, die wir machen, weil sie anderen und nicht nur uns dienen –, wie Großzügigkeit und ethische Entscheidungsfindungen. Wie aber ist all das miteinander verbunden?

Eine Reihe Studien hat gezeigt, dass diese Effekte teilweise von dem Gefühl des »kleinen Selbst« ausgelöst werden könnten, was Menschen helfen mag, sich einen Schritt zurückzunehmen und sich selbst im Kontext des großen sozialen Ganzen zu sehen, sowie ihr Interesse an anderen steigern kann. Anders formuliert: Es scheint, als würden wir uns weniger von unseren individuellen Problemen einnehmen lassen, sondern uns eher als Teil eines Kollektivs sehen, wenn uns unsere relative »Kleinheit« bewusst gemacht wird. Ich glaube, in einer Welt, in der das Internet theoretisch weltweit verstreute Menschen miteinander verbinden *kann*, in der wir uns aber auch ganz schön allein und isoliert vorkommen können, klingt das extrem spannend. Bei all unserer »Main character«-Energie, die wir brauchen, um uns auf uns selbst zu konzentrieren, den Tag zu überstehen, zu arbeiten, uns um uns selbst und unsere Nächsten zu kümmern, muss man sich vor Augen halten, dass wir alle winzige Organismen, neben Milliarden von anderen, auf einem riesigen Planeten sind... Das hat etwas ziemlich Magisches an sich, oder? Es ist eine gewisse Ehrfurcht wert.

Der Psychologieprofessor Dacher Keltner untersucht in seinem Buch *Awe: The New Science of Everyday Wonder and How It Can Transform Your Life*[22] den noch recht jungen Studienbereich über Ehrfurcht als quantifizierbares Forschungsfeld und wie sie uns als soziale Wesen beeinflusst. Wie wir bereits festgestellt haben, waren es unsere Fähigkeiten zu sozialen Vergleichen, zur Zusammenarbeit und Verbindung mit anderen im Verlauf der menschlichen Evolution, die es uns erlaubt haben, uns anzupassen und als Spezies erfolgreich zu sein – unser Gehirn ist darauf programmiert, sich mit anderen zu verbinden. Keltner vertiefte sich in die Rolle, die Ehrfurcht bei diesen Prozessen gespielt hat, und bespricht, wie wir unser neues Verständnis von Ehrfurcht nutzen könnten, um prosoziales Verhalten zwischen uns zu fördern. Bei seinem Gastauftritt bei dem Podcast *On Being* mit Krista Tippett[23] erklärt er, dass dieses Gefühl der Ehrfurcht auch von Sachen ausgelöst wird, bei denen wir es nicht erwarten würden:

Es sind die anderen um uns herum – Alltagsmenschen –, die Ehrfurcht bei uns auslösen, und das, was wir moralische Schönheit genannt haben... Freundlichkeit, Mut, das Überwinden von Schwierigkeiten. Du weißt schon, das Retten eines anderen Lebens. Immer und immer wieder ist die häufigste Quelle für Ehrfurcht ein anderer Mensch. Und man würde das echt nicht erwarten, wenn man so bedenkt, was wir uns auf [X] und Instagram anschauen, aber es ist eine tief, tief verankerte Neigung, dass es einem die Kehle zuschnürt und die Tränen in die Augen schießen lässt, wenn man darüber nachdenkt, was Menschen so schaffen können.

Ich finde das wirklich wunderbar. Nicht nur diese Art Einblick, wie der Mensch tickt, halte ich für faszinierend, sondern es fühlt sich auch sehr nahbar und machbar an, dies bei der Suche nach Selbstoptimierung in unser Leben einzubauen, oder um einfach unser Leben noch mehr zu genießen. Sosehr wir alle gern Platz in unserem alltäglichen Leben dafür machen würden, öfter auf große Bäume oder anderweitig ehrfurchteinflößenden Naturkram zu starren, kann das doch schwierig zu schaffen sein, weil viele von uns eine ganze Menge anderes Zeug tagtäglich zu erledigen haben. Und lass uns nicht die Tatsache vergessen, dass, laut der Weltbank, ungefähr 56 Prozent der weltweiten Bevölkerung, immerhin 4,4 Milliarden Menschen, momentan in einem städtischen Umfeld lebt – und eine große Zahl dieser Menschen hat schlicht keinen einfachen oder regelmäßigen Zugang zu Wäldern, Waldgebieten oder anderen eher ländlichen Ecken.[24] Laut der Abteilung für Bevölkerungsfragen der Vereinten Nationen (UNPOP) werden bis 2050 sage und schreibe 68 Prozent von uns in Städten leben.[25] Hier haben wir jetzt also zwei unbequem parallel verlaufende Wahrheiten: dass Zeit in der Natur gut für uns ist, aber auch weniger von uns nah an solchen Umgebungen leben werden. Das ist aus verschiedenen Gründen alles andere als ideal, nicht zuletzt wegen so Punkten wie der Luftqualität und dem Zugang zu genug Außenraum für sportliche Aktivitäten und Bewegung. Trotzdem liebe ich die Idee, dass es einen messbaren Effekt auf uns hat, wie wir die Welt sehen und mit ihr interagieren, dass wir zu großzügigeren, sozial sensibilisierteren Menschen werden, wenn wir zwischenzeitlich ehrfürchtig und dankbar durch die Welt gehen – auch für unsere Mitmenschen, nicht nur für Grand Canyons oder große Bäume.

Wenn du also kannst, dann geh und leg dich unbedingt unter eine massive Eiche; du machst es nicht nur für dich, sondern für uns alle. Und ob du nun in der Nähe von ehrfurchtgebietender Natur lebst oder nicht, so kannst du doch der Freundlichkeit und Resilienz deiner Mitmenschen Beachtung schenken. Das wird deinem Gehirn eine wertvolle emotionale Erfahrung einbringen, und ich bin bei dieser Art und Weise, das eigene Gehirn zu verändern, definitiv mit an Bord.

Bitte kümmere dich gut um dein Gehirn

Ich weiß, dass wir in einer idealen Welt in einer Gesellschaft leben würden, die perfekt auf die Fürsorge für unser Gehirn eingestimmt ist – einer Gesellschaft, die mentale Gesundheit ebenso für voll nehmen würde wie die physische. Die uns den Raum und das Verständnis entgegenbringen würde, damit wir aufblühen könnten. Wie wir in vielen dieser Kapitel gesehen haben, ist das jedoch leider, so wie es jetzt ist, nicht immer der Fall. Es liegt also an uns, unser Bestes zu geben. Ich weiß, dass die Beispiele in diesem Kapitel klein wirken im Vergleich zu manchen Systemen oder Normen, mit denen wir leben müssen und die uns das Leben erschweren können. Aber ich hoffe dennoch, dass sie als kleine Erinnerung daran dienen, dass du diesem Szenario auch nicht völlig hilflos ausgeliefert bist. Mediation, Zeit in der Natur oder den guten Menschen um uns rum Beachtung zu schenken, sind keine weltverändernden Ideen der Selbstfürsorge, aber sie sind wissenschaftlich mit Fakten belegt, von denen du vielleicht noch nicht wusstest und die ich persönlich wunderbar beruhigend finde.

Ich drücke uns die Daumen, dass wir, je mehr wir über die Funktionalität unseres Gehirns sowie unsere möglichen Einflussnahmen darauf erfahren, umso öfter liebevolle Zuwendung uns selbst gegenüber in den Alltag einbauen können. Es ist ein Balanceakt. Ich verstehe es auch sehr, wenn du, solltest du gerade bezüglich deiner mentalen Gesundheit nicht auf der Höhe sein, es ungefähr so hilfreich wie eine Teekanne aus Schokolade findest, unter einem Baum rumzuliegen, damit du dich besser fühlst, oder den Versuch zu starten, die Neuroplastizität deines Gehirn zu verbessern. Falls du gerade strugglest, dann hängt es nicht nur an dir, dich mit einem Zauberstab waldbadend wieder gesund zu machen; du hast professionelle Hilfe verdient. Ich wollte mich in diesem Kapitel nicht auf Therapien oder Medikamente konzentrieren, da beide Optionen persönliche Entscheidungen sind und völlig individuell ausfallen – es wäre schlicht unangemessen als pauschale Empfehlung –, aber beides hat mir in der Vergangenheit wirklich durch dunkle Täler geholfen. Selbstfürsorge und Gesundheitsfürsorge: Sie müssen sich nicht gegenseitig ausschließen.

Ich glaube, wir alle werden uns zunehmend bewusst darüber, dass wir unserer mentalen Gesundheit nicht nur dann Aufmerksamkeit schenken sollten, wenn es uns nicht so gut geht. Ein wesentlicher Teil der Pflege unseres Wohlbefindens besteht darin, uns klarzumachen, was hilft und was schadet, um diese Informationen dann proaktiv zu nutzen. Es geht nicht nur um ein vages Wissen darüber, dass uns zwei Stunden ununterbrochenes Scrollen wahrscheinlich in die Vergleichsfalle treten lassen werden, während eine halbe Stunde Spaziergang im Park mit einer Freundin am Telefon unsere Stimmung mit ziemlicher Sicherheit verbessern wird, sondern darum, dieses Wissen auch wirklich umzusetzen.

Erinnerst du dich noch daran, dass wir uns im dritten Kapitel Gewohnheiten angeschaut haben und wie man sie etablieren kann? All das ist verknüpft mit der Neuroplastizität, wie dir sicherlich schon aufgefallen ist, weil wir unser Gehirn nutzen können, um aktiv Nervenbahnen zu bilden und zu stärken, um so dann die automatischen oder halb automatischen Verhaltensweisen, die wir nicht mögen, anzugehen und stattdessen neue, hilfreichere zu erschaffen.

Wir alle haben bereits Tipps zur Selbstfürsorge wie »Geh eine Runde in die Wanne!«, »Buch dir eine Massage!«, »Reduziere die Belastung durch blaues Licht vorm Schlafengehen!« gelesen, und ich will hier nicht bestreiten, dass das alles berechtigte Hinweise sind, ich würde dich aber gern an dieser Stelle, wo wir uns mit großen Schritten dem Ende unserer »Was stimmt nicht mit mir?«-Reise nähern, herausfordern, dich und deine Reaktionen mal selbst mit einer etwas wissenschaftlicheren Neugier wahrzunehmen. Zum Beispiel: Welche Gefühle lösen Social Media in dir aus? Was beeinflusst sonst noch deine Stimmung? Welche Label gibst du dir selbst, und helfen oder behindern sie dich? Woher beziehst du deine Nachrichten, und fühlst du dich je überfordert?

Die Wissenschaften gehen gern mit Fragen an die Dinge heran, stellen Theorien auf und überprüfen sie dann mit Studien und Experimenten. Du bist ein menschliches Wesen, kein wissenschaftliches Projekt. Obviously. Du besitzt aber auch ein wunderbares, komplexes und immer noch teils mysteriöses Gehirn, von dem wir mit Sicherheit sagen können, dass es ein unglaubliches Potenzial für Veränderung und Wachstum hat. Jetzt, wo wir (hoffentlich!) ein ganzes Stück Weg hinter uns gebracht haben, der uns in die Richtung einer Antwort auf die Frage »Was stimmt nicht mit mir?« geführt hat, möchte ich gerne wissen, ob es nicht Zeit für eine neue Frage ist: »Wie möchte ich sein?« Die Antwort darauf wird sicherlich nicht einfach sein, und bestimmt auch nicht der Weg dorthin. Ein aufregender Zeitpunkt, um getrennte Wege zu gehen, findest du nicht?

Schlusswort

»Vergiss nicht, dass du ein Baby des Weltalls bist.
Ein Riese für Ameisen. Eine Ameise für Riesen.«

Katie Benn

Ich stolperte über dieses Zitat auf dem Instagram-Feed der Künstlerin Katie Benn und mochte es so sehr, dass ich mir sofort einen Druck für meine Wohnung gekauft habe. Was für ein wunderbarer Zeitpunkt, um ihn sich ins Gedächtnis zu rufen: dass wir, obwohl wir unser gesamtes Leben in unserem eigenen Kopf verbringen, nur unsere unübersehbaren Erfahrungen wirklich kennen können; jede:r Einzelne von uns ist eine Person von Milliarden auf diesem Planeten unter Milliarden Planeten.

Wie beendet man ein solches Buch? Eine Frage spukt mir dabei immer im Kopf rum: Wie du dich jetzt wohl fühlen magst, da du bis hierhin gelesen hast. Wir haben eine Menge Stoff abgedeckt, der oberflächlich betrachtet ziemlich negativ wirken kann, aber ich habe das Gefühl, dass wir mehr Platz zum Atmen haben, wenn wir verstehen, wie die Dinge in der Realität laufen, wie vergeblich es ist, etwas anderes als ein Mensch sein zu wollen. Es lohnt sich nicht, dir zu wünschen, du würdest dich nie mit anderen vergleichen – du wirst es tun. Dir werden die negativen Sachen auffallen, die passieren, weil wir als Spezies nun mal so überlebt haben. Du wirst Gefühle entwickeln für Menschen, die du nur über dein Handydisplay kennst (auf das du nicht aufhören kannst zu schauen), weil du ein Mensch bist und es unrealistisch wäre, etwas anderes zu erwarten. Vielleicht vergisst du sogar manchmal, dass die anderen auch nur Menschen sind.

Du hast von Natur aus einen Bias. Allerdings kannst du auch nachgeordnet nachdenken, analysieren und dein Wissen anwenden. Du erlebst den Rampenlichteffekt, aber du weißt auch, was passiert, und kannst dir selbst vor Augen führen, dass das Gefühl übertrieben ist. Vielleicht gehen deine Freund:innen gern abends weg, aber du weißt, dass du es mehr genießen würdest, zu Hause zu bleiben – hilft es nicht, wenn man weiß, woran das liegt? Geh dennoch vor die Tür, hab Spaß und fühl dich berechtigt, wieder abzuhauen, wenn du magst.

Im Rückgriff auf das erste Kapitel, in dem wir einen kurzen Blick auf den Zustand unserer kollektiven mentalen Gesundheit geworfen haben, hoffe ich, dass du dich bestätigt fühlst, wenn du weißt, dass es im Moment einfach schwierig ist. Die Welt sagt uns gern laut und oft, dass wir uns nur selbst lieben müssen – die chaotischen Gefühle, die wir auf dem Weg dorthin haben, völlig außer Acht lassend, wie auch die Schuldgefühle, die wir manchmal bekommen können, weil wir den Weg dorthin so anstrengend finden.

Es ist hart, ein Mensch zu sein. Aber schau an, wie weit du schon gekommen bist! Vor dich hinschlendernd, während all diese Dinge in deinem Körper Pingpong spielen und deine Gedanken beeinflussen: Negativitätsbias, Mängel an Empathie, selbstbewusste Gefühle, ein Bedürfnis nach Verbindungen, Mustererkennungen, konkurrierende Belohnungssysteme … und dennoch bist du hier und willst mehr über dich erfahren. Gibst dir Mühe. Ist es dir wichtig, nett zu sein – zu anderen und zu dir.

Denk mal über die Menschen in deinem Umfeld nach. Sieh dich selbst an und denk über deine täglichen Struggle nach –

und schau dir dann die Menschen an, die du liebst oder bewunderst, und erkenne, dass sie mit denselben Dämonen zu kämpfen haben. Ist das nicht beachtlich? Wir haben, auch in dieser Welt, in der wir täglich unsere Unterschiede ehren und feiern wollen, so wahnsinnig viel miteinander gemein, wohingegen uns nur so wenig trennt.

We are bloody miracles.

Mir ist bewusst, dass es immer noch Menschen geben wird, die abschätzig auf den Gedanken schauen, dass mentale Gesundheit wichtig ist. Ich werde deren Meinung wohl niemals ändern, und das ist in Ordnung. Wenn du es bis zum Schluss dieses Buches geschafft hast und du dich bei keinem von den hier angesprochenen Themen je traurig oder besorgt oder komisch gefühlt hast, dann ist das super! Mach weiter mit dem Weitermachen! Und verrate uns anderen vielleicht irgendwann dein Geheimnis.

Falls du dich jemals klein fühlst, dann hoffe ich, dass das nicht daran liegt, dass dir die Welt dieses Gefühl vermittelt, sondern weil du voller Ehrfurcht um dich blickst. Stell dich gerade, mit erhobenem Haupt hin, auf deinem kleinen Fleck im Universum, liebes Baby des Weltalls, und sei dir bewusst, dass du alles richtig machst, so wie du es machst.

Glossar

ADHS – Aufmerksamkeitsdefizit-/Hyperaktivitätsstörung; ein Zustand, der häufig zu Unruhe, Konzentrationsschwierigkeiten und impulsiven Handlungen führt, manchmal auch zu zusätzlichen Problemen wie Schlaf- und Angststörungen.

Adrenalin – ein Neurotransmitter, der auch als Epinephrin bekannt ist und für unsere »Kampf oder Flucht«-Reaktion bei Angst oder Stress verantwortlich ist.

Alzheimer – eine fortschreitende Erkrankung, die mehrere Hirnfunktionen betrifft und eine der häufigsten Ursachen für Demenz bei Menschen ab 65 Jahren ist.

Aminosäuren – organische Moleküle, die Proteine bilden und somit lebensnotwendig sind; der menschliche Körper benötigt zwanzig (neun sind »essenziell«) für u. a. Energielieferung, Gewebebildung, Verdauung und Hormonproduktion.

Amygdala – eine Gehirnregion, die eine wichtige Rolle bei emotionalen Prozessen sowie bei der Gedächtnisleistung und dem Lernen spielt; eng verbunden mit Angst, Motivation und der »Kampf oder Flucht«-Reaktion.

Aphantasie – die Unfähigkeit, geistige Bilder hervorzurufen; kann entweder angeboren oder erst später aufgetreten sein.

Bipolare Störung – eine psychische Erkrankung, die zu extremen Stimmungsschwankungen führt; bipolare Menschen schwanken in der Regel zwischen Phasen des »Tiefs« (Depression) und Phasen des »Hochs« (Manie), die so ausgeprägt sein können, dass sie das tägliche Leben beeinträchtigen.

DM – direct message, Privatnachricht, eine Funktion bei Instagram, TikTok und vielen anderen Social-Media-Apps.

Dopamin – ein »Wohlfühl«-Neurotransmitter, der in den Belohnungszentren unseres Gehirns wirkt; beeinflusst auch die Konzentration, das Gedächtnis und die Motivation.

Endorphine – Neurotransmitter, die durch Bewegung besonders stimuliert werden und zur Linderung des Schmerzempfindens im Körper beitragen.

fMRI – funktionelle Magnetresonanztomografie; eine Methode zum Scannen des Gehirns, um den Blutfluss in verschiedenen Arealen für die Messung der Gehirnaktivitäten aufzuzeigen.

Kleinhirn/Cerebellum – einer der drei großen Teile des Gehirns (zusammen mit dem Großhirn und dem Stammhirn); verantwortlich für Bewegung, Gleichgewicht und andere kognitive Funktionen, wie Sprache, Augenbewegungen und emotionale Verarbeitung.

KVT – kognitive Verhaltenstherapie; eine Form der Gesprächstherapie, die häufig zur Behandlung von Angstzuständen, Depressionen und anderen psychischen und körperlichen Problemen eingesetzt wird, indem Symptome durch die bewusste Veränderung von Denk- und Verhaltensmustern gelindert werden.

Neurodivergenz – ein Oberbegriff für Menschen, deren Gehirn Informationen anders als die »Norm« verarbeitet. Das kann Erkrankungen wie die Autismus-Spektrum-Störung (ASD) oder andere neurologische oder entwicklungsbedingte Dinge wie die Aufmerksamkeitsdefizit-/Hyperaktivitätsstörung (ADHS) umfassen.

Neurotransmitter – ein chemischer Botenstoff, der als Teil unseres Nervensystems Signale zwischen Neuronen weiterleitet.

Parkinson – eine fortschreitende Erkrankung, die durch den Verlust von Nervenzellen im Gehirn verursacht wird und zu einer Verringerung des Dopaminspiegels führt; zu den Hauptsymptomen gehören unwillkürliches Zittern, Muskelsteifheit und

Bewegungsverlust sowie Gedächtnis-, Schlaf- und Gleichgewichtsstörungen.

Präfrontaler Kortex – eine Region im vorderen Teil des Gehirns, die für eine Reihe von kognitiven Funktionen wie Sprache, Gedächtnis, Risikoverarbeitung und Entscheidungsfindung zuständig ist.

PTBS – posttraumatische Belastungsstörung; eine Angststörung, die von beängstigenden, belastenden oder traumatischen Ereignissen ausgelöst wird. Sie kann unmittelbar danach oder etwas zeitversetzt auftreten und führt häufig dazu, dass die Person diese Ereignisse in Form von Rückblenden oder Albträumen erneut erlebt, häufig auch zu Symptomen wie Konzentrations- und Schlafstörungen, Isolation und Schuldgefühlen.

Schizophrenie – eine langfristige psychische Erkrankung, die vermutlich sowohl durch genetische als auch durch umweltbedingte Faktoren verursacht wird; zu den psychologischen Symptomen können Halluzinationen und Wahnvorstellungen, Verwirrung und sozialer Rückzug gehören.

Serotonin – ein Neurotransmitter, der unter anderem zur Regulierung von Stimmung, Schlaf und Appetit beiträgt.

SSRI – Selektiver Serotonin-Wiederaufnahmehemmer; eine Form von Antidepressivum, das die Wiederaufnahme von Serotonin verhindert und so die Menge des im Körper zirkulierenden freien Serotonins erhöht.

Synapse – eine Verbindung zwischen zwei Neuronen (Nervenzellen) oder einem Neuron und einer Muskelzelle, die die Weiterleitung eines elektrischen oder chemischen Signals von einer Zelle zur anderen ermöglicht.

Tic – schnelle, sich wiederholende Muskelbewegungen, die schwer zu kontrollieren sind und zu unwillkürlichen Bewegungen des Körpers (motorische Tics) oder Geräuschen (vokale/phonische Tics) führen.

Tourette-Syndrom – eine Erkrankung, die unwillkürliche Geräusche und Bewegungen, sogenannte Tics, verursacht; sie beginnt oft in der Kindheit und kann sich im Laufe der Zeit verbessern.

Umbrella Review – eine der höchsten Evidenzstufen der medizinischen Forschung, eine Art »Übersichtsarbeit«, also eine Sammlung und Bewertung aller systematischen Übersichten und Metaanalysen, die zu einem bestimmten Thema durchgeführt wurden.

Danksagung

Danke, Millie, die alles verändert hat.

Danke, Nat und Izzy, die mich hierhergebracht haben.

Adam, der die Verlagsprozesse auf den Kopf gestellt hat, damit ich die persönlichen Geschichten voranstellen konnte.

An alle bei Transworld: Zoe, die diese nervöse und ängstliche Debütautorin mit so viel Enthusiasmus begleitet hat, Steph, Eleanor, Rosie, Izzie und Beci. Danke auch an Liz, die wunderbarste Ersatzlektorin, die meine hormongesteuerten Anrufe ertragen hat.

Danke an die Community von Frauen mit nicht erkanntem ADHS, von denen ich so viele wohlwollende DMs bekommen habe. Nach diesem Verständnis habe ich mich mein ganzes Leben gesehnt. An alle Freund:innen, die mich so liebten, wie ich bin, vor und nachdem ich lernte, mich selbst zu lieben.

Dank gilt immer meiner Familie. Meinem Lieblingsteam. Meiner Mum, die mich den ganzen Weg entlang festgehalten hat. Es muss herzzerbrechend sein, wenn das eigene Kind mit der mentalen Gesundheit kämpft, aber du hast nie weggesehen. H für die Pep-Talks und deine endlosen Weisheiten. Meinem Partner Mish, der immer für mich eingesprungen ist und mich aufgebaut hat, wenn sich alles unerreichbar anfühlte. Meiner kleinen Maus, die mir bei jedem Kapitel Gesellschaft leistete, selbst vor deiner Geburt.

Dank an all die parasozialen Beziehungen und Cheerleader:innen in der Ferne. Ohne euch hätte ich das hier nicht tun können.

Und danke auch an dich, weil du mir deine Zeit geschenkt hast. Ich hoffe, du kannst die Ehrfurcht vor dir selbst finden, die ich vor uns allen empfinde.

Anmerkungen

1 Was ist mit unserer mentalen Gesundheit passiert?

1   NICE. »Recommendations | Attention Deficit Hyperactivity Disorder: Diagnosis and Management«. National Institute for Health and Care Excellence, 14. März 2018, www.nice.org.uk/guidance/ng87/chapter/Recommendations.

2   Mind. »Mental Health Facts and Statistics«. Mind, Juni 2020, https://mind.org.uk/information-support/types-of-mental-health-problems/mental-health-facts-and-statistics/. © Mind. This information is published in full at mind.org.uk.

3   American Psychological Association. »Survey: Americans Becoming More Open about Mental Health.« American Psychological Association, 1. Mai 2019, https://apa.org/ news/press/releases/2019/05/mental-health-survey.

4   Njoku, Ihuoma. »What Is Mental Illness?« American Psychiatric Association, 2022, https://psychiatry.org/patients-families/what-is-mental-illness.

5   NICE. »Common Mental Health Problems | Information for the Public | Common Mental Health Problems: Identification and Pathways to Care | Guidance | NICE«. National Institute for Health and Care Excellence, 25. Mai 2011, https://nice.org.uk/guidance/cg123/ifp/chapter/Common-mental-health-problems.

6   Mind. »Causes«. Mind, Oktober 2017, https://mind.org.uk/information-support/types-of-mental-health-problems/mental-health-problems-introduction/causes/.

7   Morales-Brown, Peter. »Situational Depression vs Clinical Depression: Difference and Diagnosis«. *Medical News Today*, 27. Juli 2023, https://medicalnewstoday.com/articles/314698.

8   American Psychiatric Association. *Diagnostic and Statistical Manual of Mental Disorders*. 5. Auflage, American Psychiatric Publishing, 2013.

9 Patten, Scott B., et al. »Descriptive Epidemiology of Major Depression in Canada«. *The Canadian Journal of Psychiatry*, Vol. 51, Nr. 2, Februar 2006, S. 84–90, https://doi.org/10.1177/070674370605100204; Pearson, Caryn, et al. »Mental and Substance Use Disorders in Canada«. *Statistics Canada*, 2013, www150.statcan.gc.ca/n1/pub/82–624-x/2013001/article/11855-eng.pdf.

10 Bebbington, P., et al. »The Influence of Age and Sex on the Prevalence of Depressive Conditions: Report from the National Survey of Psychiatric Morbidity«. *International Review of Psychiatry*, Vol. 15, Nr. 1–2, Januar 2003, S. 74–83, https://doi.org/10.1080/095402602100 0045976.

11 Peytrignet, Sebastien, et al. »Children and Young People's Mental Health«. *The Health Foundation*, 8. Februar 2022, www.health.org. uk/news-and-comment/charts-and-infographics/children-and-young-people-s-mental-health.

12 World Health Organization. »Mental Health«. World Health Organization, 2023, https://who.int/health-topics/mental-health#tab =tab_1.

13 Reile, Rainer und Merike Sisask. »Socio-Economic and Demographic Patterns of Mental Health Complaints among the Employed Adults in Estonia«. *PLOS ONE*, hrsg. v. Md Nazirul Islam Sarker, Vol. 16, Nr. 10, Oktober 2021, S. e0258827, https://doi.org/10.1371/journal.pone.0258827.

14 Kohl, Ingrid S., et al. »Association between Meatless Diet and Depressive Episodes: A Cross-Sectional Analysis of Baseline Data from the Longitudinal Study of Adult Health (ELSA-Brasil)«. *Journal of Affective Disorders*, Vol. 320, Januar 2023, S. 48–56, https://doi.org/10.1016/j.jad.2022.09.059.

15 Bryant, Chris. »Vegetarians More Likely to Be Depressed than Meat-Eaters – Possible Reasons«. *The Conversation*, 5. Oktober 2022, https://theconversation.com/vegetarians-more-likely-to-be-depressed-than-meateaters-possible-reasons-191707.

16 Henry Ford Health. »Why Is TikTok Giving Teen Girls Tics?« *Henry Ford Health*, 21. März 2022, https://henryford.com/blog/2022/03/tiktok-giving-teen-girls-tics.

17 NHS. »Overview – Munchausen Syndrome«. NHS, 16. Februar 2021, https://nhs.uk/mental-health/conditions/munchausen-syndrome/overview/.

18 Chakrabarti, Bhismadev. »Diagnostic Labels for Mental Health Conditions Are Not Always Useful.« *The Conversation*, 10. Oktober

2018, https://theconversation.com/diagnostic-labels-for-mental-health-conditions-are-not-always-useful-102943.

19 Mental Health Foundation. »Physical Health and Mental Health«. Mental Health Foundation, 18. Februar 2022, https://mentalhealth. org.uk/explore-mental-health/a-z-topics/physical-health-and-mental-health.

20 De Hert, Marc, et al. »The Intriguing Relationship between Coronary Heart Disease and Mental Disorders«. *Dialogues in Clinical Neuroscience*, Vol. 20, Nr. 1, März 2018, S. 31–40, https://doi.org/ 10.31887/dcns.2018.20.1/mdehert.

21 Pescosolido, Bernice A., et al. »›A disease like any other‹? A decade of change in public reactions to schizophrenia, depression, and alcohol dependence«. *American Journal of Psychiatry*, Vol. 167, Nr. 11, 1. November 2010, S. 1321–1330, https://doi.org/10.1176/appi. ajp.2010.09121743; Pilkington, Pamela D., et al. »The Australian public's beliefs about the causes of depression: Associated Factors and changes over 16 years«. *Journal of Affective Disorders*, Vol. 150, Nr. 2, 5. September 2013, S. 356–362, https://doi.org/10.1016/j.jad. 2013.04.019.

22 Moncrieff, Joanna, et al. »The serotonin theory of depression: A Systematic Umbrella Review of the evidence.« *Molecular Psychiatry*, Vol. 28, Nr. 8, 20. Juli 2022, S. 3243–3256, https://doi.org/10.1038/ s41380-022-01661-0.

23 Goedeke, Anne. »Justice for Millions of Americans Prescribed Antidepressants for a Chemical Imbalance of the Brain That Doesn't Exist?« *EIN News*, 18. August 2022, https://einnews.com/pr_news/ 586580219/justice-for-millions-of-americans-prescribed-antidepres sants-for-a-chemical-imbalance-of-the-brain-that-doesn-t-exist.

24 Jauhar, Sameer, et al. »A Leaky Umbrella Has Little Value: Evidence Clearly Indicates the Serotonin System Is Implicated in Depression«. *Molecular Psychiatry*, Vol. 28, Juni 2023, S. 1–4, https://doi.org/ 10.1038/s41380-023-02095-y.

25 King's College London. »A Response to ›The serotonin theory of depression: A Systematic Umbrella Review of the evidence‹«. King's College London, 19. Juni 2023, https://kcl.ac.uk/news/a-response-to-the-serotonin-theory-of-depression-a-systematic-umbrella-review-of-the-evidence.

26 Smith, Dana. »Antidepressants Don't Work the Way Many People Think«. *New York Times*, 8. November 2022, https://nytimes.com/ 2022/11/08/well/mind/antidepressants-effects-alternatives.html.

27 Jauhar, Sameer, et al. »Fifty Years On: Serotonin and Depression«. *Journal of Psychopharmacology*, Vol. 37, Nr. 3, März 2023, S. 026988112311618, https://doi.org/10.1177/02698811231161813.
28 Science Media Centre. »Expert Reaction to a Review Paper on ›the Serotonin Theory of Depression‹ | Science Media Centre«. Science Media Centre, 20. Juli 2022, https://sciencemediacentre.org/expert-reaction-to-a-review-paper-on-the-serotonin-theory-of-depression/.
29 Jauhar, Sameer, et al. »Fifty Years On: Serotonin and Depression«. *Journal of Psychopharmacology*, Vol. 37, Nr. 3, März 2023, S. 026988112311618, https://doi.org/10.1177/02698811231161813.

2 Warum sind wir so?

1 Herculano-Houzel, Suzana. »In the Light of Evolution.« *In the Light of Evolution: Volume VI: Brain and Behavior*, hrsg. v. George Striedter et al., Vol. 6, National Academies Press, 2013.
2 Kwon, Diana. »What Makes Our Brains Special?« *Scientific American*, 24. November 2015, https://scientificamerican.com/article/what-makes-our-brains-special/.
3 Johns Hopkins Medicine. »Brain Anatomy and How the Brain Works.« Johns Hopkins Medicine, 2024, https://hopkinsmedicine.org/health/conditions-and-diseases/anatomy-of-the-brain.
4 Ebd.
5 Mora-Bermúdez, Felipe, et al. »Differences and Similarities between Human and Chimpanzee Neural Progenitors during Cerebral Cortex Development.« *ELife*, Vol. 5, September 2016, https://doi.org/10.7554/elife.18683.
6 Shmerling, Robert. »Right Brain/Left Brain, Right?« *Harvard Health Blog*, 28. Juli 2017, https://health.harvard.edu/blog/right-brainleft-brain-right-2017082512222.
7 Knecht, S., et al. »Handedness and hemispheric language dominance in healthy humans.« *Brain*, Vol. 123, Nr. 12, 1. Dezember 2000, S. 2512–18, https://doi.org/10.1093/brain/123.12.2512.
8 National Institute of Neurological Disorders and Stroke. »Brain Basics: Know Your Brain.« 2022, https://ninds.nih.gov/health-information/public-education/brain-basics/brain-basics-know-your-brain.
9 Goyal, Nishant, et al. »Neuropsychology of Prefrontal Cortex.« *Indian Journal of Psychiatry*, Vol. 50, Nr. 3, 2008, S. 202, https://doi.org/10.4103/0019-5545.43634.

10 University of Queensland. »The Limbic System.« University of Queensland, 24. Januar 2019, https://qbi.uq.edu.au/brain/brain-anatomy/limbic-system.

11 Cherry, Kendra. »Why Phrenology Is Now Considered a Pseudo-science.« *Verywell Mind*, 2018, https://verywellmind.com/what-is-phrenology-2795251.

12 Harvard University. »Scientific Racism.« *Harvard Library*, 2022, https://library.harvard.edu/confronting-anti-black-racism/scientific-racism; Becker, Heike. »Auschwitz to Rwanda: The Link between Science, Colonialism and Genocide.« *The Conversation*, 26. Januar 2017, https://theconversation.com/auschwitz-to-rwanda-the-link-between-science-colonialism-and-genocide-71730.

13 Janik, Erika. »The Shape of Your Head and the Shape of Your Mind.« *The Atlantic*, 6. Januar 2014, https://theatlantic.com/health/archive/2014/01/the-shape-of-your-head-and-the-shape-of-your-mind/282578/.

14 Kwon, Diana. »What Makes Our Brains Special?« *Scientific American*, 24. November 2015, https://scientificamerican.com/article/what-makes-our-brains-special/.

15 Bat Conservation Trust. »Types of Bats – about Bats.« Bat Conservation Trust, https://bats.org.uk/about-bats/what-are-bats.

16 Smithsonian National Museum of Natural History. »Australopithecus Afarensis.« *The Smithsonian Institution's Human Origins Program*, Smithsonian National Museum of Natural History, 25. Januar 2010, https://humanorigins.si.edu/evidence/human-fossils/species/australopithecus-afarensis.

17 Kingston, Clare. »Did the Discovery of Cooking Make Us Human?« *BBC News*, 2. März 2010, https://news.bbc.co.uk/1/hi/8543906.stm.

18 Rodríguez Arce, José Manuel und Michael James Winkelman. »Psychedelics, Sociality, and Human Evolution.« *Frontiers in Psychology*, Vol. 12, September 2021, https://doi.org/10.3389/fpsyg.2021.729425.

19 Scogna, Kathleen. »How Your Baby's Brain Develops | BabyCenter.« *BabyCenter*, 2022, https://babycenter.com/pregnancy/your-baby/fetal-development-your-babys-brain_20004924.

20 Glowacka, Halszka. »Babies, Birth, and Brains.« *Ask an Anthropologist*, 6. November 2015, https://askananthropologist.asu.edu/stories/babies-birth-and-brains.

21 Weintraub, Karen. »The Adult Brain Does Grow New Neurons after All, Study Says.« *Scientific American*, 25. März 2019,

https://scientificamerican.com/article/the-adult-brain-does-grow-new-neurons-after-all-study-says/.

22 Dance, Amber. »Making and Breaking Connections in the Brain.« *Knowable Magazine*, Annual Reviews, 18. August 2020, https://knowablemagazine.org/content/article/health-disease/2020/what-does-a-synapse-do.

23 Center on the Developing Child. »Five Numbers to Remember about Early Childhood Development.« *Center on the Developing Child*, Harvard University, 2009, https://developingchild.harvard.edu/resources/five-numbers-to-remember-about-early-childhood-development/.

24 Perez, Alejandro. »When Does the Brain Stop Developing?« *Think Twice*, University of Texas at Austin, 21. Februar 2022, https://sites.utexas.edu/think-twice/2022/02/21/when-does-the-brain-stop-developing.

25 GoodTherapy. »Prefrontal Cortex.« *GoodTherapy.org Therapy Blog*, 18. August 2015, https://goodtherapy.org/blog/psychpedia/prefrontal-cortex.

26 National Institute of Mental Health. »The Teen Brain: 7 Things to Know.« National Institute of Mental Health, 2020, https://nimh.nih.gov/health/publications/the-teen-brain-7-things-to-know.

27 National Institute of Neurological Disorders and Stroke. »Brain Basics: The Life and Death of a Neuron.« 2023. https://ninds.nih.gov/health-information/public-education/brain-basics/brain-basics-life-and-death-neuron.

3 Was habe ich mir dabei nur gedacht?

1 Kale, Sirin. »The Last Great Mystery of the Mind: Meet the People Who Have Unusual – or Non-Existent – Inner Voices.« *Guardian*, 25. Oktober 2021, https://theguardian.com/science/2021/oct/25/the-last-great-mystery-of-the-mind-meet-the-people-who-have-unusual-or-non-existent-inner-voices.

2 Westfall, Michele, et al. »Does Someone Who Was Born with a Hearing Loss ›Hear‹ an Inner Voice?« *Quora*, 2019, https://quora.com/Deafness-physiological-condition/Does-someone-who-was-born-with-a-hearing-loss-hear-an-inner-voice.

3 McGuire, P. K., et al. »Neural Correlates of Thinking in Sign Language.« *NeuroReport*, Vol. 8, Nr. 3, Februar 1997, S. 695–98, https://doi.org/10.1097/00001756-199702100-00023; Fernyhough, Charles. »Do Deaf People Hear an Inner Voice? | Psychology Today

United Kingdom.« *Psychology Today*, 24. Januar 2014, https://
psychologytoday.com/gb/blog/the-voices-within/201401/do-deaf-
people-hear-inner-voice.

4 Vinney, Cynthia. »Does Everyone Have an Inner Monologue?«
Verywell Mind, 28. November 2022, https://verywellmind.com/
does-everyone-have-an-inner-monologue-6831748; Hurlburt, Russell T., et al. »Toward a Phenomenology of Inner Speaking.« *Con-
sciousness and Cognition*, Vol. 22, Nr. 4, Dezember 2013, S. 1477–94,
https://doi.org/10.1016/j.concog.2013.10.003.

5 Cleveland Clinic. »Aphantasia: Thinking That's out of Sight.« *Cleveland Clinic*, 2023. https://my.clevelandclinic.org/health/
symptoms/25222-aphantasia.

6 Yadav, Riya. »Sigmund Freud and Penis Envy – a Failure of Cou-
rage?« *BPS*, 8. Mai 2018, https://bps.org.uk/psychologist/sigmund-
freud-and-penis-envy-failure-courage.

7 Cherry, Kendra. »Sigmund Freud's Psychoanalytic Theories in Psychology.« *Verywell Mind*, 2022, https://verywellmind.com/freudian-
theory-2795845.

8 Mcleod, Saul. »Unconscious Mind | Simply Psychology«. *Simply
Psychology*, 25. Januar 2024, https://simplypsychology.org/
unconscious-mind.html.

9 Hanson-Baiden, Joelle. »The Debate on Repressed Memories.«
News-Medical.net, 10. Januar 2022, https://news-medical.net/health/
The-Debate-on-Repressed-Memories.aspx.

10 Chew, Stephen L. »Myth: We Only Use 10 % of Our Brains.«
Association for Psychological Science – APS, 29. August 2018,
https://psychologicalscience.org/uncategorized/myth-we-only-use-
10-of-our-brains.html.

11 Bargh, John A. *Social Psychology and the Unconscious: The Auto-
maticity of Higher Mental Processes*. Psychology Press, 2007, S. 32.

12 Hemingway, Ernest. *Paris, Ein Fest fürs Leben*. Übers. v. Werner
Schmitz. Reinbek bei Hamburg: Rowohlt Taschenbuch-Verlag, 2012,
S. 18.

13 Creswell, John David, et al. »Neural Reactivation Links Unconscious Thought to Decision-Making Performance.« *Social Cognitive
and Affective Neuroscience*, Vol. 8, Nr. 8, Mai 2013, S. 863–69,
https://doi.org/10.1093/scan/nst004.

14 Pillay, Srini. »Your Brain Can Only Take so Much Focus.« *Harvard
Business Review*, 20. Dezember 2018, https://hbr.org/2017/05/your-
brain-can-only-take-so-much-focus.

15 Siliezar, Juan. »Daniel Lieberman Busts Exercising Myths.« *Harvard Gazette*, 9. November 2023, https://news.harvard.edu/gazette/story/2021/01/daniel-lieberman-busts-exercising-myths/.

16 Mendelsohn, Alana I. »Creatures of Habit: The Neuroscience of Habit and Purposeful Behavior.« *Biological Psychiatry*, Vol. 85, Nr. 11, Juni 2019, S. e49–51, https://doi.org/10.1016/j.biopsych.2019.03.978.

17 Neal, D. T., W. Wood und J. M. Quinn. »Habits – a repeat performance.« *Current Directions in Psychological Science*, Vol. 15, Nr. 4, August 2006, S. 198–202, https://doi.org/10.1111/j.1467-8721.2006.00435.x.

18 Duhigg, Charles. »Habits: How They Form and How to Break Them.« *NPR*, 2019, https://npr.org/2012/03/05/147192599/habits-how-they-form-and-how-to-break-them.

19 Neal, D. T., W. Wood und J. M. Quinn. »Habits – a repeat performance.« *Current Directions in Psychological Science*, Vol. 15, Nr. 4, August 2006, S. 198–202, https://doi.org/10.1111/j.1467-8721.2006.00435.x.

20 Barkman, Robert C. »Why the Human Brain Is so Good at Detecting Patterns.« *Psychology Today*, 19. Mai 2021, https://psychologytoday.com/gb/blog/singular-perspective/202105/why-the-human-brain-is-so-good-detecting-patterns.

21 Simion, Francesca und Elisa Di Giorgio. »Face Perception and Processing in Early Infancy: Inborn Predispositions and Developmental Changes.« *Frontiers in Psychology*, Vol. 6, Nr. 969, Juli 2015, https://doi.org/10.3389/fpsyg.2015.00969.

22 Reid, Vincent M., et al. »The Human Fetus Preferentially Engages with Face-like Visual Stimuli.« *Current Biology*, Vol. 27, Nr. 12, Juni 2017, S. 1825–28.e3, https://doi.org/10.1016/j.cub.2017.05.044.

23 Mattson, Mark P. »Superior pattern processing is the essence of the evolved human brain.« *Frontiers in Neuroscience*, Vol. 8, 22. August 2014, https://doi.org/10.3389/fnins.2014.00265.

24 Shukla, Aditya. »Why Did Humans Evolve Pattern Recognition Abilities?« *Cognition Today*, 6. Oktober 2019, https://cognitiontoday.com/why-did-humans-evolve-pattern-recognition-abilities/.

25 Cherry, Kendra. »What Is Cognitive Bias?« *Verywell Mind*, 7. November 2020, https://verywellmind.com/what-is-a-cognitive-bias-2794963.

26 The Open University. »Are You Better than the Average Driver?«

Faculty of Arts and Social Sciences, The Open University, 16. November 2020, https://fass.open.ac.uk/school-psychology-counselling/news/are-you-better-average-driver.

27 Perel, Esther. »From Esther Perel's Blog – Letters from Esther #23: Stories.« *Estherperel.com*, https://estherperel.com/blog/letters-from-esther-23-stories.

4 »Knowing Me, Knowing You«?

1 Neuroscience News. »Dunbar's Number: Why the Theory That Humans Can Only Maintain 150 Friendships Has Withstood 30 Years of Scrutiny«. *Neuroscience News*, 28. August 2021, https://neurosciencenews.com/dunbars-number-social-brain-19210/.

2 Han, Sheon. »You Can Only Maintain so Many Close Friendships«. *The Atlantic*, 20. Mai 2021, https://theatlantic.com/family/archive/2021/05/robin-dunbar-explains-circles-friendship-dunbars-number/618931/.

3 DeSilva, Jeremy M., et al. »When and Why Did Human Brains Decrease in Size? A New Change-Point Analysis and Insights from Brain Evolution in Ants«. *Frontiers in Ecology and Evolution*, Vol. 9, Oktober 2021, https://doi.org/10.3389/fevo.2021.742639.

4 Centers for Disease Control and Prevention. »Loneliness and Social Isolation Linked to Serious Health Conditions«. CDC, 29. April 2021, https://cdc.gov/aging/publications/features/lonely-older-adults.html.

5 Psych Central. »About Oxytocin«. *Psych Central*, 17. Mai 2016, https://psychcentral.com/lib/aboutoxytocin#1.

6 Wu, Katherine. »Love, Actually: The Science behind Lust, Attraction, and Companionship«. *Science in the News*, Harvard University, 14. Februar 2017, https://sitn.hms.harvard.edu/flash/2017/love-actually-science-behind-lust-attraction-companionship/.

7 Cleveland Clinic. »Dopamine«. Cleveland Clinic, 23. März 2022, https://my.clevelandclinic.org/health/articles/22581-dopamine.

8 Hobgood, Donna K. »ABO B Gene Is Associated with Introversion Personality Tendencies through Linkage with Dopamine Beta Hydroxylase Gene«. *Medical Hypotheses*, Vol. 148, März 2021, 110513, https://doi.org/10.1016/j.mehy.2021.110513.

9 Cleveland Clinic. »Neurotransmitters: What They Are, Functions & Types«. Cleveland Clinic, 14. März 2022, https://my.clevelandclinic.org/health/articles/22513-neurotransmitters.

10 Rammsayer, Thomas H. »Extraversion and Dopamine«. *European Psychologist*, Vol. 3, Nr. 1, März 1998, S. 37–50, https://doi.org/10.1027/1016-9040.3.1.37.

11 Hollins, Peter. *The Science of Introverts*. PublishDrive, 2019.

12 Golimbet, V. E., et al. »Relationship between Dopamine System Genes and Extraversion and Novelty Seeking«. *Neuroscience and Behavioral Physiology*, Vol. 37, Nr. 6, Juli 2007, S. 601–6, https://doi.org/10.1007/s11055-007-0058-8.

13 Xu, Shiyong, et al. »Personality and Neurochemicals in the Human Brain: A Preliminary Study Using 1 H MRS«. *Chinese Science Bulletin*, Vol. 50, Nr. 20, Oktober 2005, S. 2318–22, https://doi.org/10.1007/bf03183742.

14 Baumeister, Roy F. und Mark R. Leary. »The Need to Belong: Desire for Interpersonal Attachments as a Fundamental Human Motivation«. *Psychological Bulletin*, Vol. 117, Nr. 3, 1995, S. 497–529, https://researchgate.net/profile/Mark-Leary-2/publication/15420847_The_Need_to_Belong_Desire_for_Interpersonal_Attachments_as_a_Fundamental_Human_Motivation/links/5b647053aca272e3b6af9211/The-Need-to-Belong-Desire-for-Interpersonal-Attachments-as-a-Fundamental-Human-Motivation.pdf.

15 Landau, Elizabeth. »How to Understand Extreme Numbers«. *Nautilus*, 15. Februar 2017, https://nautil.us/how-to-understand-extreme-numbers-236443/.

16 Lawler, Moira. »What Are Parasocial Relationships – and Are They Healthy?« *Everyday Health*, 7. Mai 2024, https://everydayhealth.com/emotional-health/what-are-parasocial-relationships-and-are-they-healthy.

17 Lindsay, Kate. »The Hard Part of Being a Follower«. *Embedded*, 22. Mai 2023, https://embedded.substack.com/p/the-hard-part-of-being-a-follower.

18 Begley, Sharon. »Why You Click with Certain People«. *Greater Good*, 16. August 2018, https://greatergood.berkeley.edu/article/item/why_you_click_with_certain_people.

19 Bowsher-Murray, Claire, et al. »The Components of Interpersonal Synchrony in the Typical Population and in Autism: A Conceptual Analysis«. *Frontiers in Psychology*, Vol. 13, Juni 2022, https://doi.org/10.3389/fpsyg.2022.897015; Yun, Kyongsik, et al. »Interpersonal Body and Neural Synchronization as a Marker of Implicit Social Interaction«. *Scientific Reports*, Vol. 2, Nr. 1, Dezember 2012, S. 1–8, https://doi.org/10.1038/srep00959.

20 Parkinson, Carolyn, et al. »Similar Neural Responses Predict Friendship«. *Nature Communications*, Vol. 9, Nr. 1, Januar 2018, https://doi.org/10.1038/s41467-017-02722-7.

21 Begley, Sharon. »You Had Me at Hello«. *Mindful*, 25. Juni 2018, https://mindful.org/you-had-me-at-hello/.

22 Inagaki, Tristen K. und Naomi I. Eisenberger. »Shared Neural Mechanisms Underlying Social Warmth and Physical Warmth«. *Psychological Science*, Vol. 24, Nr. 11, September 2013, S. 2272–80, https://doi.org/10.1177/0956797613492773.

23 Williams, Lawrence E. und John A. Bargh. »Experiencing Physical Warmth Promotes Interpersonal Warmth«. *Science*, Vol. 322, Nr. 5901, Oktober 2008, S. 606–7, https://doi.org/10.1126/science.1162548.

24 Hall, Jeffrey A. »How Many Hours Does It Take to Make a Friend?«. *Journal of Social and Personal Relationships*, Vol. 36, Nr. 4, März 2018, S. 1278–96, https://doi.org/10.1177/0265407518761225.

5 Warum verlieren wir uns in Vergleichen?

1 Ehrmann, Max, Copyright Claimant und Bertha Pratt Ehrmann. »Desiderata«. [Von 1920 bis 1960] Fotografie. Zugegriffen: Library of Congress, www.loc.gov/item/2015648050/. Übers. v. B. Fietzke.

2 TheoryHub. »Social Comparison Theory.« Newcastle University, https://open.ncl.ac.uk/academic-theories/34/social-comparison-theory/.

3 Summerville, Amy und Neal J. Roese. »Dare to Compare: Fact-Based versus Simulation-Based Comparison in Daily Life.« *Journal of Experimental Social Psychology*, Vol. 44, Nr. 3, Mai 2008, S. 664–71, https://doi.org/10.1016/j.jesp.2007.04.002.

4 Davidai, Shai und Sebastian Deri. »The Second Pugilist's Plight: Why People Believe They Are above Average but Are Not Especially Happy about It.« *Journal of Experimental Psychology: General*, Vol. 148, Nr. 3, März 2019, S. 570–87, https://doi.org/10.1037/xgeo000580.

5 Alderton, Dolly. *Alles, was ich weiß über die Liebe.* Übers. v. Friederike Achilles. Köln, Kiepenheuer & Witsch, 2019.

6 Pilat, Dan und Sekoul Krastev. »Why Do We Feel like We Stand out More than We Really Do?« *The Decision Lab*, https://thedecisionlab.com/biases/spotlight-effect.

7 Gilovich, Thomas, et al. »The Spotlight Effect in Social Judgment:

An Egocentric Bias in Estimates of the Salience of One's Own Actions and Appearance.« *Journal of Personality and Social Psychology*, Vol. 78, Nr. 2, 2000, S. 211–22, https://doi.org/10.1037/0022-3514.78.2.211.

8   The Thought Centre. »How to Balance Your Thinking Using CBT.« *The Thought Centre*, 18. April 2022, https://thethoughtcentre.ca/blog/balanced-thinking-cbt.

9   Lewis, Michael. »Emotions: Self-Consciousness.« *Encyclopedia on Early Childhood Development*, September 2022, https://child-encyclopedia.com/emotions/according-experts/self-conscious-emotions.

10   Blakeslee, Sandra. »A Small Part of the Brain, and Its Profound Effects.« *New York Times*, 6. Februar 2007, https://nytimes.com/2007/02/06/health/psychology/06brain.html.

11   Rakshit, Devrupa. »The Science behind Why We Blush.« *The Swaddle*, 2. September 2020, https://theswaddle.com/the-science-behind-why-we-blush.

12   Dijk, Corine, et al. »The Remedial Value of Blushing in the Context of Transgressions and Mishaps.« *Emotion*, Vol. 9, Nr. 2, 2009, S. 287–91, https://doi.org/10.1037/a0015081.

13   Clance, Pauline Rose und Suzanne Ament Imes. »The Imposter Phenomenon in High Achieving Women: Dynamics and Therapeutic Intervention.« *Psychotherapy: Theory, Research & Practice*, Vol. 15, Nr. 3, 1978, S. 241–47, https://doi.org/10.1037/h0086006.

14   *BBC.* »Michelle Obama: ›I Still Have Impostor Syndrome.‹« *BBC News*, 4. Dezember 2018, https://bbc.co.uk/news/uk-46434147.

15   Bravata, Dena M., et al. »Prevalence, Predictors, and Treatment of Impostor Syndrome: A Systematic Review.« *Journal of General Internal Medicine*, Vol. 35, Nr. 4, Dezember 2019, S. 1252–75, https://doi.org/10.1007/s11606-019-05364-1.

16   Cambridge Dictionary. »Syndrome.« *Cambridge Dictionary*, 13. April 2022, https://dictionary.cambridge.org/dictionary/english/syndrome.

17   Tulshyan, Ruchika und Jodi-Ann Burey. »Stop Telling Women They Have Imposter Syndrome.« *Harvard Business Review*, 11. Februar 2021, https://hbr.org/2021/02/stop-telling-women-they-have-imposter-syndrome.

18   *Indeed.* »Working on Wellbeing: Mental Health and Wellness in the UK Workplace 2022 Report.« *Indeed*, 8. Mai 2022, https://uk.indeed.com/lead/working-on-wellbeing-2022-report.

19 Phan, Janet T. »Apply to a Job, Even If You Don't Meet All Criteria.«
    Harvard Business Review, 20. Juli 2022, https://hbr.org/2022/07/
    apply-to-a-job-even-if-you-dont-meet-all-criteria.
20 Corbett, Holly. »How to Be an Ally for Black Women in the Work-
    place.« *Forbes*, 2. Februar 2022, https://forbes.com/sites/holly
    corbett/2022/02/22/how-to-be-an-ally-for-black-women-in-the-
    workplace/.
21 McGregor, Loretta Neal, et al. »I Feel like a Fraud and It Depresses
    Me: The Relation between the Impostor Phenomenon and Depres-
    sion.« *Social Behavior and Personality: An International Journal*,
    Vol. 36, Nr. 1, Januar 2008, S. 43–48, https://doi.org/10.2224/sbp.
    2008.36.1.43; Jones, Anna. »The Link between Imposter Syndrome
    and Burnout.« *BBC*, 18 May 2022, https://bbc.com/worklife/article/
    20220517-the-link-between-imposter-syndrome-and-burnout.
22 *Indeed.* »Working on Wellbeing: Mental Health and Wellness in the
    UK Workplace 2022 Report.« *Indeed*, 8. Mai 2022, https://uk.indeed.
    com/lead/working-on-wellbeing-2022-report.
23 Abramson, Ashley. »How to Overcome Impostor Phenomenon.«
    American Psychological Association, 1. Juni 2021, www.apa.org/
    monitor/2021/06/cover-impostor-phenomenon.

6 Verändern Social Media unser Gehirn?

1   Tolentino, Jia. »The Age of Instagram Face«. *New Yorker*, 12.
    Dezember 2019, https://newyorker.com/culture/decade-in-review/
    the-age-of-instagram-face.
2   Yalcinkaya, Günseli. »We Have Entered the Age of TikTok Face«.
    Dazed, 22. Januar 2024, https://dazeddigital.com/beauty/
    article/61762/1/the-real-problem-with-pretty-privilege-and-tiktok-
    category-trends.
3   Neuroscience News. »Social Media Algorithms Distort Social
    Instincts and Fuel Misinformation.« *Neuroscience News*, 3. August
    2023, https://neurosciencenews.com/social-media-behavior-
    misinformation-23752/.
4   Brady, William. »Social Media Algorithms Warp How People
    Learn from Each Other«. *Scientific American*, 25. August 2023,
    https://scientificamerican.com/article/social-media-algorithms-
    warp-how-people-learn-from-each-other/.
5   Vogels, Emily A. und Risa Gelles-Watnick. »Teens and Social
    Media: Key Findings from Pew Research Center Surveys«. Pew

Research Center, 24. April 2023, https://pewresearch.org/short-reads/2023/04/24/teens-and-social-media-key-findings-from-pew-research-center-surveys/.

6 Amnesty International. »›We Are Totally Exposed‹: Young People Share Concerns about Social Media's Impact on Privacy and Mental Health in Global Survey«. *Amnesty International*, 7. Februar 2023, https://amnesty.org/en/latest/news/2023/02/children-young-people-social-media-survey-2/.

7 Milmo, Dan. »Frances Haugen: ›I Never Wanted to Be a Whistle-blower. But Lives Were in Danger‹«. *Guardian*, 24. Oktober 2021, https://theguardian.com/technology/2021/oct/24/frances-haugen-i-never-wanted-to-be-a-whistleblower-but-lives-were-in-danger.

8 Gayle, Damien. »Facebook Aware of Instagram's Harmful Effect on Teenage Girls, Leak Reveals«. *Guardian*, 14. September 2021, https://theguardian.com/technology/2021/sep/14/facebook-aware-instagram-harmful-effect-teenage-girls-leak-reveals.

9 Alexandra S. Levine. »Facebook Changes Its Name to ›Meta‹ amid Backlash to Whistleblower Revelations«. *POLITICO*, 28. Oktober 2021, https://politico.com/news/2021/10/28/facebook-meta-whistleblower-517449.

10 Wells, Georgia, et al. »Facebook Knows Instagram Is Toxic for Teen Girls, Company Documents Show«. *Wall Street Journal*, 14. September 2021, https://wsj.com/articles/facebook-knows-instagram-is-toxic-for-teen-girls-company-documents-show-11631620739.

11 Gayle, Damien. »Facebook Aware of Instagram's Harmful Effect on Teenage Girls, Leak Reveals«. *Guardian*, 14. September 2021, https://www.theguardian.com/technology/2021/sep/14/facebook-aware-instagram-harmful-effect-teenage-girls-leak-reveals.

12 Cleveland Clinic. »Dopamine«. Cleveland Clinic, 23. März 2022, https://my.clevelandclinic.org/health/articles/22581-dopamine.

13 Weinschenk, Susan. »The Dopamine Seeking-Reward Loop«. *Psychology Today*, 28. Februar 2018, https://psychologytoday.com/gb/blog/brain-wise/201802/the-dopamine-seeking-reward-loop.

14 Gantt, Horsley. »Ivan Pavlov – Opposition to Communism«. *Encyclopaedia Britannica*, 2019, https://britannica.com/biography/Ivan-Pavlov/Opposition-to-communism.

15 Sauer, Vera J., et al. »The Phantom in My Pocket: Determinants of Phantom Phone Sensations«. *Mobile Media & Communication*, Vol. 3, Nr. 3, Januar 2015, S. 293–316, https://doi.org/10.1177/2050157914562656.

16 Marr, Bernard. »Digital Addiction: Should You Be Worried?«
   Forbes, 11. Januar 2023, https://forbes.com/sites/bernardmarr/
   2023/01/11/digital-addiction-should-you-be-worried/.
17 Cooper, Anderson. »What Is ›Brain Hacking‹? Tech Insiders on
   Why You Should Care«. *CBS News*, 9. April 2017, https://cbsnews.
   com/news/brain-hacking-tech-insiders-60-minutes/.
18 Blanchflower, David G. »Is Happiness U-Shaped Everywhere? Age
   and Subjective Well-Being in 145 Countries«. *Journal of Population
   Economics*, Vol. 34, September 2020, https://doi.org/10.1007/s00148-
   020-00797-z.
19 Haidt, Jon. »Kids Who Get Smartphones Earlier Become Adults
   with Worse Mental Health«. *After Babel*, 15. Mai 2023,
   https://afterbabel.com/p/sapien-smartphone-report.
20 Sapien Labs. »Age of First Smartphone/Tablet and Mental Well-
   being Outcomes«. Sapien Labs, 2023, https://sapienlabs.org/wp-
   content/uploads/2023/05/Sapien-Labs-Age-of-First-Smartphone-
   and-Mental-Wellbeing-Outcomes.pdf.
21 OFCOM. »Children and Parents: Media Use and Attitudes Report
   2022«. Ofcom, 30. März 2022, https://ofcom.org.uk/__data/assets/
   pdf_file/0024/234609/childrens-media-use-and-attitudes-report-
   2022.pdf.
22 Shanmugasundaram, Mathura und Arunkumar Tamilarasu. »The
   Impact of Digital Technology, Social Media, and Artificial Intelli-
   gence on Cognitive Functions: A Review«. *Frontiers in Cognition*,
   Vol. 2, Frontiers Media, November 2023, https://doi.org/10.3389/
   fcogn.2023.1203077.
23 Stone, Linda. »Beyond Simple Multi-Tasking: Continuous Partial
   Attention«. *Linda Stone*, 30. November 2009, https://lindastone.
   net/2009/11/30/beyond-simple-multi-tasking-continuous-partial-
   attention/.
24 Andrews, Sally, et al. »Beyond Self-Report: Tools to Compare Esti-
   mated and Real-World Smartphone Use«. *PLOS ONE*, hrsg. v Jakob
   Pietschnig, Vol. 10, Nr. 10, Oktober 2015, S. e0139004, https://doi.
   org/10.1371/journal.pone.0139004.
25 Raichle, M. E., et al. »A Default Mode of Brain Function«. *Proceedings of the National Academy of Sciences*, Vol. 98, Nr. 2, Januar
   2001, S. 676–82, https://doi.org/10.1073/pnas.98.2.676.
26 Killingsworth, M. A. und D. T. Gilbert. »A Wandering Mind Is
   an Unhappy Mind«. *Science*, Vol. 330, Nr. 6006, 2010, S. 932,
   https://doi.org/10.1126/science.1192439.

27 Sparrow, B., et al. »Google Effects on Memory: Cognitive Consequences of Having Information at Our Fingertips«. *Science*, Vol. 333,
Nr. 6043, Juli 2011, S. 776–78, https://doi.org/10.1126/
science.1207745.
28 Stock, Jay T. »Are Humans Still Evolving? Technological Advances
and Unique Biological Characteristics Allow Us to Adapt to Environmental Stress. Has This Stopped Genetic Evolution?« *EMBO
Reports*, Vol. 9, Nr. S1, Juli 2008, S. S51–54, https://doi.org/10.1038/
embor.2008.63.

7 Warum kommen wir nicht miteinander klar?

1 Ekman, Paul. »Universal Emotions.« *Paul Ekman Group*, 2019,
https://paulekman.com/universal-emotions/.
2 Turner, Ellen. »Emotion Families: Part 1.« *Paul Ekman Group*,
18. Juni 2019, https://paulekman.com/blog/emotion-families-
part-1/.
3 Guy-Evans, Olivia. »Primary and Secondary Emotions.« *Simply
Psychology*, 17. Februar 2023, https://simplypsychology.org/primary-
and-secondary-emotions.html.
4 Frothingham, Mia Belle. »Fight, Flight, Freeze, or Fawn: How
We Respond to Threats.« *Simply Psychology*, 6. Oktober 2021,
https://simplypsychology.org/fight-flight-freeze-fawn.html.
5 Spectrum Gaming. »Masking.« *Education Barriers*, 2022,
https://barrierstoeducation.co.uk/masking.
6 Shatz, Itamar. »The Empathy Gap: Why People Fail to Understand
Different Perspectives – Effectiviology.« *Effectiviology*,
https://effectiviology.com/empathy-gap/.
7 Loewenstein, George. »Hot-Cold Empathy Gaps and Medical
Decision Making.« *Health Psychology*, Vol. 24, Nr. 4, Suppl., 2005,
S. S49–56, https://doi.org/10.1037/0278-6133.24.4.s49.
8 Riess, Helen. »The Science of Empathy.« *Journal of Patient Expe-
rience*, Vol. 4, Nr. 2, Mai 2017, S. 74–77, https://doi.
org/10.1177/2374373517699267.
9 Carey, Jason. *Stress & Burnout for Frontline Staff Critical Incident
Stress Management (CISM)*. 2017, https://campusmentalhealth.ca/
wp-content/uploads/2018/03/Stress-and-Burnout-for-Front-line-
Staff-presentation.pdf.
10 Kinnick, Katherine N., et al. »Compassion Fatigue: Communication
and Burnout toward Social Problems.« *Journalism & Mass Commu-*

nication Quarterly, Vol. 73, Nr. 3, September 1996, S. 687–707, https://doi.org/10.1177/107769909607300314.

11 Ducharme, Jamie. »Do You Have ›Compassion Fatigue‹?« *TIME*, 8. November 2023, https://time.com/6332107/compassion-fatigue-risk/.

12 Roberts, Jessica. »Empathy Cultivation through (Pro)Social Media: A Counter to Compassion Fatigue.« *Journalism and Media*, Vol. 2, Nr. 4, Dez. 2021, S. 819–29, https://doi.org/10.3390/journalmedia2040047.

13 Humans of New York. (@humansofny). *Instagram*, https://www.instagram.com/humansofny/.

14 Maier, Scott R. »Compassion Fatigue and the Elusive Quest for Journalistic Impact.« *Journalism & Mass Communication Quarterly*, Vol. 92, Nr. 3, August 2015, S. 700–22, https://doi.org/10.1177/1077699015599660.

15 Bentley, Paige G. »Compassion Practice as an Antidote for Compassion Fatigue in the Era of COVID-19.« *The Journal of Humanistic Counseling*, Vol. 61, Nr. 1, Januar 2022, https://doi.org/10.1002/johc.12172.

16 Moubarak, Bruna. »Navigating Compassion Fatigue in the Digital Age.« *ClearMinds Center for Emotional Health*, 27. Dezember 2023, https://clearmindscenter.com/blog/navigating-compassion-fatigue-in-the-digital-age/.

17 Everett, Jim. »Intergroup Contact Theory: Past, Present, and Future | In-Mind.« *The Inquisitive Mind*, Februar 2013, Vol. 17, https://in-mind.org/article/intergroup-contact-theory-past-present-and-future.

18 Allon, Gad, et al. »Information Inundation on Platforms and Implications.« *Operations Research*, Vol. 69, Nr. 6, Oktober 2021, https://doi.org/10.1287/opre.2021.2119.

19 Kubin, Emily und Christian von Sikorski. »The Role of (Social) Media in Political Polarization: A Systematic Review.« *Annals of the International Communication Association*, Vol. 45, Nr. 3, September 2021, S. 188–206, https://doi.org/10.1080/23808985.2021.1976070.

20 Suk Gersen, Jeannie. »What If Trigger Warnings Don't Work?« *New Yorker*, 28. September 2021, https://newyorker.com/news/our-columnists/what-if-trigger-warnings-dont-work.

21 Tsipursky, Gleb. »Knowing Just Enough to Be Dangerous.« *Psychology Today*, 7. Oktober 2017, https://psychologytoday.com/us/blog/intentional-insights/201710/knowing-just-enough-be-dangerous.

22 Shakespeare, William. *Wie es euch gefällt* (Fünfter Aufzug, Erste Szene). Übers. v. August Wilhelm von Schlegel. *Projekt Gutenberg*, https://www.projekt-gutenberg.org/shakespr/gefaellt/geflt51.html.

23 Huff, Charlotte. »Media Overload Is Hurting Our Mental Health. Here Are Ways to Manage Headline Stress.« *American Psychological Association*, 1. November 2022, https://apa.org/monitor/2022/11/strain-media-overload.

24 Hwang, Juwon, et al. »The Relationship among COVID-19 Information Seeking, News Media Use, and Emotional Distress at the Onset of the Pandemic.« *International Journal of Environmental Research and Public Health*, Vol. 18, Nr. 24, Dezember 2021, S. 13198, https://doi.org/10.3390/ijerph182413198.

25 Kahneman, Daniel. *Schnelles Denken, langsames Denken*. Übers. v. Thorsten Schmidt. München: Penguin, 2017.

8 Wie kann ich etwas bewirken?

1 World Health Organization. »Burn-out an ›Occupational Phenomenon‹: International Classification of Diseases«. World Health Organization, 2019, https://who.int/news/item/28-05-2019-burn-out-an-occupational-phenomenon-international-classification-of-diseases.

2 Future Forum. *Winter 2022/2023 Future Forum Pulse*. Future Forum, 2023, https://futureforum.com/wp-content/uploads/2023/02/Future-Forum-Pulse-Report-Winter-2022-2023.pdf.

3 Scott, Elizabeth. »How to Tell You Have Reached the Point of Burnout«. *Verywell Mind*, 16. Oktober 2022, https://verywellmind.com/stress-and-burnout-symptoms-and-causes-3144516.

4 Fryburg, David A. »Kindness as a Stress Reduction – Health Promotion Intervention: A Review of the Psychobiology of Caring«. *American Journal of Lifestyle Medicine*, Vol. 16, Nr. 1, Januar 2021, S. 155982762098826, https://doi.org/10.1177/1559827620988268.

5 American Psychiatric Association. »The Mental Health Benefits of Simple Acts of Kindness«. *American Psychiatric Association*, 17. Februar 2023, https://psychiatry.org/news-room/apa-blogs/mental-health-benefits-simple-acts-of-kindness.

6 Cherry, Kendra. »Why Our Brains Are Hardwired to Focus on the Negative«. *Verywell Mind*, 13. November 2023, https://verywellmind.com/negative-bias-4589618.

7   Robertson, Claire E., et al. »Negativity Drives Online News Consumption«. *Nature Human Behaviour*, Vol. 7, März 2023, S. 1–11, https://doi.org/10.1038/s41562-023-01538-4.

8   OFCOM. »News Consumption in the UK: 2023«. *Ofcom*, 20. Juli 2023, https://ofcom.org.uk/__data/assets/pdf_file/0024/264651/news-consumption-2023.pdf.

9   Oxford English Dictionary. »Slacktivism, N«. *Oxford English Dictionary*, 2016, https://doi.org/10.1093//OED//7955151818.

10 Verhulst, Stefaan. »A new vocabulary for the 21st Century: ›slacktivism‹«. *TheGovLab*, Northeastern University, 18. Mai 2013, https://blog.thegovlab.org/a-new-vocabulary-for-the-21st-century-slacktivism.

11 Coscarelli, Joe. »#BlackoutTuesday: A Music Industry Protest Becomes a Social Media Moment«. *The New York Times*, 2. Juni 2020, https://nytimes.com/2020/06/02/arts/music/what-blackout-tuesday.html.

12 Kalina, Peter. »Performative Allyship«. *Technium Social Sciences Journal*, Vol. 11, Nr. 1, August 2020, S. 478–81, https://doi.org/10.47577/tssj.v11i1.1518.

13 Huff, Charlotte. »Media Overload Is Hurting Our Mental Health. Here Are Ways to Manage Headline Stress«. *American Psychological Association*, 1. November 2022, https://apa.org/monitor/2022/11/strain-media-overload.

14 Psychology Today. »Learned Helplessness | Psychology Today United Kingdom«. *Psychology Today*, https://psychologytoday.com/gb/basics/learned-helplessness.

15 Sneed, Rodlescia S. und Sheldon Cohen. »A Prospective Study of Volunteerism and Hypertension Risk in Older Adults«. *Psychology and Aging*, Vol. 28, Nr. 2, Juni 2013, S. 578–86, https://doi.org/10.1037/a0032718; Konrath, Sara, et al. »Motives for Volunteering Are Associated with Mortality Risk in Older Adults«. *Health Psychology*, Vol. 31, Nr. 1, Januar 2012, S. 87–96, https://doi.org/10.1037/a0025226.

16 Creswell, J. David, et al. »Self-Affirmation Improves Problem-Solving under Stress«. *PLOS ONE*, hrsg. v. José César Perales, Vol. 8, Nr. 5, Mai 2013, S. e62593, https://doi.org/10.1371/journal.pone.0062593.

17 Lee, Min-Ah und Ichiro Kawachi. »The Keys to Happiness: Associations between Personal Values Regarding Core Life Domains and Happiness in South Korea«. *PLOS ONE*, hrsg. v. Shang E. Ha,

Vol. 14, Nr. 1, Januar 2019, S. e0209821, https://doi.org/10.1371/journal.pone.0209821.

18 Selig, Meg. »9 Surprising Superpowers of Knowing Your Core Values«. *Psychology Today*, 27. November 2018, https://psychologytoday.com/gb/blog/changepower/201811/9-surprising-superpowers-knowing-your-core-values.

19 Porter, Tenelle, et al. »Predictors and Consequences of Intellectual Humility«. *Nature Reviews Psychology*, Vol. 1, Juni 2022, S. 1–13, https://doi.org/10.1038/s44159-022-00081-9.

9 Kann ich mein Gehirn verändern?

1 Cherry, Kendra. »What Is Neuroplasticity?« *Verywell Mind*, 8. November 2022, https://verywellmind.com/what-is-brain-plasticity-2794886; Mateos-Aparicio, Pedro und Antonio Rodríguez-Moreno. »The Impact of Studying Brain Plasticity.« *Frontiers in Cellular Neuroscience*, Vol. 13, Nr. 66, Februar 2019, https://doi.org/10.3389/fncel.2019.00066.

2 Caire, Michael J., et al. *Physiology, Synapse*. StatPearls, 2024, https://ncbi.nlm.nih.gov/books/NBK526047/.

3 Cafasso, Jacquelyn. »What Is Synaptic Pruning?« *Healthline*, 3. Januar 2018, https://healthline.com/health/synaptic-pruning.

4 University of Cambridge. »Problems with ›Pruning‹ Brain Connections Linked to Adolescent Mental Health Disorders.« 24. April 2023, https://cam.ac.uk/research/news/problems-with-pruning-brain-connections-linked-to-adolescent-mental-health-disorders.

5 Li, Wei, et al. »REM Sleep Selectively Prunes and Maintains New Synapses in Development and Learning.« *Nature Neuroscience*, Vol. 20, Nr. 3, Januar 2017, S. 427–37, https://doi.org/10.1038/nn.4479.

6 Wang, Lu, et al. »Dysfunctional Synaptic Pruning by Microglia Correlates with Cognitive Impairment in Sleep-Deprived Mice: Involvement of CX3CR1 Signaling.« *Neurobiology of Stress*, Vol. 25, Elsevier BV, Juli 2023, 100553, https://doi.org/10.1016/j.ynstr.2023.100553.

7 Gonçalves, J. Tiago, et al. »In Vivo Imaging of Dendritic Pruning in Dentate Granule Cells.« *Nature Neuroscience*, Vol. 19, Nr. 6, Juni 2016, S. 788–791, https://doi.org/10.1038/nn.4301.

8 Morizawa, Yosuke M., et al. »Synaptic Pruning through Glial Synapse Engulfment upon Motor Learning.« *Nature Neuroscience*,

Vol. 25, Nr. 11, November 2022, S. 1458–1469, https://doi.org/10.1038/s41593-022-01184-5.

9 Cherry, Kendra. »What Is Neuroplasticity?« *Verywell Mind*, 8. November 2022, https://verywellmind.com/what-is-brain-plasticity-2794886.

10 Thompson, Jonathan. »9 Neuroplasticity Exercises to Boost Productivity.« *Work Life*, Atlassian, 9. Februar 2022, www.atlassian.com/blog/productivity/neuroplasticity-train-your-brain.

11 Leisman, Gerry, et al. »The Effects of Music Training and Production on Functional Brain Organization and Cerebral Asymmetry.« *Art Science and Technology. Proceedings of the International Conference on Art, Science, and Technology*, hrsg. v. T. Gravchuk et al., Domus Argenia, 2012, S. 133–139, https://researchgate.net/publication/292137621_The_effects_of_music_training_and_production_on_functional_brain_organization_and_cerebral_asymmetry.

12 Davidson, Richard und Antoine Lutz. »Buddha's Brain: Neuroplasticity and Meditation [in the Spotlight].« *IEEE Signal Processing Magazine*, Vol. 25, Nr. 1, 2008, S. 176–174, https://doi.org/10.1109/msp.2008.4431873.

13 Sun, Ying, et al. »Alteration of Faecal Microbiota Balance Related to Long-Term Deep Meditation.« *General Psychiatry*, Vol. 36, Nr. 1, Januar 2023, S. e100893, https://doi.org/10.1136/gpsych-2022-100893.

14 Gard, Tim, et al. »The Potential Effects of Meditation on Age-Related Cognitive Decline: A Systematic Review.« *Annals of the New York Academy of Sciences*, Vol. 1307, Nr. 1, Januar 2014, S. 89–103, https://doi.org/10.1111/nyas.12348; Luders, Eileen, et al. »Forever Young(er): Potential Age-Defying Effects of Long-Term Meditation on Gray Matter Atrophy.« *Frontiers in Psychology*, Vol. 5, Januar 2015, https://doi.org/10.3389/fpsyg.2014.01551.

15 Khalsa, Dharma Singh. »Stress, Meditation, and Alzheimer's Disease Prevention: Where the Evidence Stands.« *Journal of Alzheimer's Disease*, hrsg. v. J. Wesson Ashford, Vol. 48, Nr. 1, August 2015, S. 1–12, https://doi.org/10.3233/jad-142766.

16 Asher, Hugh. »The Origins of Forest Bathing.« *An Darach Forest Therapy*, 18. Juni 2023, https://silvotherapy.co.uk/articles/the-origins-of-forest-bathing.

17 Furuyashiki, Akemi, et al. »A Comparative Study of the Physiological and Psychological Effects of Forest Bathing (Shinrin-Yoku) on Working Age People with and without Depressive Tendencies.«

Environmental Health and Preventive Medicine, Vol. 24, Nr. 1, Juni 2019, https://doi.org/10.1186/s12199-019-0800-1.

18 Havens, Justin. »What Is EMDR? | Types of Therapy.« British Association for Counselling and Psychotherapy, https://bacp.co.uk/about-therapy/types-of-therapy/eye-movement-desensitisation-and-reprocessing-emdr.

19 Shapiro, Francine. »Efficacy of the Eye Movement Desensitization Procedure in the Treatment of Traumatic Memories.« *Journal of Traumatic Stress*, Vol. 2, Nr. 2, April 1989, S. 199–223, https://doi.org/10.1002/jts.2490020207.

20 Pearson, David G. und Tony Craig. »The Great Outdoors? Exploring the Mental Health Benefits of Natural Environments.« *Frontiers in Psychology*, Vol. 5, Nr. 1178, Oktober 2014, https://doi.org/10.3389/fpsyg.2014.01178.

21 Piff, Paul K., et al. »Awe, the Small Self, and Prosocial Behavior.« *Journal of Personality and Social Psychology*, Vol. 108, Nr. 6, 2015, S. 883–99, https://doi.org/10.1037/pspi0000018.

22 Keltner, Dacher. *Awe: The New Science of Everyday Wonder and How It Can Transform Your Life.* Penguin, 2023.

23 Dacher Keltner in der *On Being*-Folge mit Krista Tippett »The Thrilling New Science of Awe«, Veröffentlichung: 2. Februar 2023. Mit Erlaubnis nachgedruckt. Hör dir die ganze Folge unter onbeing.org an.

24 World Bank. »Urban Development.« 3. April 2023, https://worldbank.org/en/topic/urbandevelopment/overview.

25 United Nations. »68 % of the World Population Projected to Live in Urban Areas by 2050, Says UN.« United Nations Department of Economic and Social Affairs, 16. Mai 2018, https://un.org/development/desa/en/news/population/2018-revision-of-world-urbanization-prospects.html.

Du kannst aufhören, dir selbst im Weg zu stehen

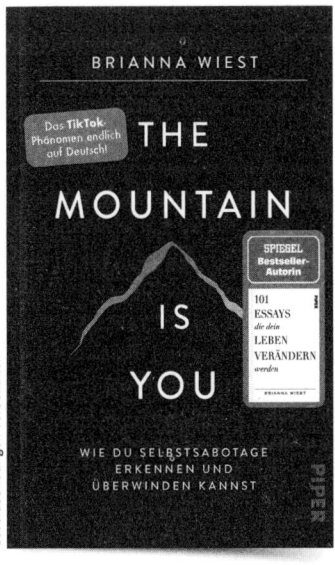

Brianna Wiest

The Mountain
Is You

Wie du Selbstsabotage erkennen
und überwinden kannst

Aus dem amerikanischen Englisch
von Renate Graßtat
Piper, 224 Seiten
ISBN 978-3-492-07160-4

Coverabbildungen vorbehalten

Du willst etwas verändern und fällst doch immer wieder in alte Verhaltensmuster zurück? Das, was zwischen dir und dem Leben steht, das du führen möchtest, scheint ein unüberwindbarer Berg. Doch ihn zu erklimmen, ist der einzige Weg zu Freiheit und persönlicher Selbstentfaltung. Bestsellerautorin Brianna Wiest zeigt, wie wir schädliche Verhaltensweisen und negative Glaubenssätze überwinden, Selbstsabotage in Selbstbestimmung verwandeln und durch emotionale Intelligenz inneren Frieden finden.

Leseproben, E-Books und mehr unter www.piper.de